高橋道雄の将棋道場
初段突破のコツ50

九段 高橋道雄

メイツ出版

目次

はじめに　5
初段の規定と意味について　6
この本について　8

第1章　初段になるためのベストノウハウ21

1　得意な戦法の指南書は実戦で指すことを前提として読もう　10
2　苦手な相手や戦型との実戦はレベルアップのチャンス　12
3　バランスを保てば、序盤で大差はつけられない　14
4　「四間飛車で穴熊」への対策は2つ　16
5　常識を覆す戦法はプロの試行錯誤による賜物　18
6　新しい戦法は力がついてからチャレンジ　20
7　詰将棋は苦手でもどんどん解こう！　22
8　3手詰や5手詰の問題を多くこなそう！　24
9　ミスリードによって難しく見せている問題も　26
10　詰将棋の基本のパターンを覚えよう！　28
11　先手番と後手番、それぞれの心構え　30
12　シンプルな戦い方を選べば終盤で秒に追われない　32
13　定跡はしっかり覚えて大いに活用しよう！　34
14　「大局観」で駒の損得以上に働き具合を見よう　36
15　「と金」で効率のいい攻めを小駒をうまく活用し、　38
16　プロの投了図に隠された急所の一手を発見しよう！　40
17　棋譜並べは後手番から見たり、好きな戦法を集中して並べるのが効果的　42
18　駒落ちはむずかしくてもどんどん挑戦を！　44

19 プロは好みの戦法よりも勝率面を重視 46
20 どんな一局でも感想戦は必ず行う習慣を！ 48
21 自分の指し手だけでなく、相手の手も見てバランスをとろう！ 50
コラム1 歩がぶつかりやすい相矢倉戦 52

第2章 初段になるための「負けない」指し方

22 負けない将棋への第一歩です攻める前にしっかりとした陣形作り 54
23 攻める前に自玉を見る習慣をつけよう危険を感じたら、いったん守ります 56
24 押さえ込みをねらうときは徹底して飛車を攻めるのが勝ちに繋がります 58
25-1 陣形を立体的にガッチリ組み上げます。穴熊は堅固ですが、厚みがありません 60
25-2 歩をうまく使って玉頭を制圧します！いろいろな歩の手筋を覚えておきましょう 62
26 遊び駒があるかいつも注意しましょう！プロは相手の駒を遊ばせる技も 64
27 大ピンチになってもあわてない、ポイントを見極めれば逆転可能です 66
28 受けでは相手の考えを見破ろう〝あっ〟と叫ぶ回数が激減します 68
29 最後まで粘り強く戦いきるのが大事諦めない心が勝利を呼び込みます 70
30 王手が掛かる前にサッサと逃げる玉の早逃げテクニックを覚えよう 72
31 玉は中段、上段にいる形ほど寄せ難い、うまく上にかわせば逃げ切れます 74
コラム2 たまには振り飛車も 76

第3章 初段になるための「寄せ」のコツ

32-1 〝王手こそ最強の一手〟まずはこの考え方を消し去りましょう 78
32-2 プロでもいつも完璧ではありません、王手の掛けすぎによるミスも！ 80
33 玉は下段に落とすようにするのがコツ！寄せの戦術として、一番の基本です 82
34 一方から迫るだけでは逃してしまいます！寄せは、はさみ打ちでいくのがいいでしょう 84
35 ターゲットは玉から守りの金や銀へ守りの力を弱めれば、寄せは簡単 86
36-1 まず自玉の詰み筋を考えよう！それに相手玉への寄せ筋を合わせます 88

36-2 恐れを捨てて自玉の詰みを読もう！ しっかり読めば意外と詰まないときも 90
37 詰めろ逃がれ詰めろの必殺技で勝つ！ スリル満点の終盤戦を楽しみましょう 92
38 王手ができるようにしておくといいでしょう 終盤戦を乗り切るには、いざというときに 94
39 よりいい手がないか考えたら初段以上です 取れる駒をすぐに取らずに、 96
40 思ったら質駒で補給です 質駒は持ち駒と同じ。持ち駒が足りないと 98
コラム3 本当に指したい将棋 100

第4章 初段になるための高橋流「格言」あれこれ
41 駒をガッチリ連結、固さ倍増！ 格言その一 102
42 玉の側に全軍を集結せよ！ 格言その二 104
43 見た目以上に粘り強い端玉形 格言その三 106
44 一手の〝ため〟が勝ちにつながる 格言その四 108
45-1 矢倉戦の▲6六角は絶好形！ 格言その五 110
45-2 矢倉戦、攻めの成否は香が握る！ 格言その六 112
46 盤面を占拠して押さえ込み一本！ 格言その七 114
47 全力で遠くのと金を引きつけろ！ 格言その八 116
48 〝Z〟形の一瞬に全てを賭けろ！ 格言その九 118
49 飛車の横利き、最後の砦！ 格言その十 120
50 入玉形は深追いしない！ 格言その十一 122
詰将棋解答 124

本書は2012年発行の『これで初段になれる！ 将棋実力アップのコツ50』を元に加筆・修正を行っています。

はじめに

将棋を覚えた人にとっては、最初に訪れる一番の難関。それが初段でしょう。

級から段になると、なんだかとても強くなったような気分になるものです。

本書は、そんな皆さんのために、心を込めて書き下ろした一冊です。

上達に欠かせない考え方や将棋感覚などを、Q&A方式にまとめてみました。

第1章は、これはぜひともマスターしておきたい「ベストノウハウ」、第2章は、勝率をグンとアップさせる「負けない指し方」、第3章は、終盤を強くする「寄せのコツ」。そして第4章は、高橋流のオリジナルの格言です。

文中には、いくつか詰め将棋も散りばめてあります。気分転換に、また詰めの力の養成に役立てましょう。

題材は、私が実際にプロ公式戦で戦った対局をふんだんに使用しています。

「私の実戦です」の注釈がなくても、図面に高橋の名がついていれば、実戦で使われていると思ってください。

プロ対局の臨場感をたっぷりと味わいながら読んで頂けたらと思います。

正しい形や感覚を養うには、プロの将棋を見るのが一番です。

中には、長い手順も少し出てきます。

それも一手一手、細かく把握しなくても大丈夫。図面から図面への大体の流れをつかみましょう。

プロの将棋は、指し手が一手ごとに独立しているのではなく、前に指した手を継承しています。ですから手順なのです。

とはいえ、将棋を必要以上にむずかしく考えることはありません。

カラーイラストも楽しみながら、のんびりと読みましょう。

本書を繰り返しお読み頂ければ、いつの間にか大きく上達しているはずです。

目指せ初段!

高橋 道雄

初段の規定と意味について

アマチュア初段の免状について

アマチュアには10級（級位認定状あり）から六段までの段級位があります。（但し、七段、八段という特例による授与もあり）日本将棋連盟は、級には級位認定状（印刷、3，150円）、初段以降には免状を発行しています。免状は、その文面（段位によって異なる）を手漉和紙大高檀紙の一枚一枚に丹精をこめて筆を執《と》ってしたためます。また、日本将棋連盟を代表する棋士がすべて自筆で署名を施します。

免状料金一覧表

段　位	料　金
初　段	31,500円
弐　段	42,000円
参　段	52,500円
四　段	73,500円
五　段	105,000円
六　段	262,500円

「申請権」を獲得するための方法

次の方法で段位の資格を獲得された方は、免状を申請することができます。

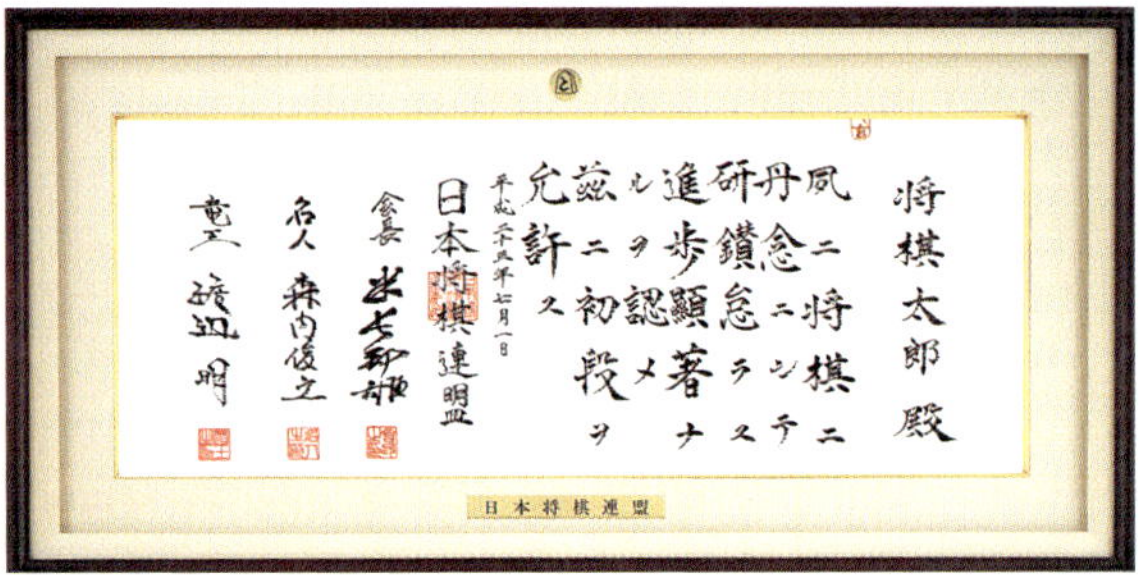

初段の免状を発行してもらうためには「申請権」を獲得することが必要です。免状は豪華な木箱に入っています。なお、その時の会長、名人、竜王の名前が入ることを知っておくと、獲得する楽しみにもなります。免状の文面の意味は次の通りです。「日頃から将棋に真心をこめているうえに、研究を怠らないで進歩が著しいことを認め、ここに初段を許可する。」　＊なお、写真の額縁は料金に含まれていません。

棋士の推薦

プロ棋士に段位を認めてもらえば免状を申請できます。

支部

支部会員の方には免状取得の特典があります。個人会員の方は、三年間継続した場合、免状取得権が発生します。

将棋会館道場

東京・関西の将棋会館道場で段級位の認定を受けると、免状を申請できます。（Ｐ７表参照）

将棋世界

日本将棋連盟機関誌の将棋世界の昇段コース（初段～六段）に合格すると免状を申請できます。

棋道師範・棋道指導員・将棋指導員の推薦

日本将棋連盟より右記の資格を

認められた指導員の推薦を受けることにより免状を申請できます。

新聞

新聞に毎週1回掲載される認定問題で規定の点数に達しますと免状を申請できます。認定を実施している新聞は日本将棋連盟のサイトにあります。

雑誌など

NHK将棋講座テキストの認定問題で規定の点数に達しますと三段までの免状を申請できます。

CS放送

スカイパーフェクTVの囲碁将棋チャンネルで、放映される認定番組の問題で規定の点数に達しますと三段までの免状を申請できます。

インターネット

段位ではありませんが、Yahoo!学習のサイト内の「パワーアップ将棋力トレーニング級位者認定コース」では級位の認定試験を実施しています。

＊日本将棋連盟のサイト（http://www.shogi.or.jp/）の「免状」というバナーをクリックすると、段級位取得の詳細な方法がわかります。

東京「将棋会館」道場、昇級・昇段規定

段・級	連勝	勝敗
15～10級	3	必ず上の級の人に勝っていること
9～5級	5	8勝2敗
4～1級	7	10勝2敗
初段	8	13勝2敗
弐段	10	14勝2敗
参段	12	15勝2敗
四段	15	18勝2敗
五段	18	24勝2敗
六段	25	35勝2敗

※いずれも、一つ前の段級からの連勝・勝敗。2005年11月1日改定

将棋倶楽部24

登録者数24万（2010年5月現在）にのぼるネット対局「将棋倶楽部24」。参加者も初心者からプロまで幅広くおり、普通の道場より級・段のレベルが厳しく判定される設定になっています。

将棋倶楽部24の7級レベルで、アマ初段くらいという話もあり、将棋倶楽部24の初段はアマ2～3段ともいわれています。

なお、このサイトでは免状を発行してもらうための申請はできません。

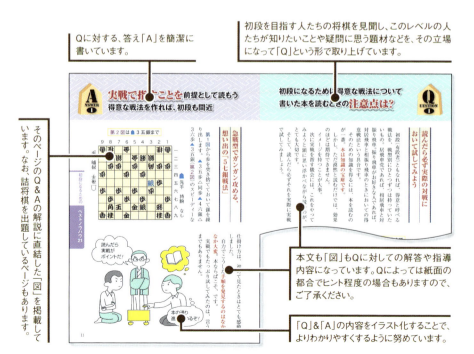

この本について

プロの立場から、
初段を目指す人たちをさまざまな切り口でアドバイスします

初段を目指す『八級』です。
初段を目指す人たちの
代表を務めます。
私、高橋が
初段を目指す『八級さん』を
Q&A方式で指導する構成で
この本を書きました。

Qに対する、答え「A」を簡潔に書いています。

初段を目指す人たちの将棋を見聞し、このレベルの人たちが知りたいことや疑問に思う題材などを、その立場になって「Q」という形で取り上げています。

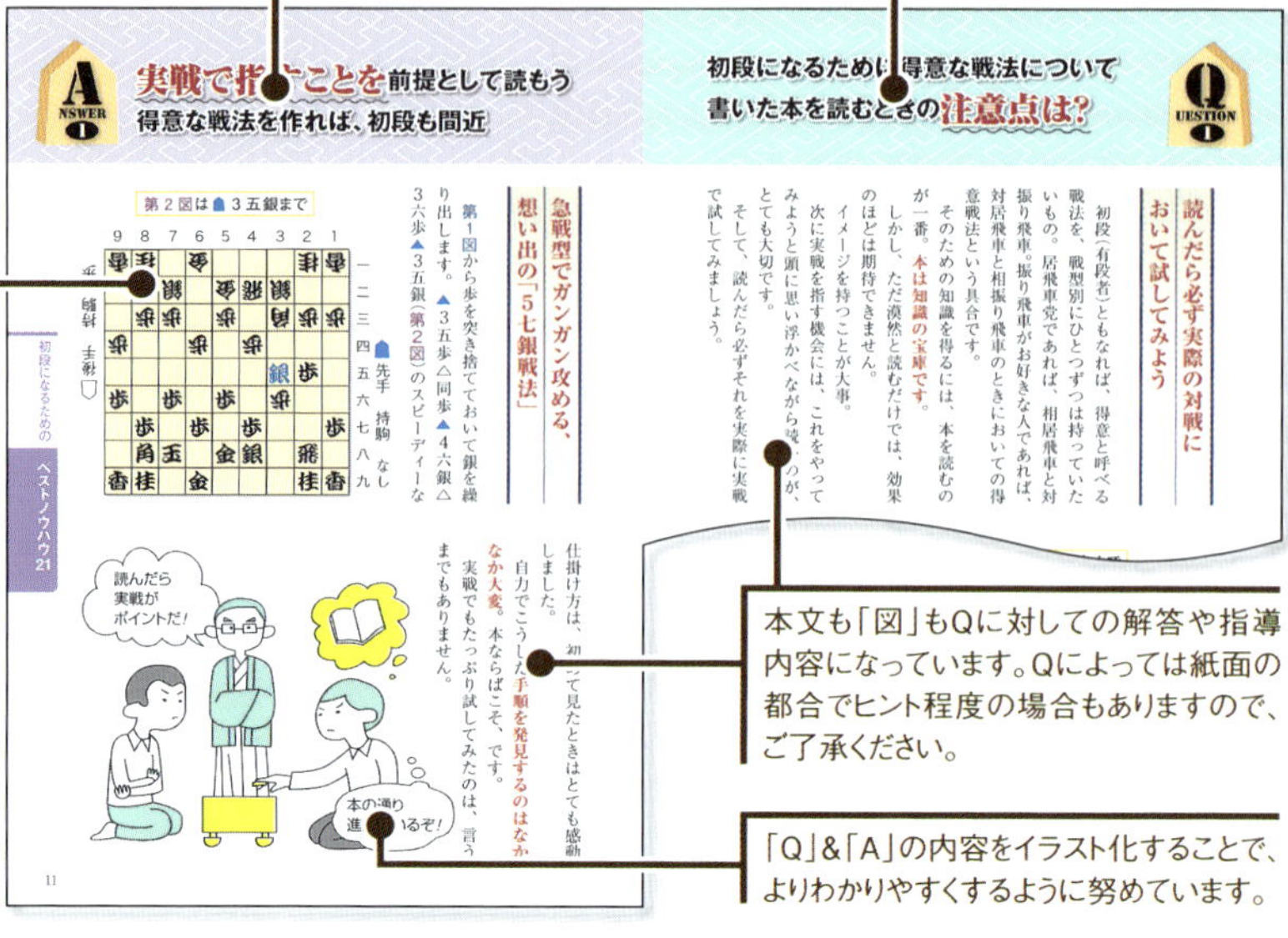
実戦で指すことを前提として読もう
得意な戦法を作れば、初段も間近
初段になるために得意な戦法について
書いた本を読むときの注意点は?
読んだら必ず実際の対戦において試してみよう
急戦型でガンガン攻める、想い出の「5七銀戦法」
第2図は▲3五銀まで
読んだら実戦がポイントだ!

そのページのQ&Aの解説に直結した「図」を掲載しています。なお、詰将棋を出題しているページもあります。

本文も「図」もQに対しての解答や指導内容になっています。Qによっては紙面の都合でヒント程度の場合もありますので、ご了承ください。

「Q」&「A」の内容をイラスト化することで、よりわかりやすくするように努めています。

第1章 初段になるためのベストノウハウ21

初段になるために得意な戦法について書いた本を読むときの注意点は？

QUESTION 1

読んだら必ず実際の対戦において試してみよう

初段（有段者）ともなれば、得意と呼べる戦法を、戦型別にひとつずつは持っていたいもの。居飛車党であれば、相居飛車と対振り飛車。振り飛車がお好きな人であれば、対居飛車と相振り飛車のときにおいての得意戦法という具合です。

そのための知識を得るには、本を読むのが一番。**本は知識の宝庫です。**

しかし、ただ漠然と読むだけでは、効果のほどは期待できません。

イメージを持つことが大事。

次に実戦を指す機会には、これをやってみようと頭に思い浮かべながら読むのが、とても大切です。

そして、読んだら必ずそれを実際に実戦で試してみましょう。

それでこそ本の効果的かつ実用的な活用法といえます。その得意にした戦法を存分に駆使して戦えば、級位者の方も初段到達はあっという間でしょう。

その昔、私が級位者の頃の思い出の一冊は『5七銀左戦法、大内延介著』でした。

（第1図）

第1図は△6四歩まで

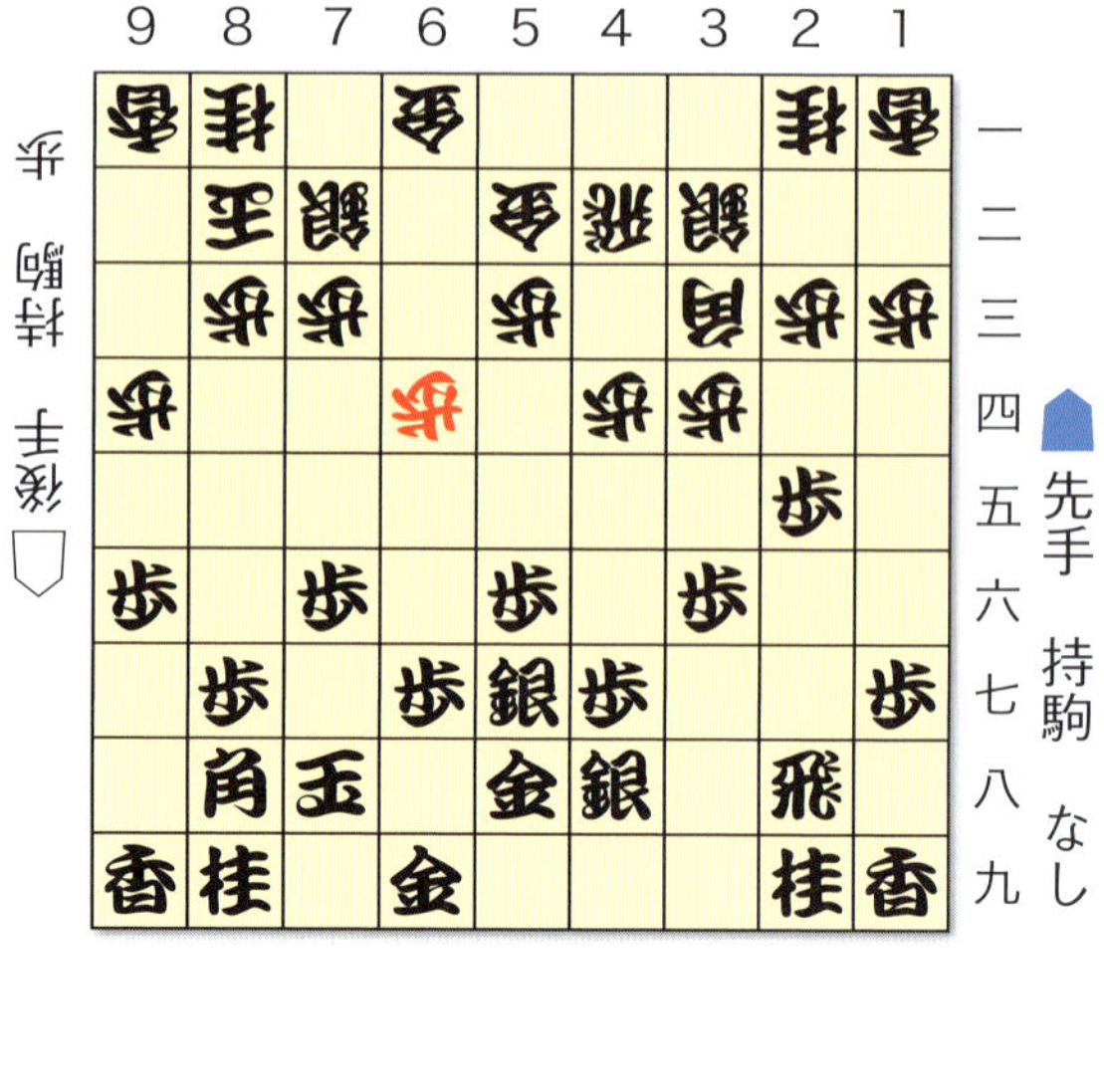

A NSWER 1 実戦で指すことを前提として読もう
得意な戦法を作れば、初段も間近

急戦型でガンガン攻める、想い出の「5七銀戦法」

第1図から歩を突き捨てておいて銀を繰り出します。▲3五歩△同歩▲4六銀△3六歩▲3五銀（第2図）のスピーディーな仕掛け方は、初めて見たときはとても感動しました。

自力でこうした**手順を発見するのはなかなか大変**。本ならばこそ、です。

実戦でもたっぷり試してみたのは、言うまでもありません。

第2図は▲3五銀まで

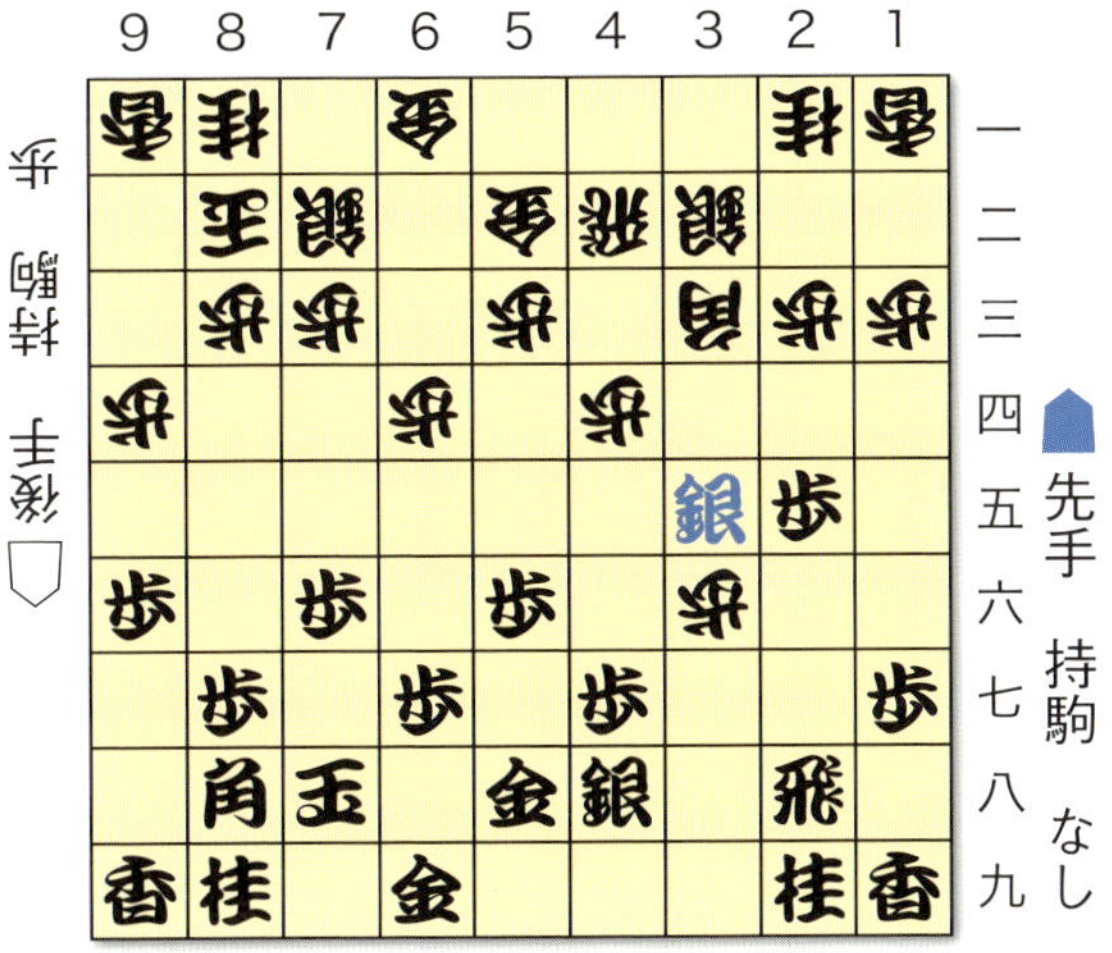

9 8 7 6 5 4 3 2 1
一 二 三 四 五 六 七 八 九
▲先手 持駒 なし
後手△ 持駒 歩

読んだら実戦がポイントだ！
本の通り進んでいるぞ！

苦手な相手や戦型があるので とても困っています

QUESTION 2

相性があるのは人と人との勝負ならばこそ

将棋は、改めて言うまでもなく、**人と人との勝負**。そこに当然、相性もあったりします。

玉の囲いもそこそこに、どんどん攻めてくる人が、どうも苦手とか、粘りがすごい相手に、なかなか勝ち切るに至らず、いつも逆転負けを喫してしまうなどです。

また、戦法に関しても得手不得手があります。例えば四間飛車が好きで、居飛車と振り飛車の対抗形なら、うまく指しこなせるのに、相振り飛車になると、まったくお手上げとのケースなど考えられます。

第1図は、その一例です。

相振り飛車の戦型ながら、先手陣はまるで居飛車を相手にしているような雰囲気の出だしになっています。

第1図は▲6八飛まで

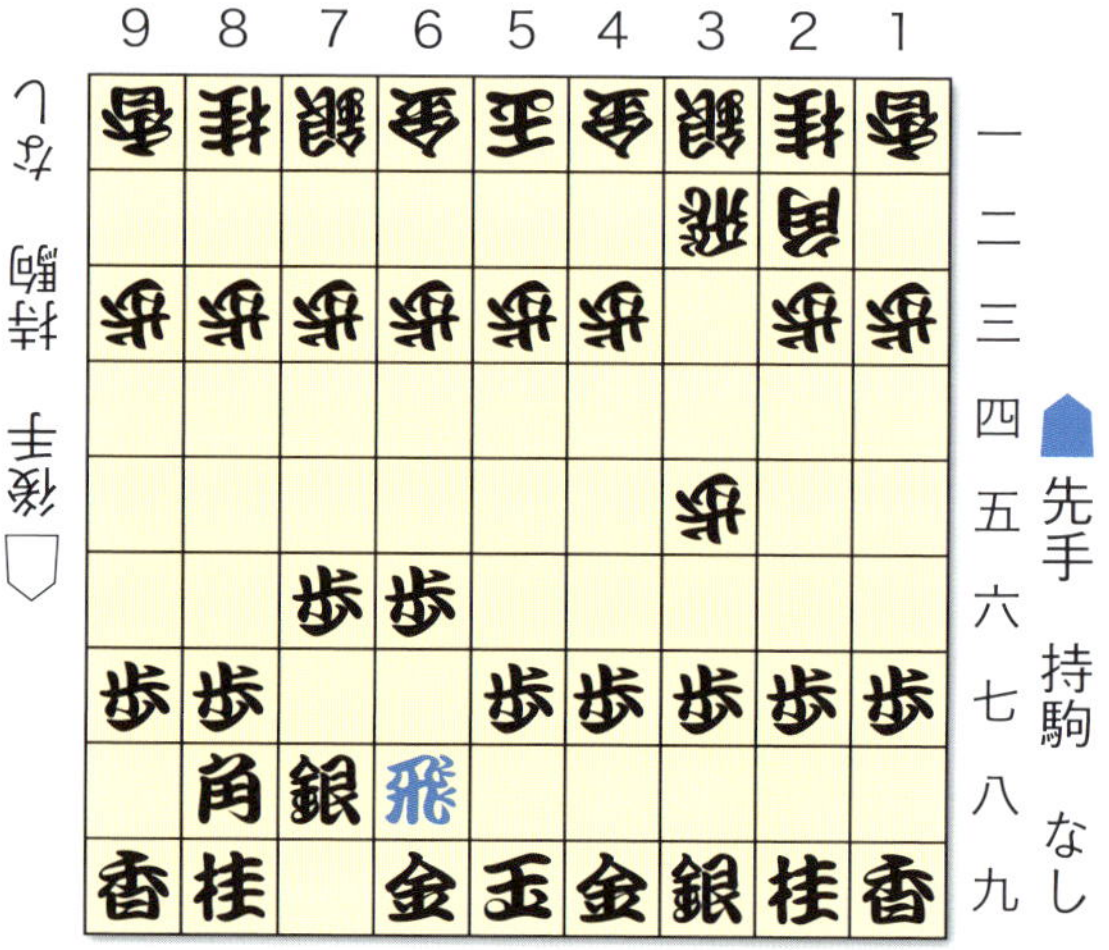

ここで指し慣れた美濃囲いを目指してひょいと▲4八玉と上がろうものならもう大変。△3六歩▲同歩△5五角（失敗図）と機敏に動かれて、いっぺんに先手大ピンチです。▲4八玉では先に▲2八銀や▲3八銀としておけば、まったく問題のないところでした。

A NSWER 2

それは逆にレベルアップのチャンス！
多くの実戦経験を積むことで克服を

苦手な相手や戦型にひるまず挑戦する意欲が大事

苦手と思っている戦型では、こうした単純なミスが出てしまいがちです。

それはしかし、実戦経験をしっかりと積むことで、自然に改善されます。

苦手な相手や戦型は、**ひるまずに逆にどんどん挑戦**してみましょう。

その意欲こそ苦手を克服するコツです。

失敗図は △5五角まで

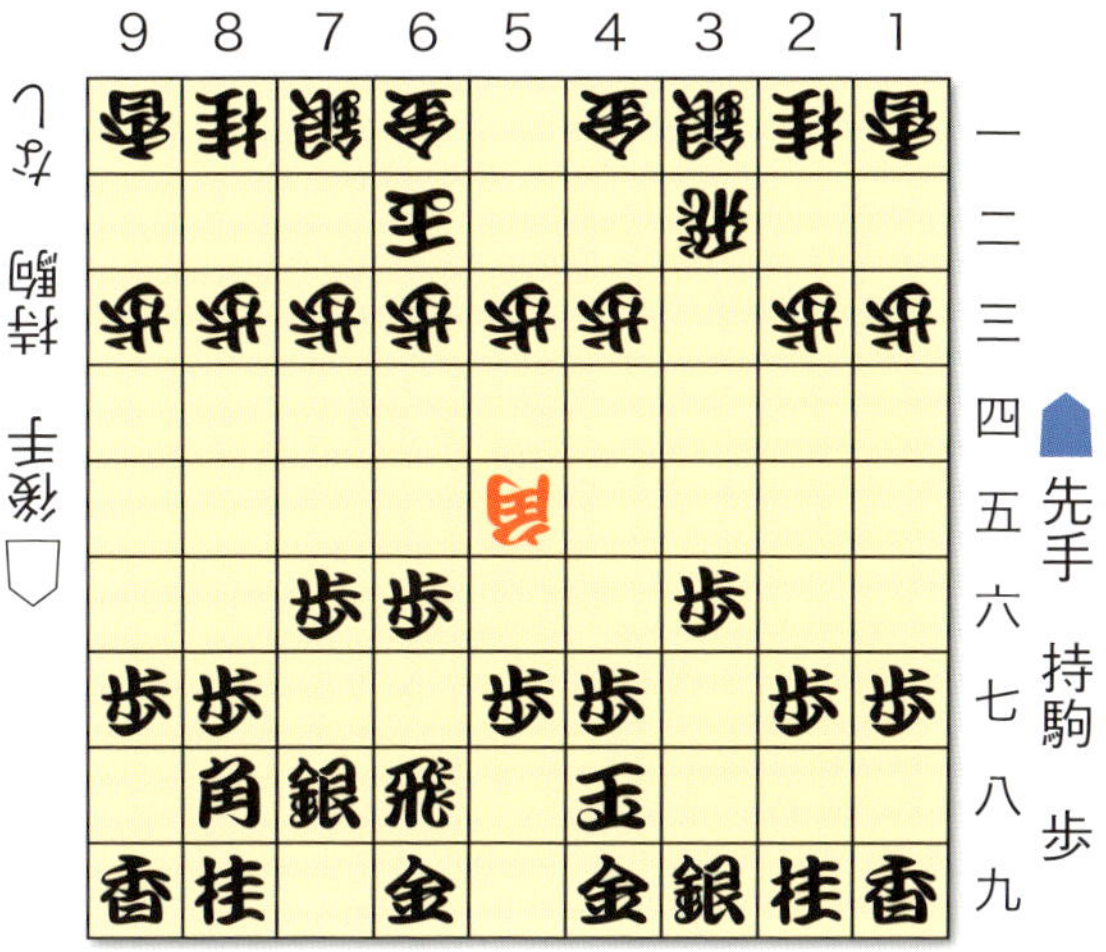
9 8 7 6 5 4 3 2 1
一 二 三 四 五 六 七 八 九
▲先手 持駒 歩
△後手 持駒 なし

相振り飛車だ
さぁこい！
レベルアップだ！
その
ひるまない
意気込みが
肝心！

序盤で大差をつけられてしまうときの原因は何でしょうか？

QUESTION 3

一枚の損が大差を呼ぶ
序盤は特に駒損に注意！

序盤で大きな差をつけられてしまう一番の要因は、**何といっても駒損**です。

「桂や銀の一枚くらい取られたって、どうってことないさ」などと強がってはいけません。

仮に銀一枚を取られたとすると、こちらは一枚に対して、相手は三枚になってしまい、もうそれだけで大差なのです。相手の駒の利きによく注意して、序盤から駒をタダで取られないようにしましょう。

また、駒を取られなくても、差がついてしまう場合もあります。

それは「駒の動き」です。

第1図は、私が地元で教えている生徒さん同志の対戦。以下、

△7五歩　▲同　歩　△同　角
▲7七銀　△7四銀　▲3八飛
△6四角　▲4五歩　△同　歩
▲3五歩　△同　歩　▲同　角
△4四銀　▲5七角　△7三桂
▲7六歩　△8六歩　▲同　歩
△8五歩（第2図）と進んで、後手圧倒的優勢になりました。

第1図は▲6八角まで

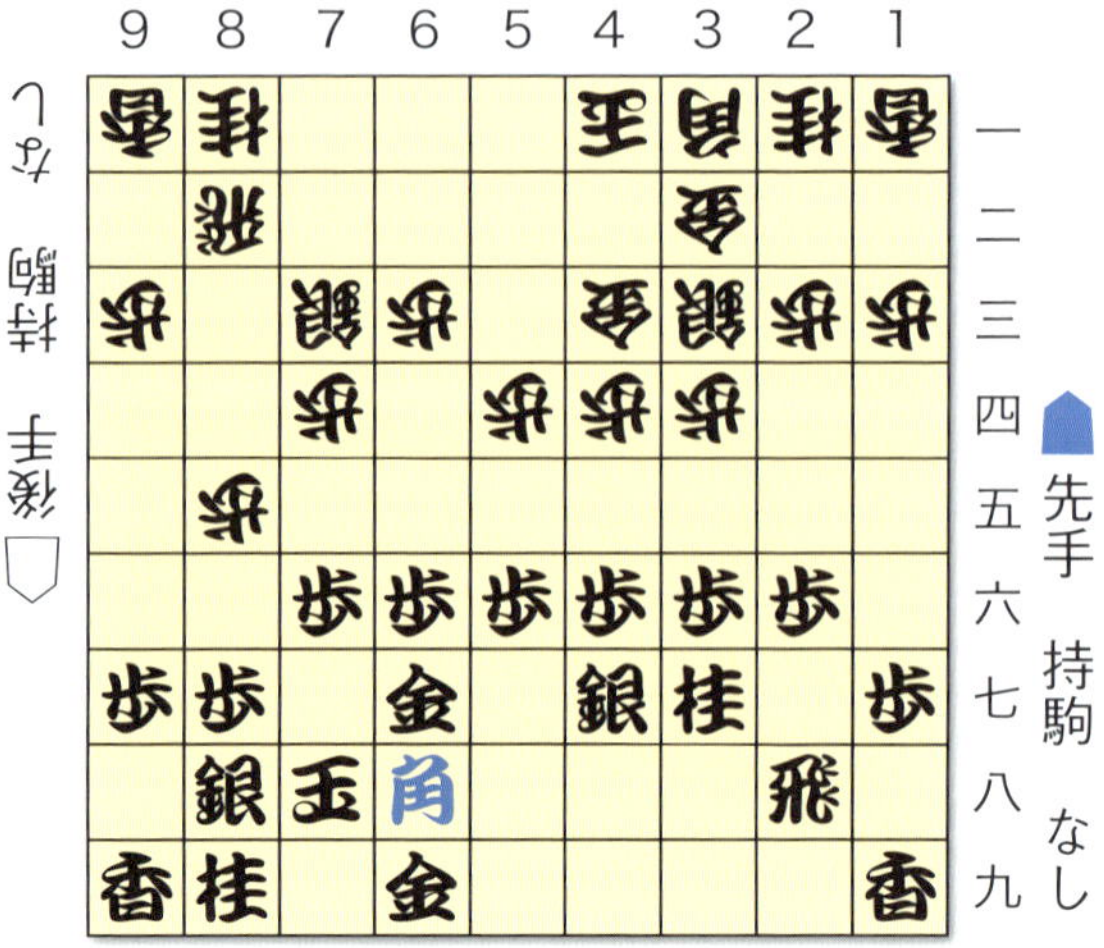

ANSWER 3

駒損や駒の働きを考えながら指そう バランスを保てば、差はつきません

大駒は風通しをよく 駒の働きに気をつけよう

第2図は△8五歩まで

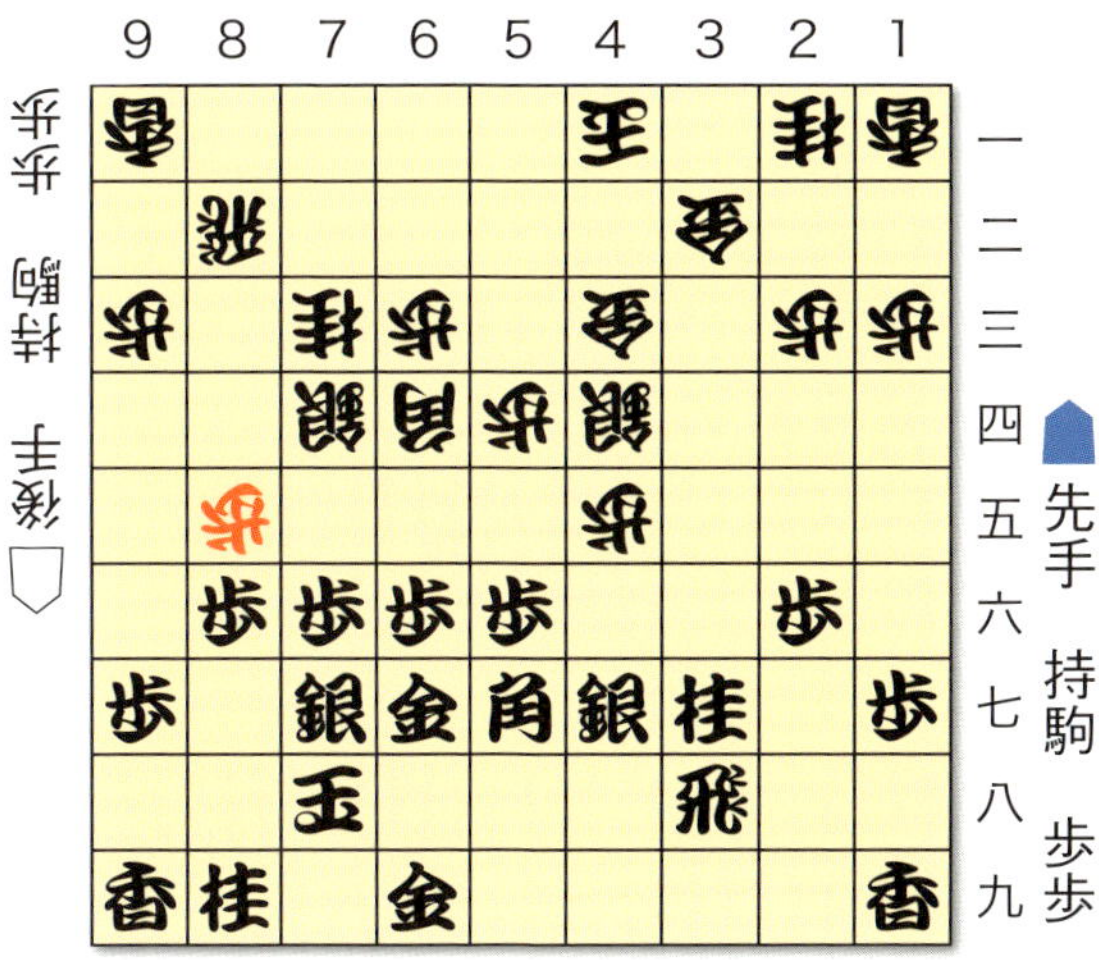
9 8 7 6 5 4 3 2 1
一 二 三 四 五 六 七 八 九
先手 持駒 歩歩
後手 持駒 歩歩

第2図での後手攻撃陣の駒の配置が、素晴らしい！　実は、先手は二段、後手は三段の実力者で、初段を目指す皆さんには少しレベルの高いお話ではあるかと思いますが、形の良さや攻め手順などはぜひ参考にしてください。

本局のポイントは「大駒の風通し」。第1図の状態で、すでにその違いが出ていて、先手は立ち遅れを招いたのです。

銀が取られる！
銀将 VS 銀将 銀将 銀将
例えば銀なら1枚取られたら1対3になる

四間飛車で穴熊にされると勝てません、対処法はありますか？

QUESTION 4

対策その1「急戦でガンガン攻めよう作戦」

四間飛車穴熊は、ひじょうに強力な戦法です。特にこの穴熊がくせ者。

王手を一度もかけられないままに負かされては、たまったもんではありません。たとえ負けても、王手の一回くらいはかけたいのが人情。これはプロアマ共通です。

なんとかその対処法を考えてみましょう。私がお勧めする四間飛車穴熊の対策は2通り。第1図は、そのひとつ。

早くも決戦に突入。これが「急戦でガンガン攻めよう作戦」です。

穴熊を指す人は、大体は玉をガッチリと囲うのを好むタイプになります。

実際、金銀三枚でしっかり守られた穴熊は、攻略がとても困難。そこで、穴熊の形が整わないうちに、ガンガン攻めてしまおうというのが、この戦法のねらいです。

金将の鎧をまとっていない穴熊は、とても弱い。飛車がうまく成り込めば、横から攻めてもよし。桂香が拾えたならば▲8六香～▲7五桂と上部からせまる順でも、穴熊は崩れ出します。

とにかく攻めたい人にお勧めです。

第1図は▲3五歩まで

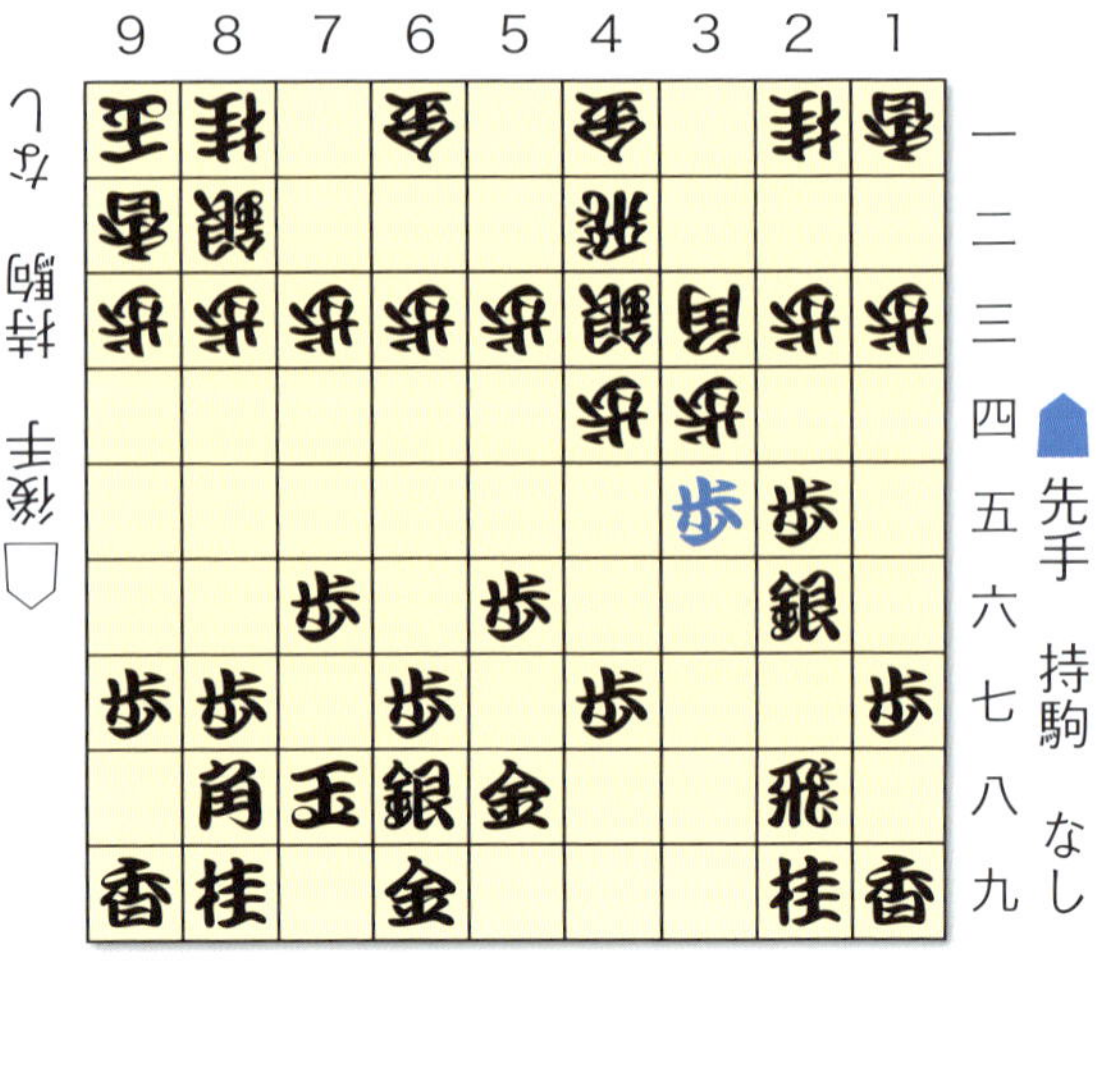

急戦で攻めまくるor固さで勝負！ 私がお勧めする対策は2つです

対策その2「目には目、固さには固さ作戦」

もう一例が第2図。

「目には目、固さには固さ作戦」です。

こちらは、持久戦がお好きな人にお勧め。穴熊党は玉が固いのが自慢。

そこで同様に穴熊で対抗します。

居飛車穴熊は右銀を玉側に持って行き易く、振り飛車陣よりも玉が固い。

あとは互角に戦えば十分。

今度は先手が〝固さ勝ち〟する番です。

第2図は☗7八金右まで

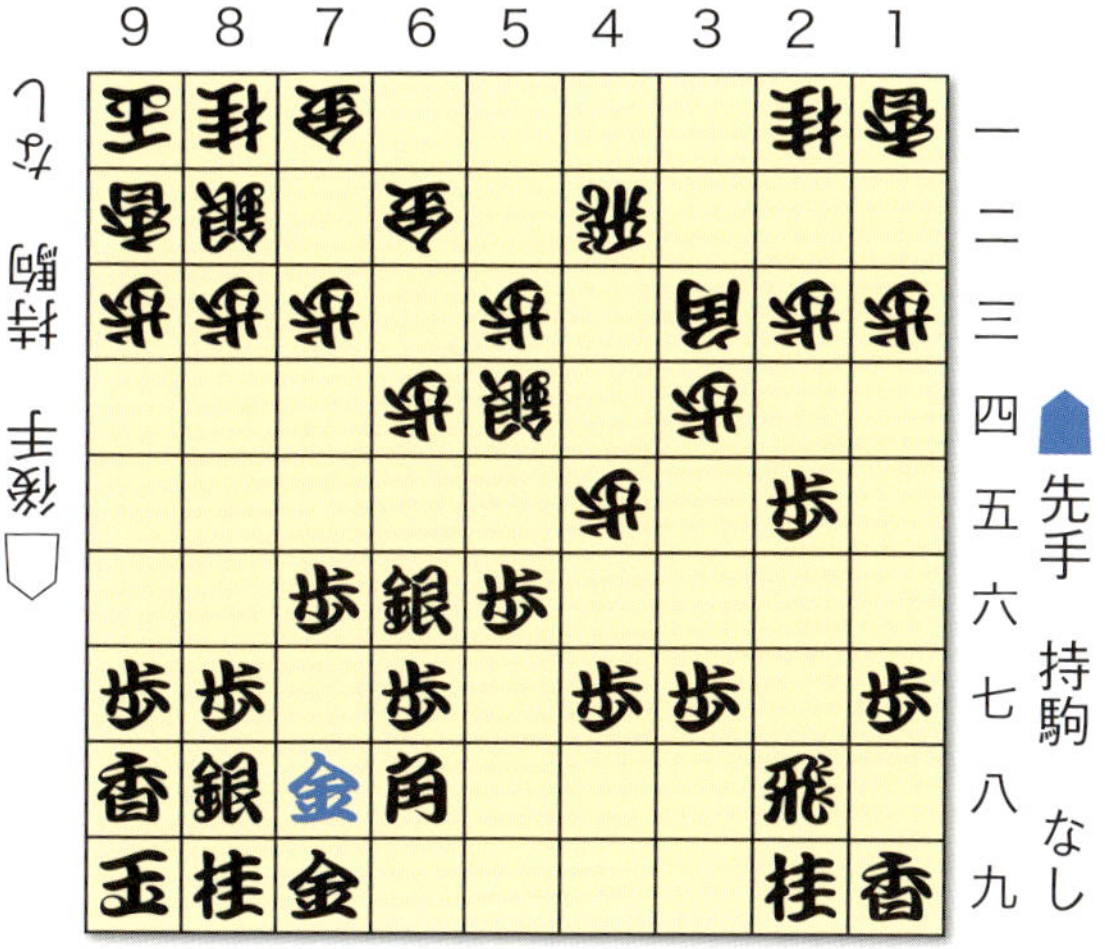
9 8 7 6 5 4 3 2 1
一 二 三 四 五 六 七 八 九
☗先手 持駒 なし
後手☖ 持駒 なし

穴熊
対策1
急戦で仕かけます
対策2
こっちも居飛車穴熊だ！

「一手損角換わり」など常識を覆す戦法がなぜ生まれるのでしょう？

QUESTION 5

より受けやすい形はないか 基礎になる後手のつぶやき

これはプロ間の話であり、初段を目指す方はちょっと難しいかもしれません。

しかし、知識として持っていても損はないので、少し述べておきましょう。

出発点は第1図です。

これは角換わり腰掛け銀同型の一局面。

第1図以下、

▲4五歩　△同　歩　▲3五歩
△4四銀　▲1五歩　△同　歩
▲2四歩　△同　歩　▲7五歩
△同　歩　▲2四飛　△2三歩
▲2九飛　……と進んで、先手は次に▲7四歩の桂取りを見ます。

後手としても、△6三金と上がって桂頭を守れば戦えなくもないのですが、さらに続く先手からの猛攻を浴びる展開を覚悟しなければいけません。

後手のつぶやき

「第1図の局面で、8筋の歩が8四にあったら、桂が8五にかわせるので、受けやすいんだけどな」

この考え方が基礎となって、序盤早々に一手損を行い、第2図が出現！

第1図は△3三銀まで

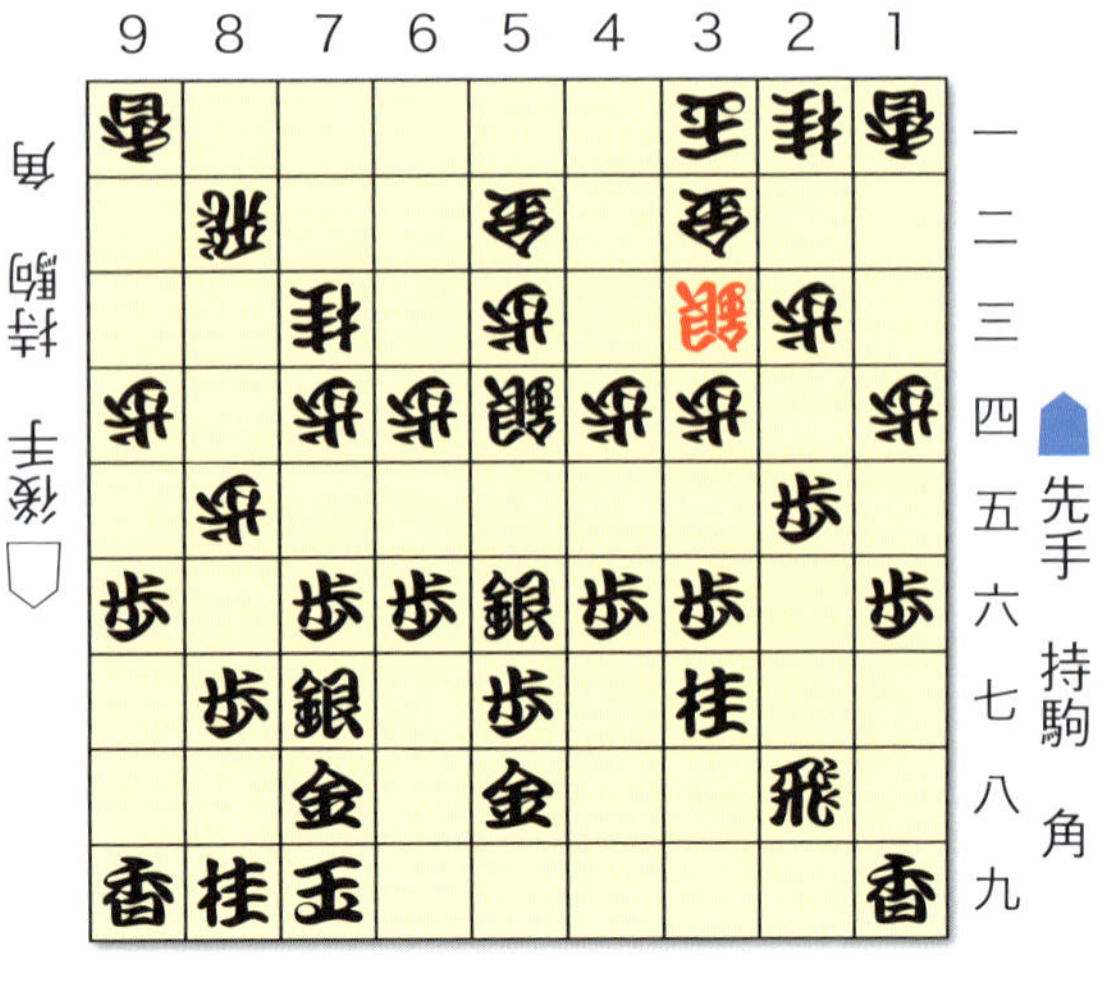

A NSWER 5 プロは常に新手を探し求めるもの 既成の手ばかりでは進歩が望めません

第2図は☖7三桂まで

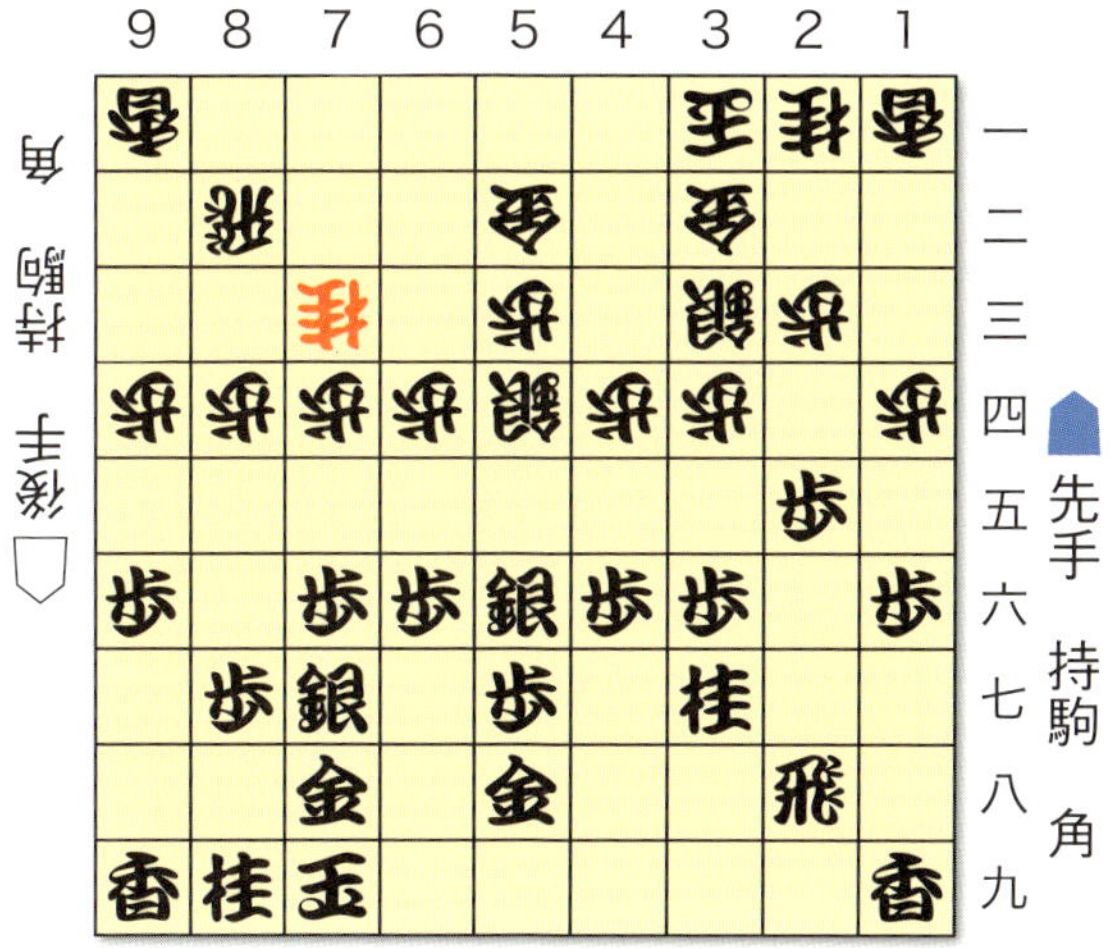
☗先手 持駒 角
後手☖ 持駒 角

たった一ヶ所の工夫により プロ棋界で一大ブームに

後手は第1図での△8五歩を、8四に戻す？ ことに成功しました。

桂頭を攻められる心配が薄れ、後手の勝率が一時的に増大し、プロ棋界における一大ブームへとつながりました。

既成の手を指し続けているだけでは、進歩はありません。

たった一ヶ所、たった一手に工夫ができないか、探し求めるのがプロなのです。

う～ん、いろいろな戦法があるよな～
新手
一手損角換わり
△8五飛車戦法
新型中飛車戦法
藤井システム
居飛車穴熊

△8五飛戦法やごきげん中飛車など新しい戦法に取り組むべきでしょうか？

QUESTION 6

いままでの戦法を下じきとして成り立つ新しい戦法

棋力によって、ファンの方にお勧めする戦法は変わってきます。

どうしてもいま流行の新しい戦法を覚えたいとの希望を持っている人は別にして、初段までの棋力でしたら、まずは基本となる従来の戦法をマスターするのがいいでしょう。

新しい戦法はあくまでも**今までの戦法を下じき**として、成り立っているからです。

いい機会ですので、横歩取り△８五飛戦法と新型中飛車戦法（※私自身はごきげんの名称は使いません）の特長を述べておきましょう。

第１図が△８五飛戦法のひとつの基本図で、これは私自身も後手を持って得意にしている形でもあります。

第１図は▲３七桂まで

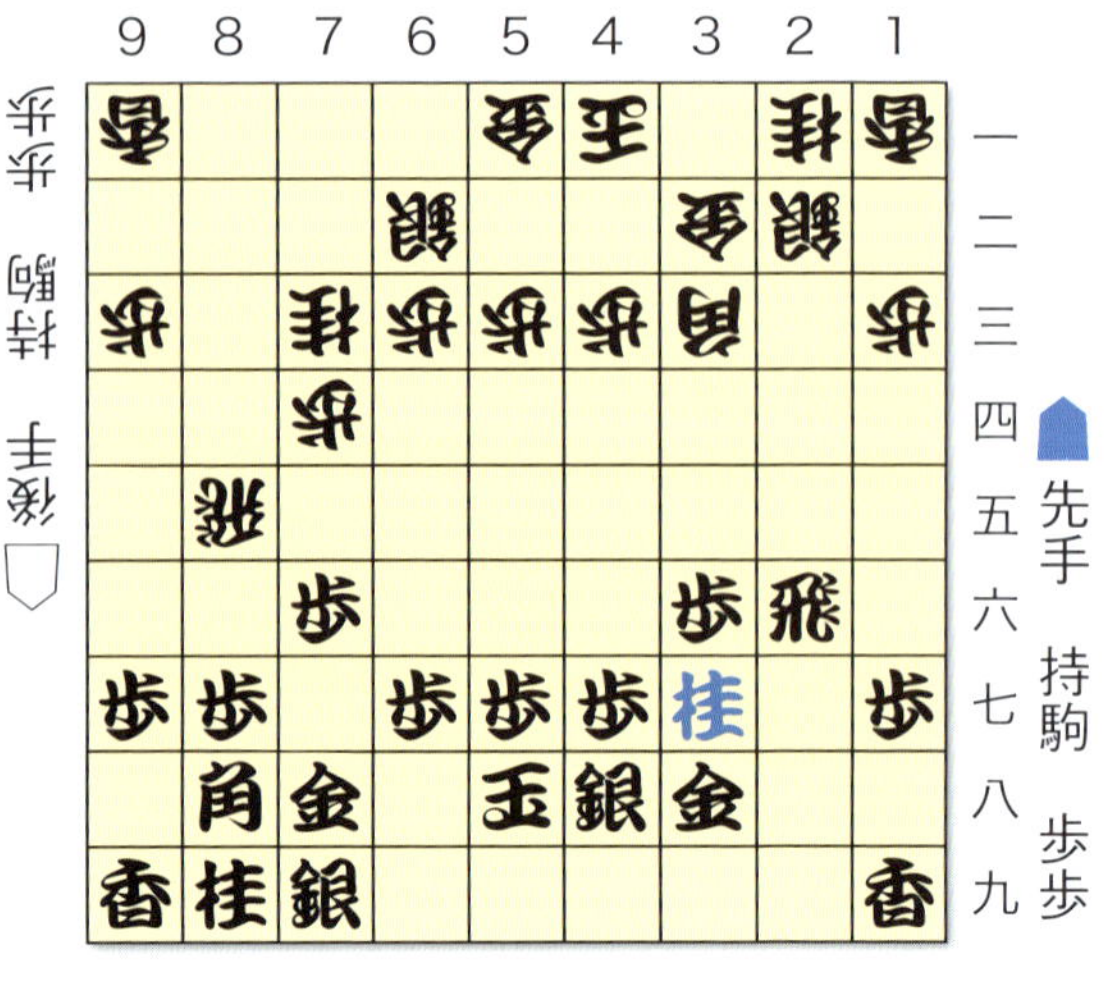

注目は、中段に浮いている△８五飛。

この飛車の位置によって、▲３五歩と突かせない、△２五歩と先手の飛車の頭を押さえられる、などの手段が生まれ、後手の攻め手が広がりました。

しかしまた、変化手順もひじょうに多く、指しこなすのが難しい戦法です。

ANSWER 6 まずは基本戦法をマスター、力がついてからチャレンジしよう

上級レベルまでは、従来の戦法を選びたい

いま流行の中飛車戦法が**第2図**です。これは振り飛車が先手のときの基本型で、後手だとまた少し趣が異なります。

第2図は☗4六歩まで

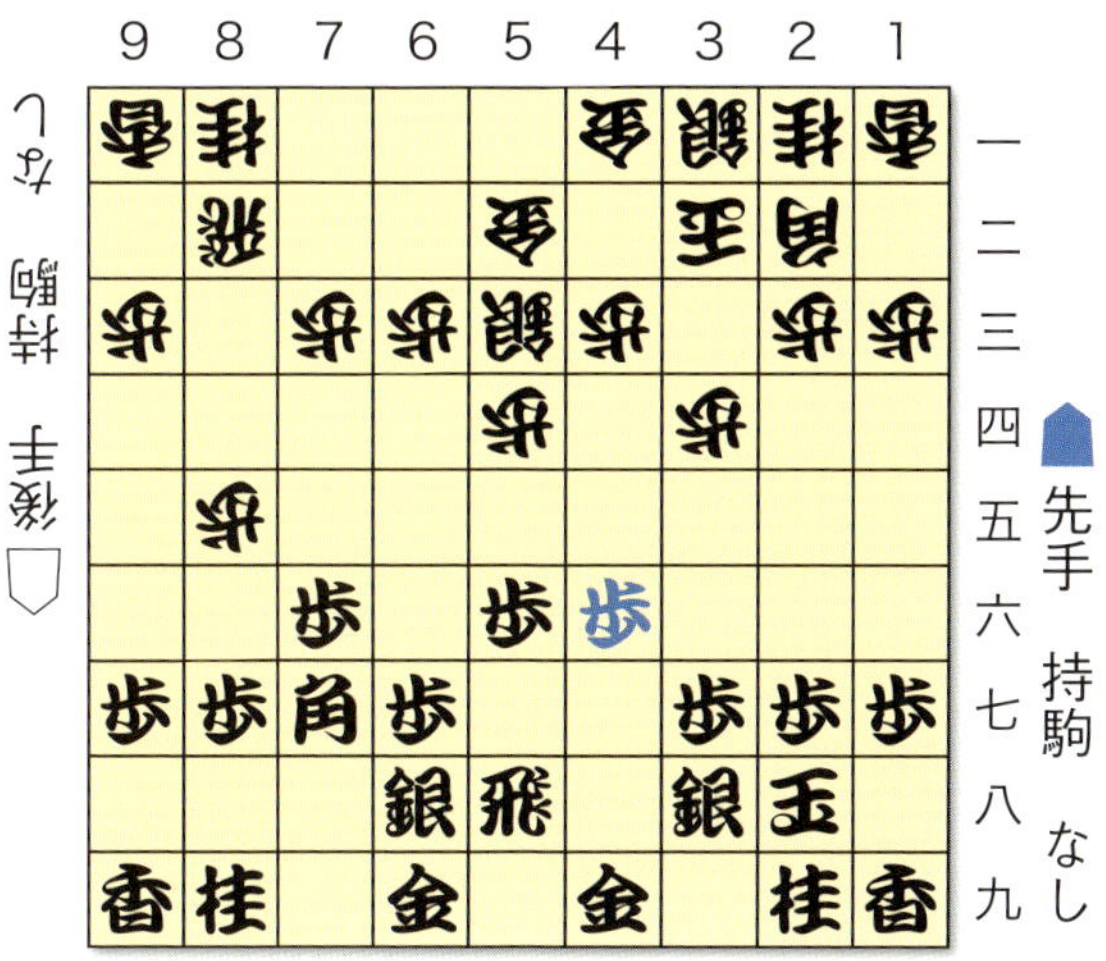
後手 持駒 なし
先手 持駒 なし

先手が角道を止めていない点に注目！振り飛車なのに、角交換は辞さず、というより、自らしようかとの勢いです。**角交換になると将棋がより複雑に。**振り飛車は角道を止める。上級レベルまでは、それが賢明です。

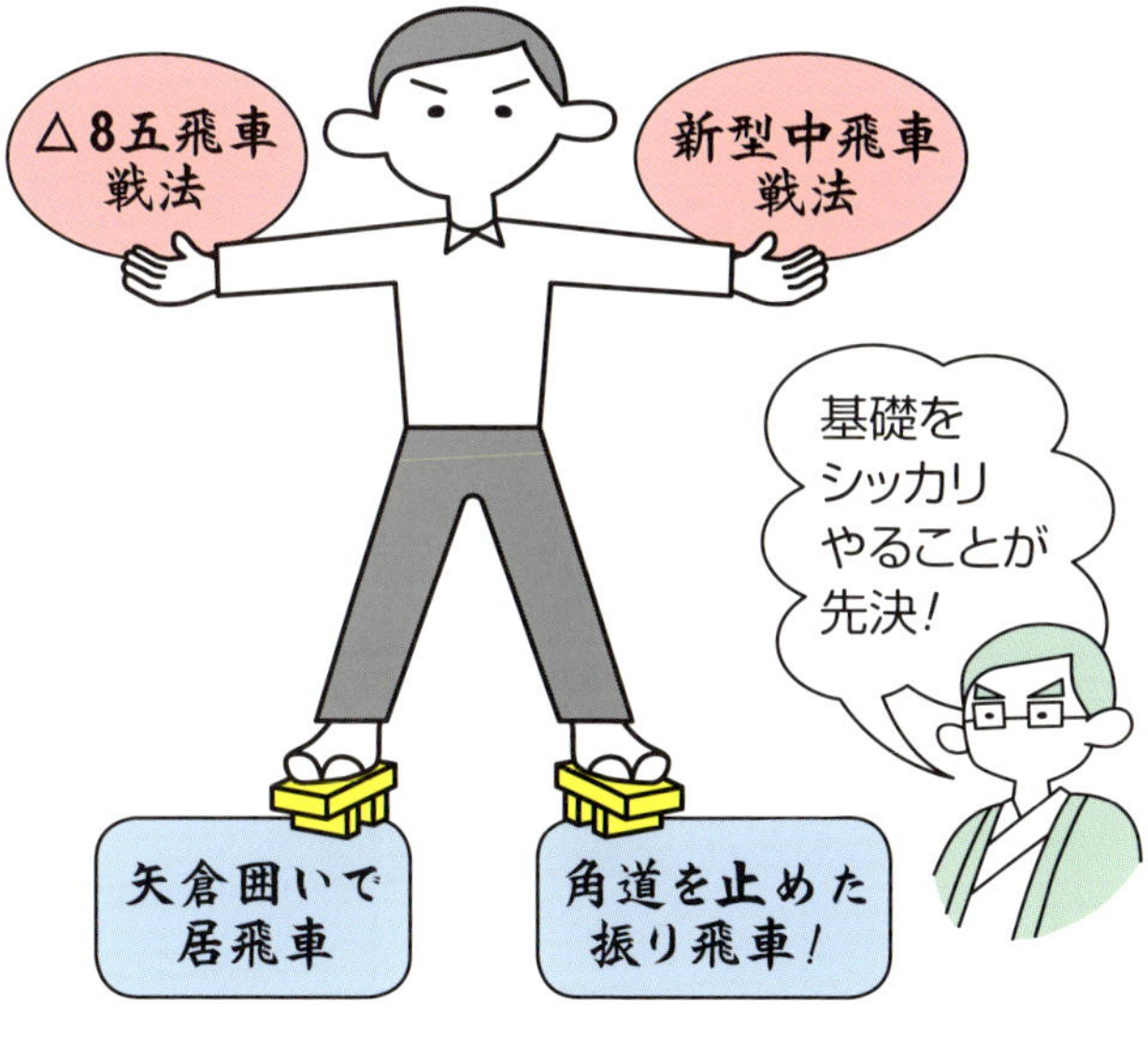
△8五飛車戦法
新型中飛車戦法
基礎をシッカリやることが先決！
矢倉囲いで居飛車
角道を止めた振り飛車！

詰将棋が苦手です。詰将棋はなぜ必須なのでしょうか？

QUESTION 7

序盤、中盤がうまくても勝負はやっぱり終盤だ！

序盤がとても詳しかったり、中盤がうまく指せたとしても、勝負が決まるのはやはり玉が詰むかどうかの終盤です。

第1図　3手詰

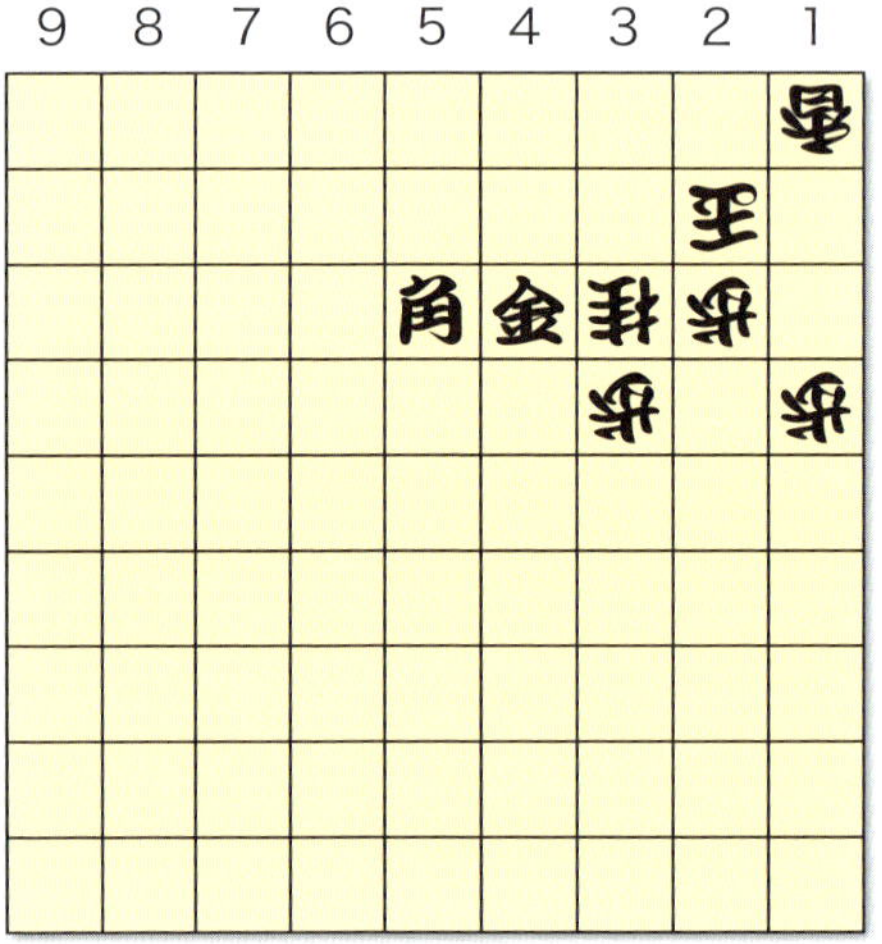

後手　持駒　なし

先手　持駒　金

第2図　5手詰

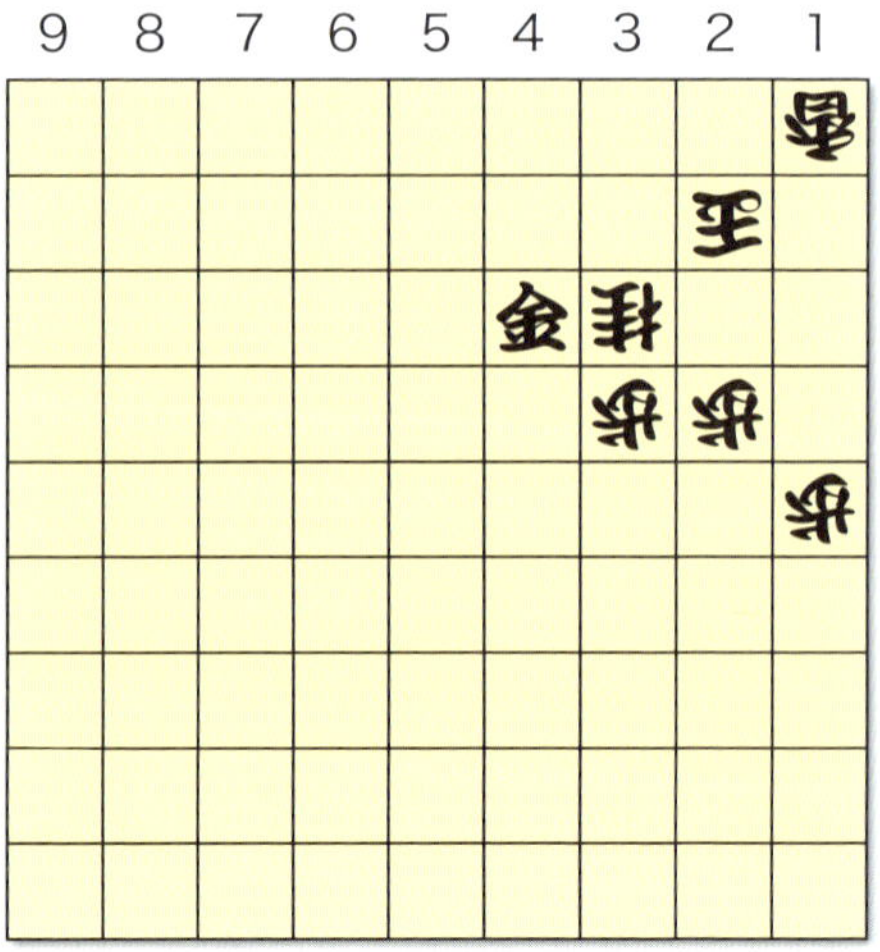

後手　持駒

先手　持駒　飛金銀

その力を養ってくれるのが詰将棋。**詰めがうまくなれば、必然的に勝率もアップ**します。いつまでも苦手とは言わず、どんどんチャレンジしましょう。

第1図は3手詰、**第2図**は5手詰。ごく基本的な問題ですので、次ページに進む前に、さらっと解いてみよう。

A NSWER 7

詰めの実力アップが勝率アップに!
苦手と言わず、どんどん解こう!

詰将棋で覚える大駒の打ち方、捨て方の奥義

解答は、**第1図**＝▲3一角成△同玉▲3二金。

第2図＝▲2一飛△同玉▲3二銀△1二玉▲2三金まで。どちらも初手に▲3三金と駒を取るようでは詰みません。**豪快に大駒を捨てて詰まし上げる**のは詰将棋の常道。詰将棋を解き慣れれば、こうした詰み筋が自分のものにできます。

ここから詰め将棋を4問出題します。

チャレンジ問題

詰将棋 第1問　3手詰

▲先手　持駒　なし

解答は124ページの解答欄にて

初段になるためには、何手詰の問題が大切でしょうか？

QUESTION 8

3手、5手くらいで十分 特に実戦型がお勧め

初段を目指すのは、3手詰・5手詰くらいの問題を数多くこなすのがいいでしょう。より多くの詰め手筋を知る勉強になります。

私がお勧めしたいのは、**実際の対局で現れそうな第1図や第2図のような実戦型**です。こうした問題は、実戦でも出てきたりするので、とても有効なのです。

第1図は、初手に平凡な▲8二金では詰みません。ご確認ください。

第1図 **3手詰**

後手 持駒 なし

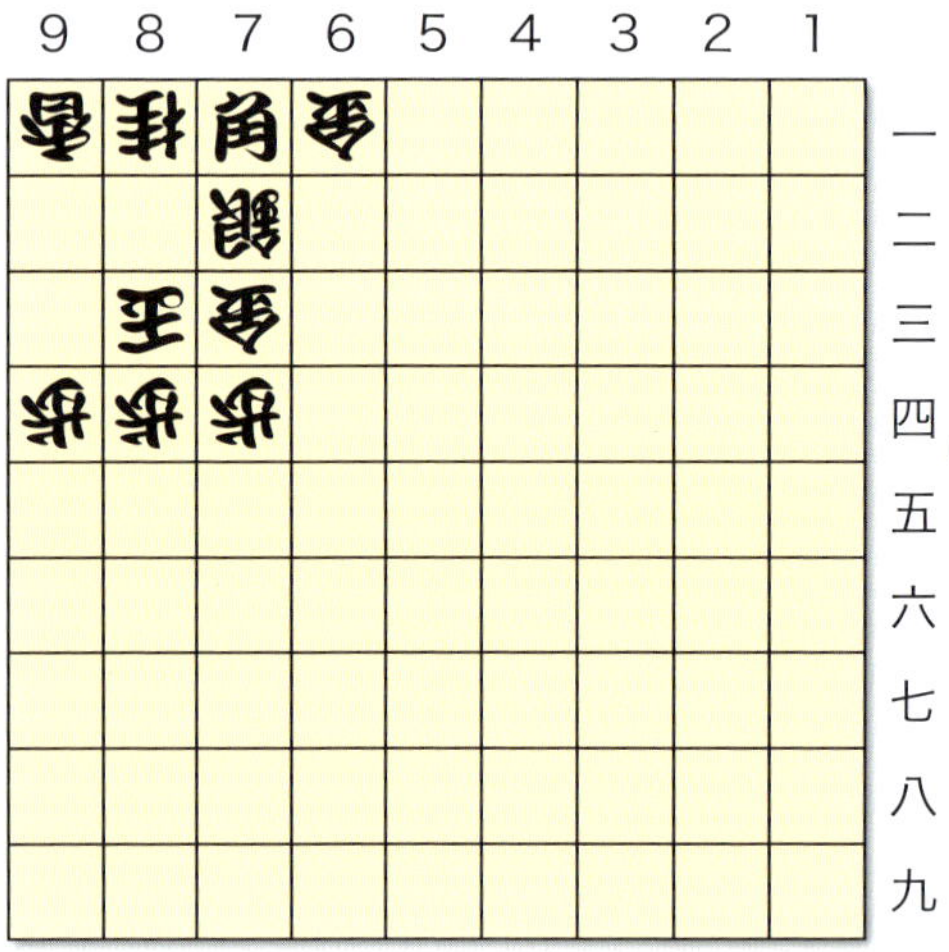

▲先手 持駒 金金

第2図 **5手詰**

後手 持駒 なし

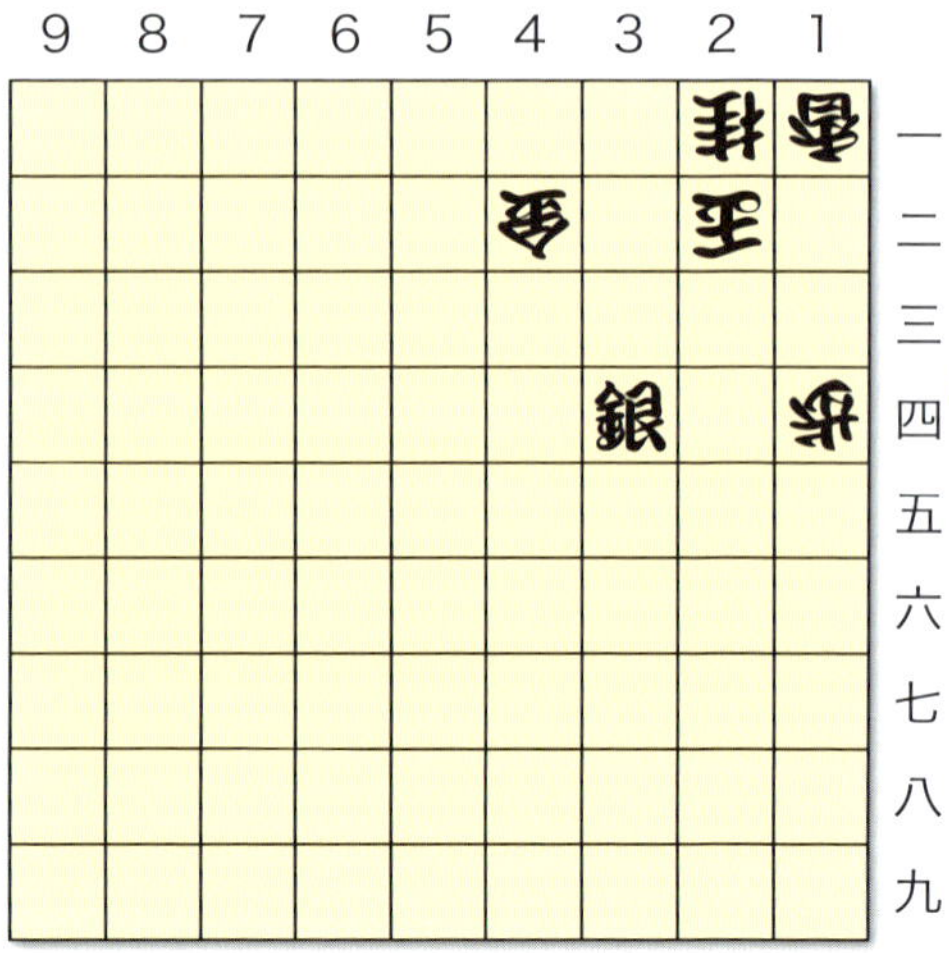

▲先手 持駒 金銀桂

ANSWER 8

3手詰や5手詰くらいの手数で十分、より多くの問題を解くことが大切です

3手なら先手・後手・先手で
カンタンだけど。
5手はやっぱり大変…
なにより
題数を
こなすこと！

基本の詰みの習得が大事 手数は違っても土台は同じ

第1図＝▲9三金△同香▲8二金。
第2図＝▲2三銀打△3一玉▲4三桂△同金▲3二金。

どちらも基本の詰み筋です。

長手数の詰め将棋は、こうした基本的な詰みをベースに作られています。

長手数も短手数も土台は同じなのです。

チャレンジ問題の第2問は、舟囲いの形での詰みです。

チャレンジ問題

詰将棋 第2問　5手詰

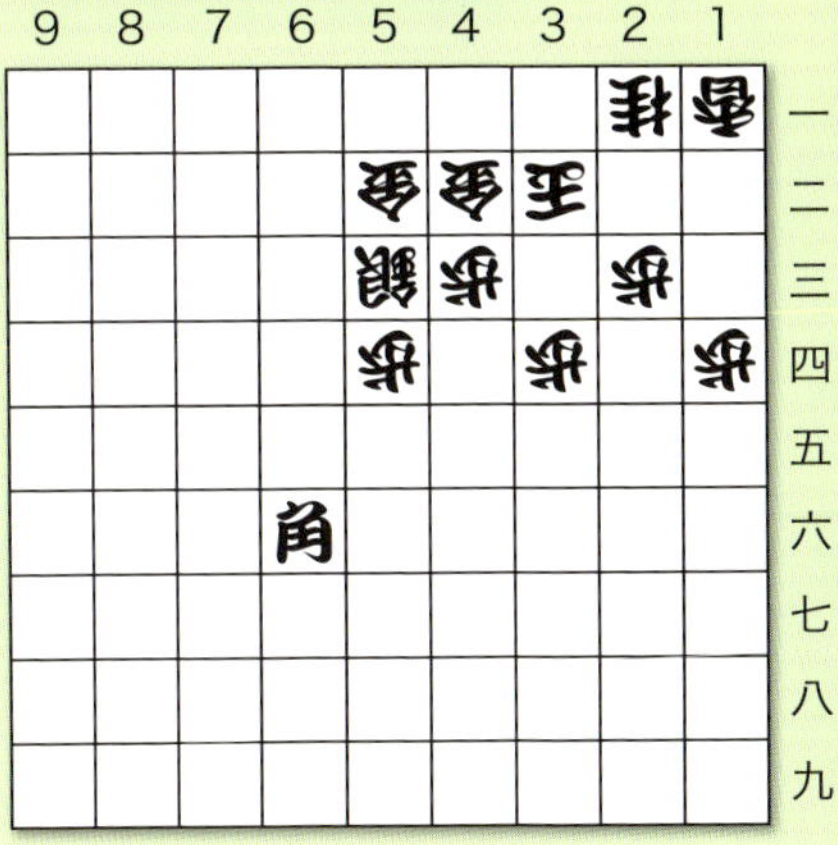
9 8 7 6 5 4 3 2 1
一 二 三 四 五 六 七 八 九
桂 香
金 金 玉
銀 歩 歩
歩 歩 歩
角

▲先手 持駒 飛飛角

解答は124ページの解答欄にて

詰将棋の作り方に裏技のようなものがありますか？

QUESTION 9

図面は同じでも持駒が変わると難易度も変わる

私自身も詰め将棋の本は数冊出しており、いままでもかなりの数の問題を作ってきました。その際、**人間の心理を利用する**作品に仕上げる時もあります。

今回は少しレベルを上げて、7手詰。たやすい7手詰は、3手詰5手詰とあまり変わりません。第1図、第2図をご覧ください。どちらも▲2三飛(歩)と捨てての7手詰。第2図では、初手は迷わず▲2三歩と打つでしょう。しかし第1図は？

第1図　7手詰

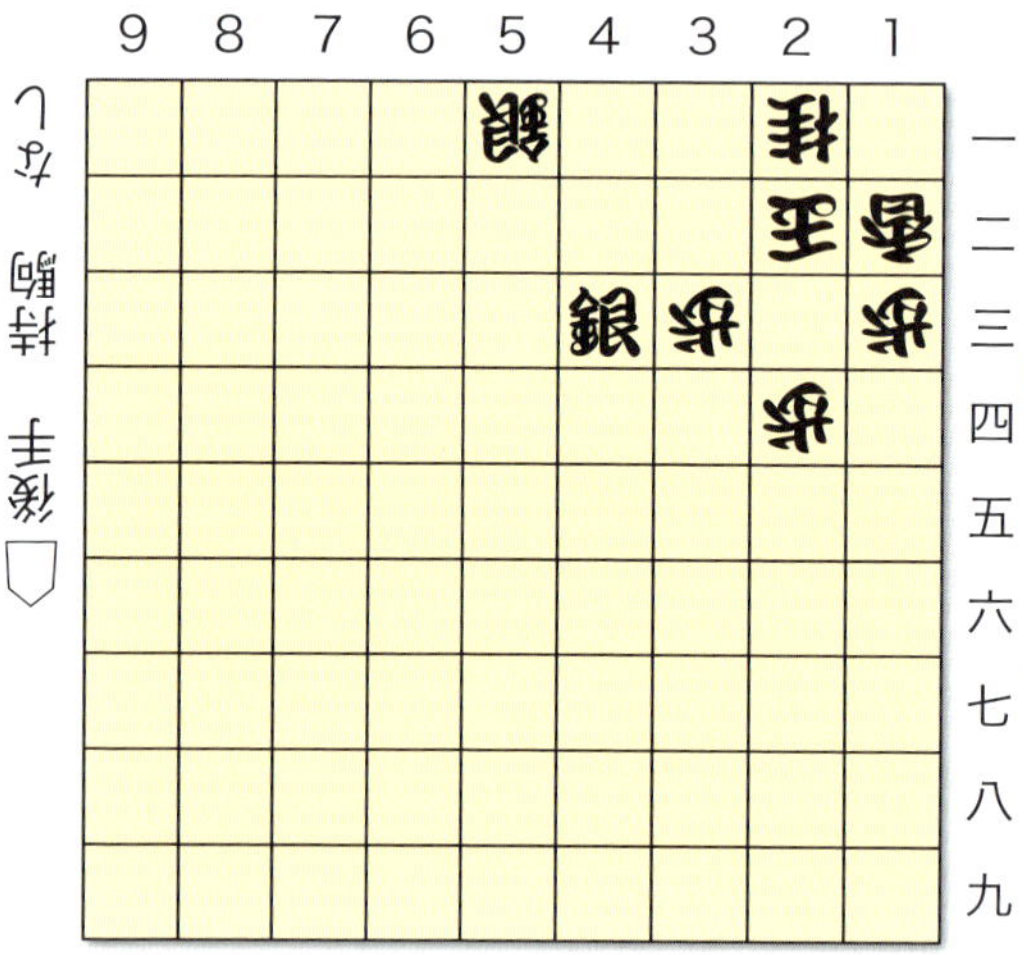

先手 持駒 飛角桂

第2図　7手詰

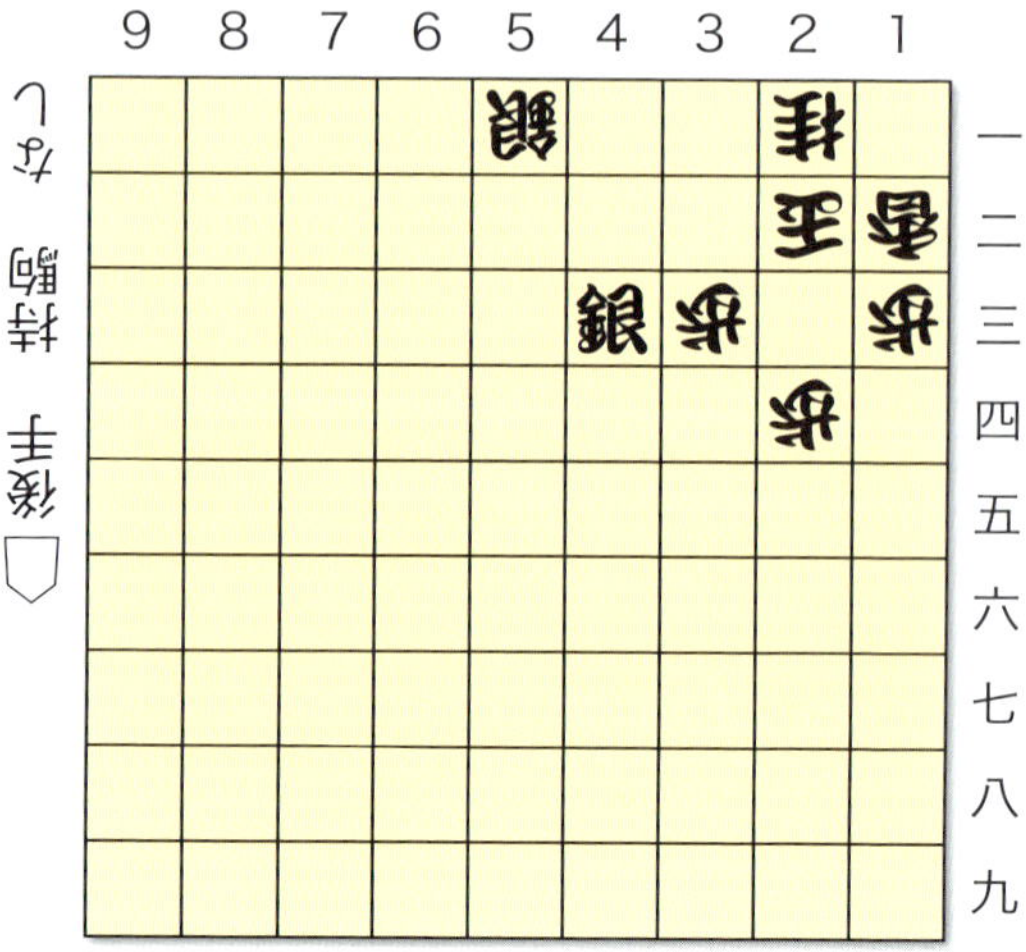

先手 持駒 角桂歩

A NSWER 9 もったいない心理を突いて、問題をむずかしく見せる裏技があります

人の心を突く裏技によって、解答者をミスリード

歩を持っていると、玉頭に打ち捨てやすい。でも、第1図のようになると捨てるのはもったいないとの心理が働き▲3二飛などでの手を考えたくなくなります。

このように持駒の調整による裏技によって、むずかしそうな問題に見せるのです。

応用編として、詰将棋の第3問を考えてください。

持駒は、飛金も金歩も同じ手順です。とすれば、初手は？

チャレンジ問題

詰将棋 第3問　7手詰

▲先手 持駒 飛金(歩)

解答は124ページの解答欄にて

詰将棋にパターンがあれば教えてください

QUESTION 10

詰将棋が解きやすくなる 覚えておきたい6パターン

詰将棋にはいくつかのパターンがあります。以下の事項を頭に入れておくと解きやすさが格段に上がります。

第1図 **3手詰**

後手 持駒 なし

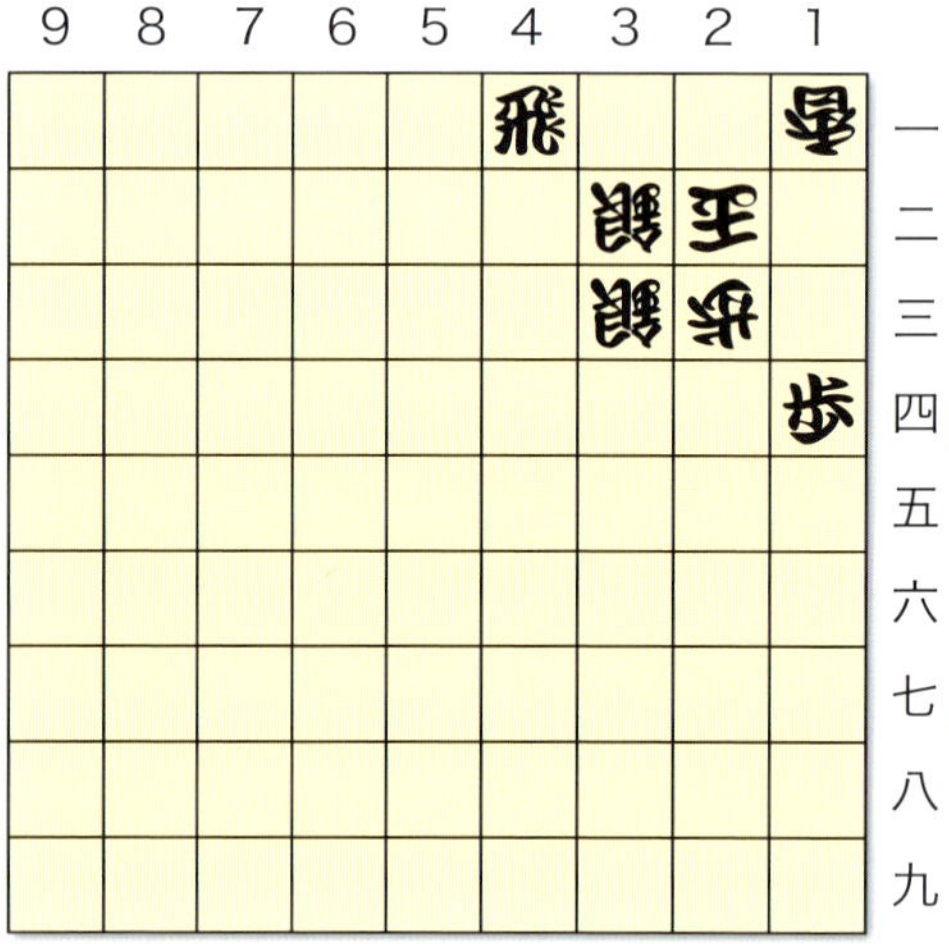

先手 持駒 金銀

第2図 **5手詰**

後手 持駒 なし

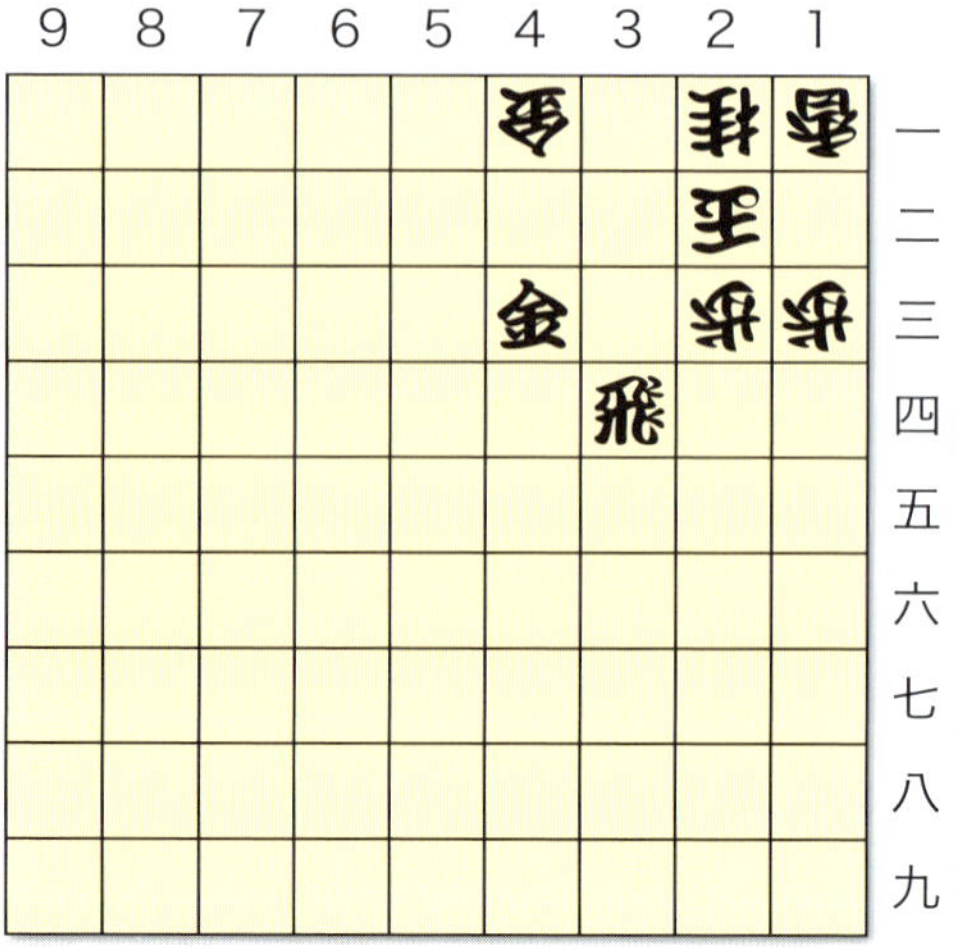

先手 持駒 金桂

①大駒を思い切って捨てる
②駒の利きが交差する焦点に捨てる
③攻め方の邪魔駒を消す
④桂捨てによって駒を打つ空間を作る
⑤玉が逃げられて困る場所に、前もって駒を捨てて埋める
⑥歩が持ち駒にある時は、大駒の不成を考える

A NSWER 10 基本のパターンは存在します。覚えれば、解くときの心強い味方に

6パターンの中のどれかな?
パターンは参考程度に! 1日数題、毎日やろう!

どのパターンに当てはまるか、見極めるのが大事

第1図は、②のパターン。初手に▲1二金と打つのが好手で詰み。

第2図は、①と③のミックス技です。重要な攻め駒に見える▲3四飛が、実は邪魔駒と気付けば、しめたもの。▲3三飛成と捨てて、△同桂に▲3四桂と打てば詰み筋に入ります。チャレンジ問題第4問は④パターン。少し長いですが、挑戦してください。

チャレンジ問題

詰将棋 第4問　9手詰

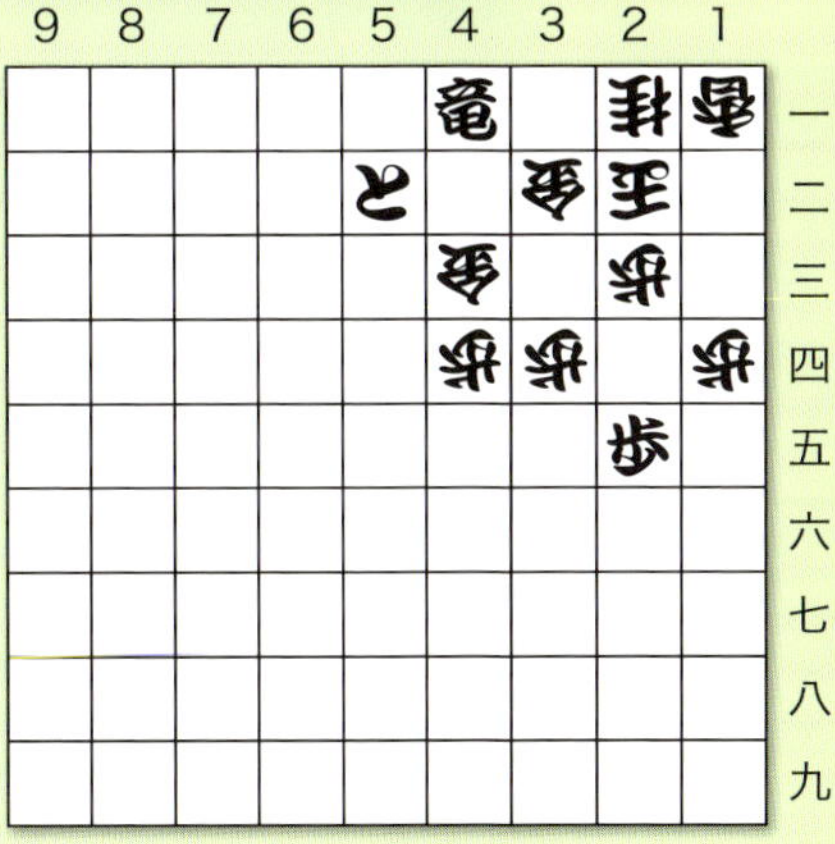
9 8 7 6 5 4 3 2 1
一 二 三 四 五 六 七 八 九

先手 持駒 角桂

解答は124ページの解答欄にて

先手番と後手番、それぞれの時の心構えがあったら教えてください

QUESTION 11

先手番では攻めて攻めて攻め抜きたい

たった一手の違いですが、先手と後手では、戦い方や心掛けなどが変わってきます。それは棋力が上がれば上がるほどに、感じるようになります。

先手番では、やはり攻勢を取りたい。**攻めて攻めて、そのまま攻め倒せたらもう最高！**

攻めまくった末に、刀が折れて負けてしまったとしても、それはそれで力を出し切った感があるというものです。

第1図は、がっぷり四つの相矢倉戦。私自身もよく先手を指す形です。

第1図以下、▲3五歩△同銀▲同銀△同歩▲1五歩△同歩▲6四歩△同角▲3五飛と先手は猛攻開始。

これは一例ですが、先制攻撃をかけてまず先手は満足です。後手番になると、状況が反転します。後手ながら攻めていこうとすると、やはり無理が生じます。

したがって、受け立ちになるのは仕方ないところもあるので、後手になったら、どんと構えて先手からの攻め手を受け立つ気持ちが必要です。

第1図は△4二銀まで

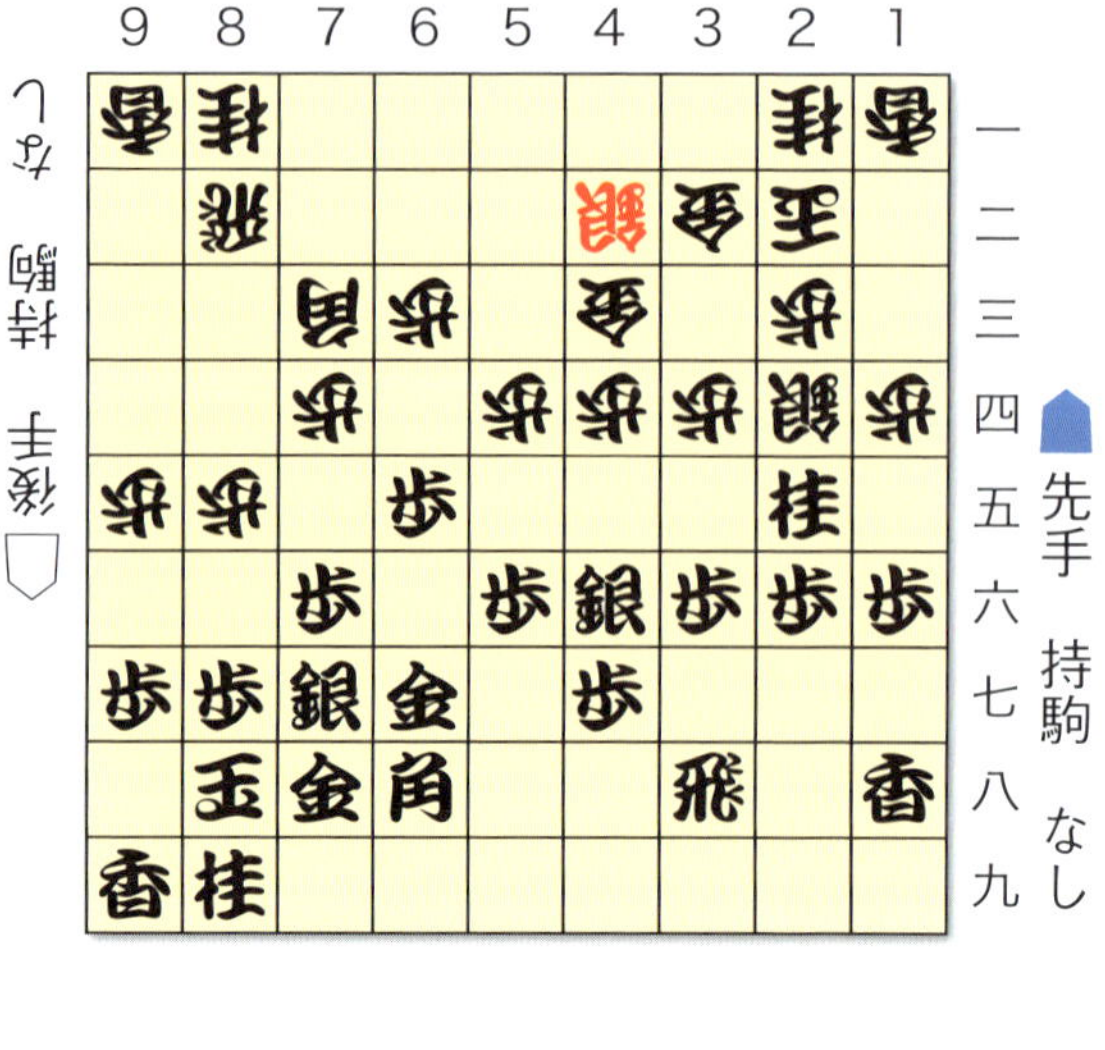

ANSWER 11 一手早い先手番では攻勢に、後手番はまずは受けて立つのが自然な流れです

どんと構えて受けて立つ陽動作戦もありの後手番

後手番ならではの指し方もあるのでここで紹介しておきましょう。

第2図は、中飛車対居飛車穴熊のきれいな対抗型です。

ここで△7二飛と寄る手が面白い。▲6六角と上がれば、△8二飛と戻る。千日手をチラつかせ、先手が嫌えば、後手は7筋か8筋の歩が交換できます。**後手番専用の陽動作戦です。**

第2図は▲2六歩まで

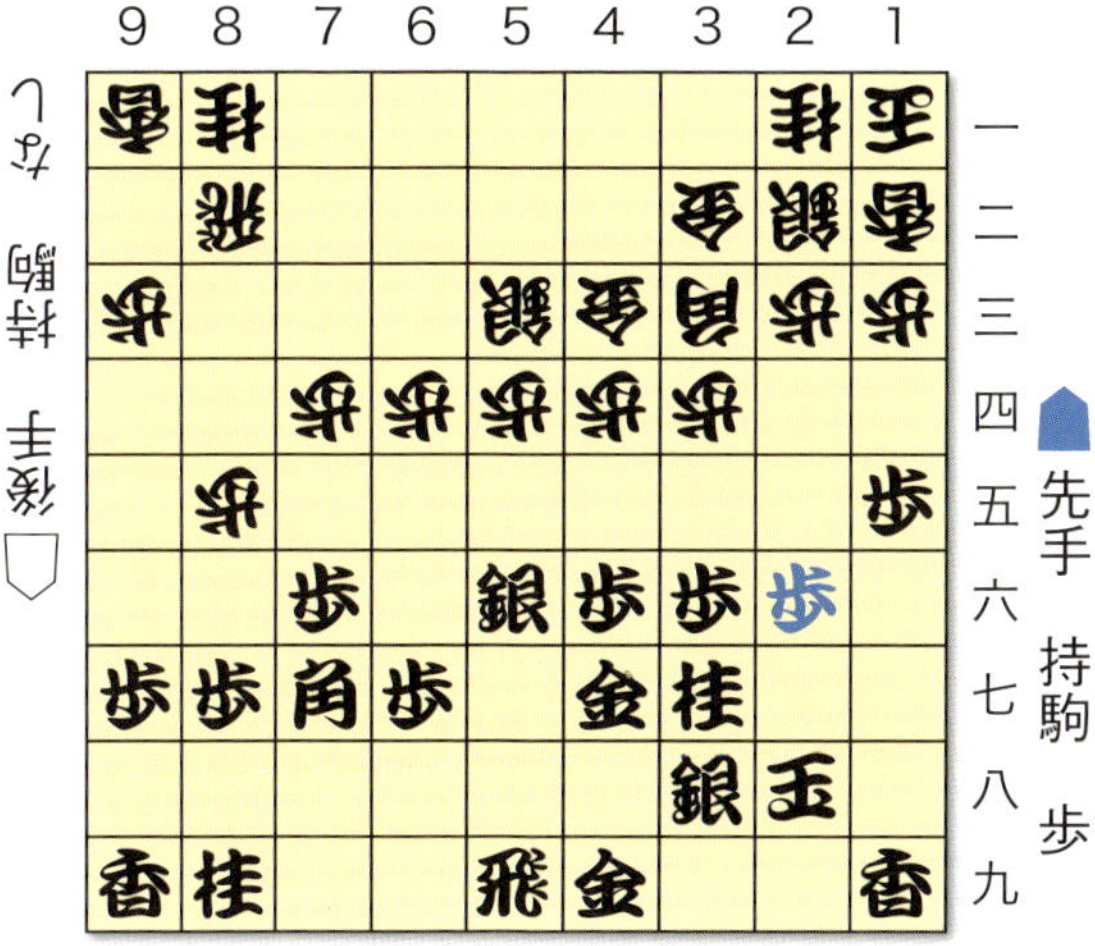

後手 持駒 なし
先手 持駒 歩

先手番だ！攻め倒していくぞ！
その勢いでいいぞ！

大会での対局の持ち時間は30分です。終盤で秒に追われない方法は？

QUESTION 12

日頃からやりたいことをある程度決めておく

アマのみなさんの場合は、一日で何局も指さなければいけませんから、当然、一局の時間が限られてきます。

時には時間切れ負けの過酷な条件も。

これでは、大会に勝ち抜くためには、いつまでも〝早指しは苦手です〟とは言ってられません。

序盤、中盤で時間を多く使ってしまうと、必然的に終盤は秒読みに追われる羽目になります。早指しの将棋を乗り切るひとつのコツとして、**序盤は迷わないこと**が、まず挙げられます。

一例が第1図。一手損角換わりでの序盤です。先手の右銀に注目。

ここでは、▲2七銀からの棒銀、▲3六歩から銀を4六に繰り出す早繰り銀、そして▲4六歩からの腰掛銀と、3通りの指し方が考えられます。

こうしたときに、迷わずどれかを選べると、その分、時間の節約になるのです。

日頃から〝私は棒銀で行く〟とかある程度決めておくといいでしょう。

その場で迷わなくて済みます。

第1図は△6二銀まで

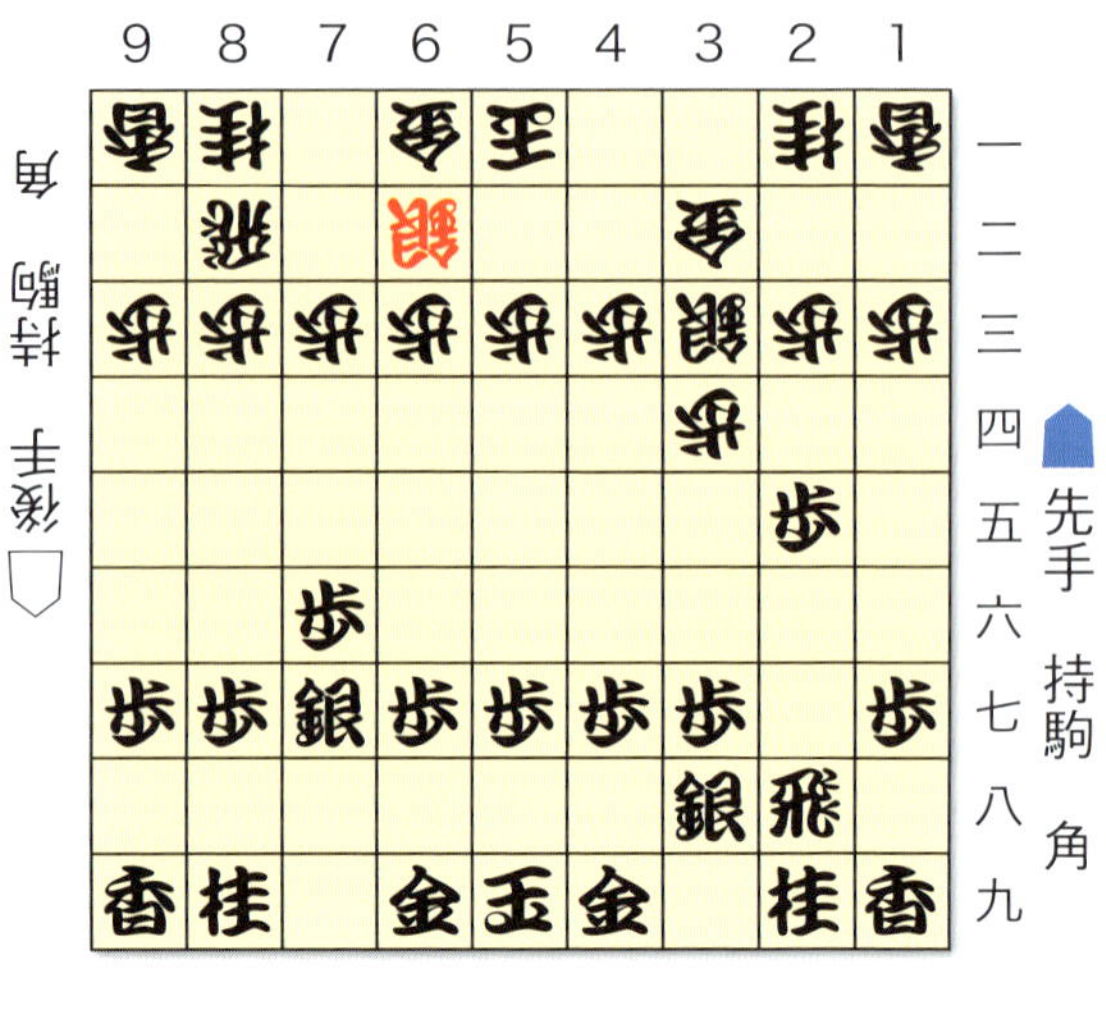

ANSWER 12

好みの指し手を前もって決めておこう
シンプルな戦い方だと終盤が楽に！

終盤に余力を残す ストレートな戦い方

第2図は、第1図から棒銀を出撃させたところ。棒銀の進撃を阻もうとする△1四歩に対しては、▲3六歩～▲3五歩として、以下押したり引いたりするのがプロ好みの指し方です。

しかし、それでは戦いの焦点がはっきりしません。私のお勧めは▲1六歩。

これで次は、何でも▲1五歩△同歩▲同銀と攻めます。こうしたストレートな戦い方が、**終盤に余力を残すのです。**

第2図は△1四歩まで

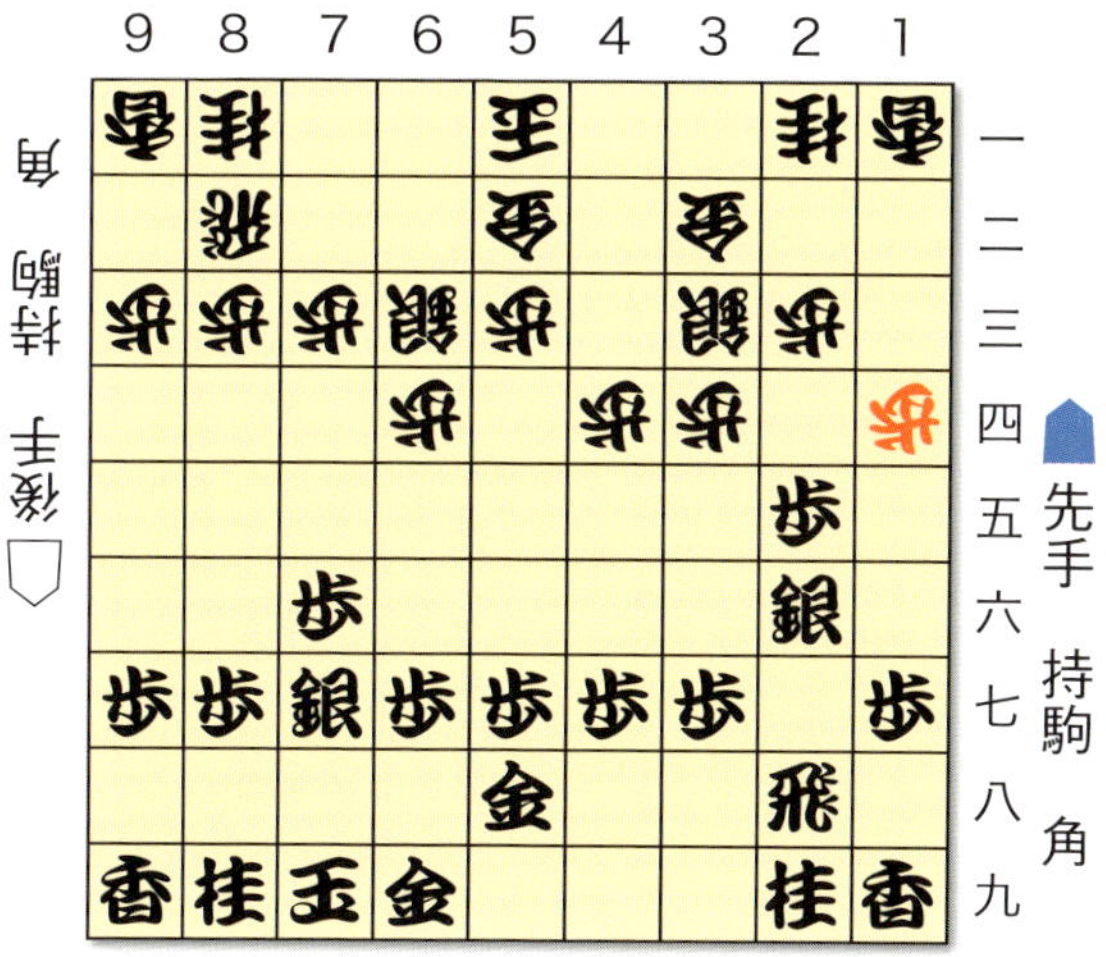
後手△ 持駒 角
▲先手 持駒 角

シンプルな戦い方を選べば
“時間”に追われない！

定跡を覚えるのは面倒です。なぜ大切なのでしょうか？

QUESTION 13

定跡は頼るより活用する気持ちを持って覚えたい

定跡とはありがたいもので、正しい道筋や本筋の指し方を示してくれています。

面倒くさがらずに、しっかり覚えることをお勧めします。

しかしまた、「定跡を覚えて弱くなりにけり」とのことわざもあります。

丸っきり定跡に頼り切って、ちょっと外されると、もうさっぱりお手上げでは困ります。あくまでも、自分自身の力で指している中で、**定跡を活用する気持ち**でいるといいでしょう。

第1図は、振り飛車対居飛車棒銀の典型的な定跡で、私にとって少年時代の苦い思い出の一局面でもあるのです。

先手が私、形を覚えて、ここまで何とか指してきた私でしたが・・・。

第1図は☖3四同銀まで

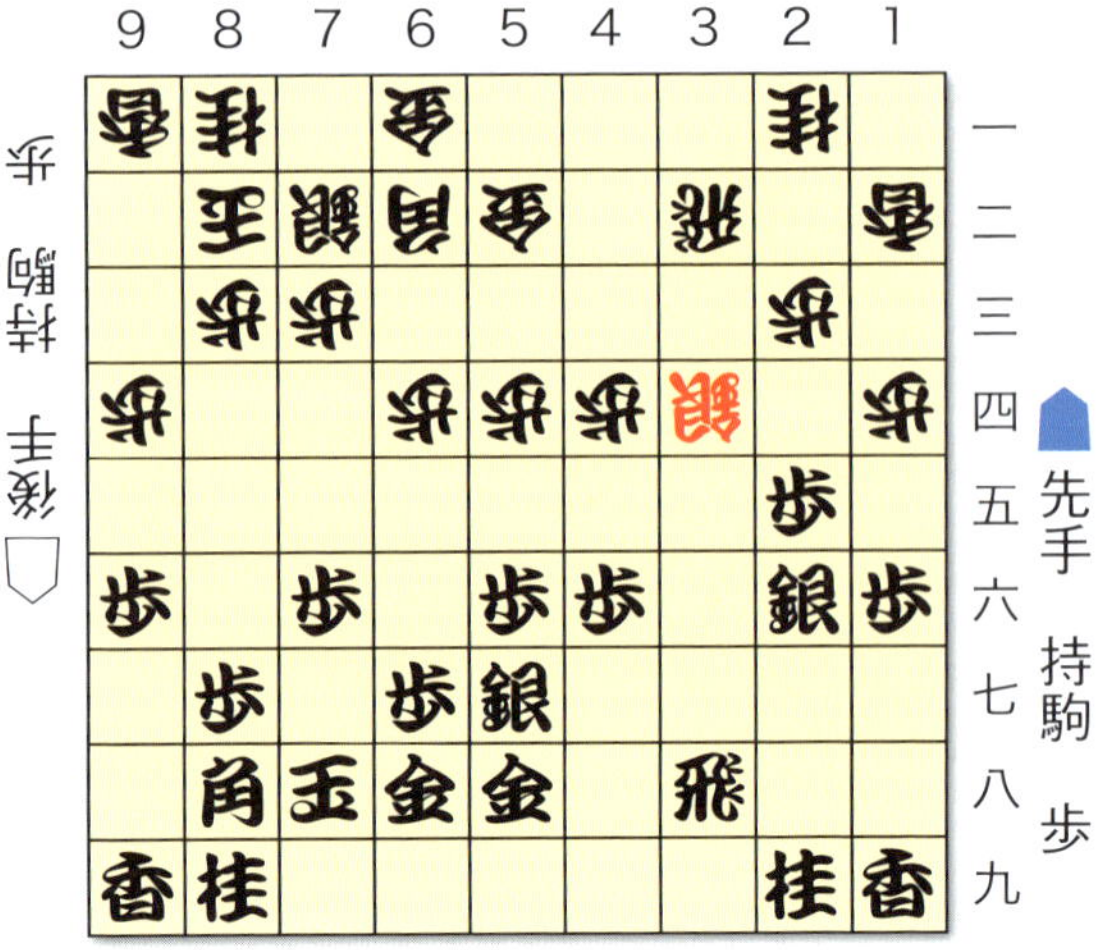

第1図では、自力で▲2四歩△同歩▲2二歩（失敗図）の順を発見して、一人悦に入っていました。

「△2二同飛は▲3四飛と銀がタダ。

これはいい手だ！」

それが△4三銀▲3五銀△4五歩と進むに至って愕然！

ANSWER 13 正しい道筋に導いてくれるのが定跡、しっかり覚えて、大いに活用しよう!

定跡を知っているかどうかが勝負の分かれ目に

せっかくの棒銀が助かりません。以下、大敗を喫してしまったのは言うまでもありません。

失敗図は▲2二歩まで

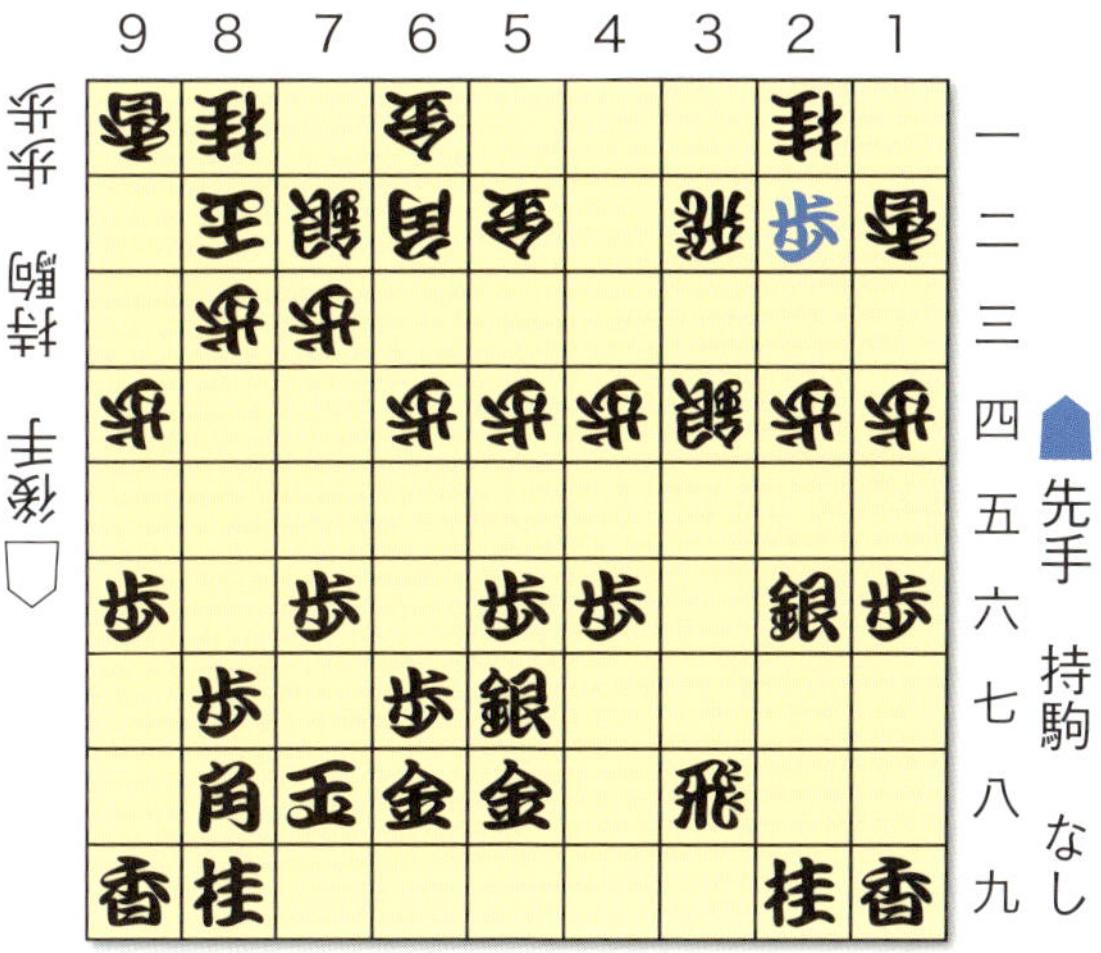

後手 持駒 歩歩
先手 持駒 なし

私が定跡を把握しておらず、相手がきちんと知っていたことが勝敗を分けたのでした。ちなみに失敗図は、△2五歩▲同銀△2二飛としても、後手よし。

第1図での定跡は、▲4五歩。

定跡とは、本当にありがたいものです。

定跡
定跡
定跡
定跡
定跡はシッカリ覚えよう!

QUESTION 14

正しい形勢判断には「大局観」が必要だと聞きました

駒の損得だけでは計れない、大局観による形勢判断

大局観とは、読んで字の如し、盤面を広く大きく見ることです。将棋を正しく指す上で、とても大事な考え方でもあります。

第1図は私の実戦。まだまだこれからに見えますが、何とこの図で相手の棋士が投了したのです。

いかにもプロらしい終局の仕方と言えましょう。

第1図では、もし指し続けるとすれば△6六金と飛車を取る。以下▲同銀△6四飛▲6五桂打（第2図）と進みます。

この瞬間は、駒の損得だけ見れば、何と後手の飛車得！　なのに先手の必勝形。

これが、駒の損得だけでは計ることのできない**正しい大局観で形勢を判断した結果**なのです。

第1図は▲5二馬まで

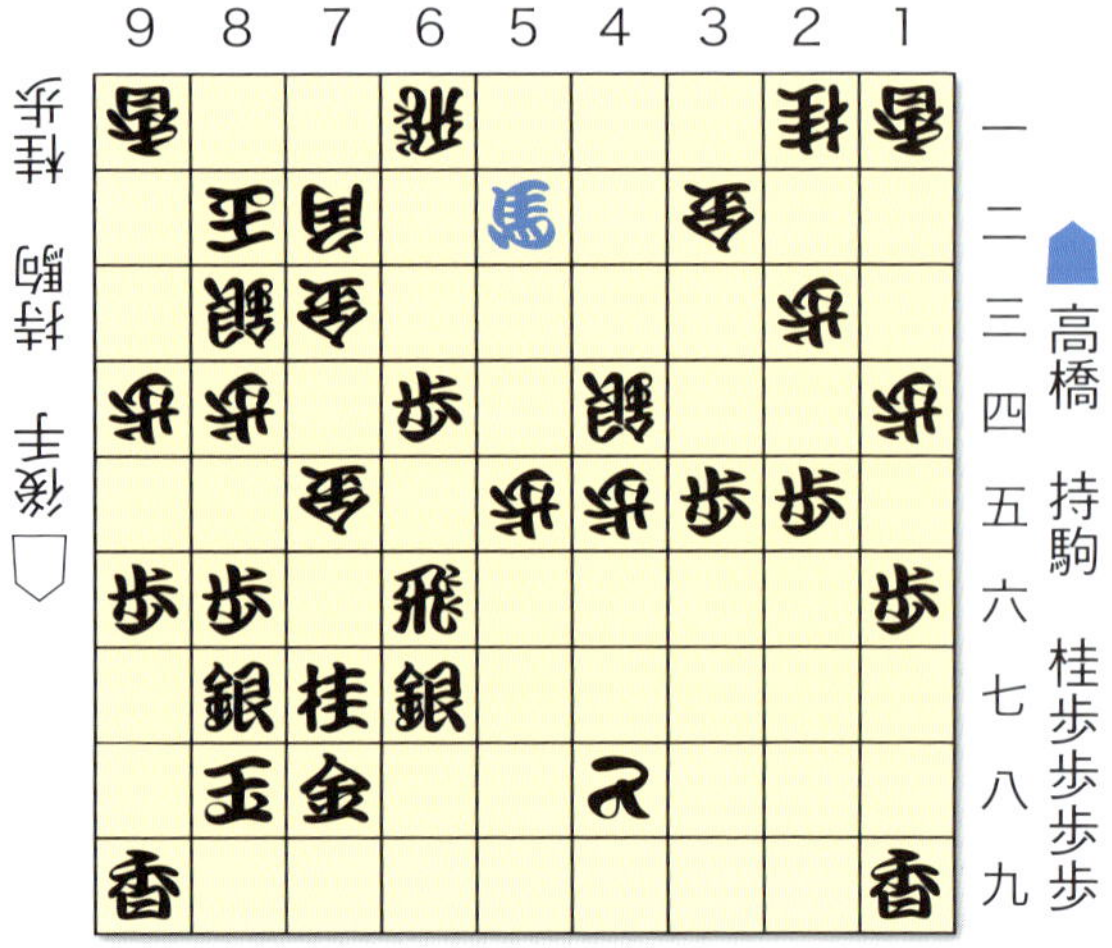

第2図の局面を、具体的に検証してみましょう。

1筋の香の存在は五分として、5筋から右の先手の駒が、すっかりなくなっています。これは「きれいに駒が捌けた」と判断されます。対する後手陣は。△4四銀・△3二金・△2一桂が問題。

A NSWER 14

盤面を広く見るのが大局観です 駒の損得以上に働き具合を重視します

遊び駒の多い後手陣、駒の働きに大きな差

そのバラバラに配置された三枚の駒はほとんど働きのない、いわゆる遊び駒になっています。後手はこれが痛い。

第２図は▲６五桂打まで

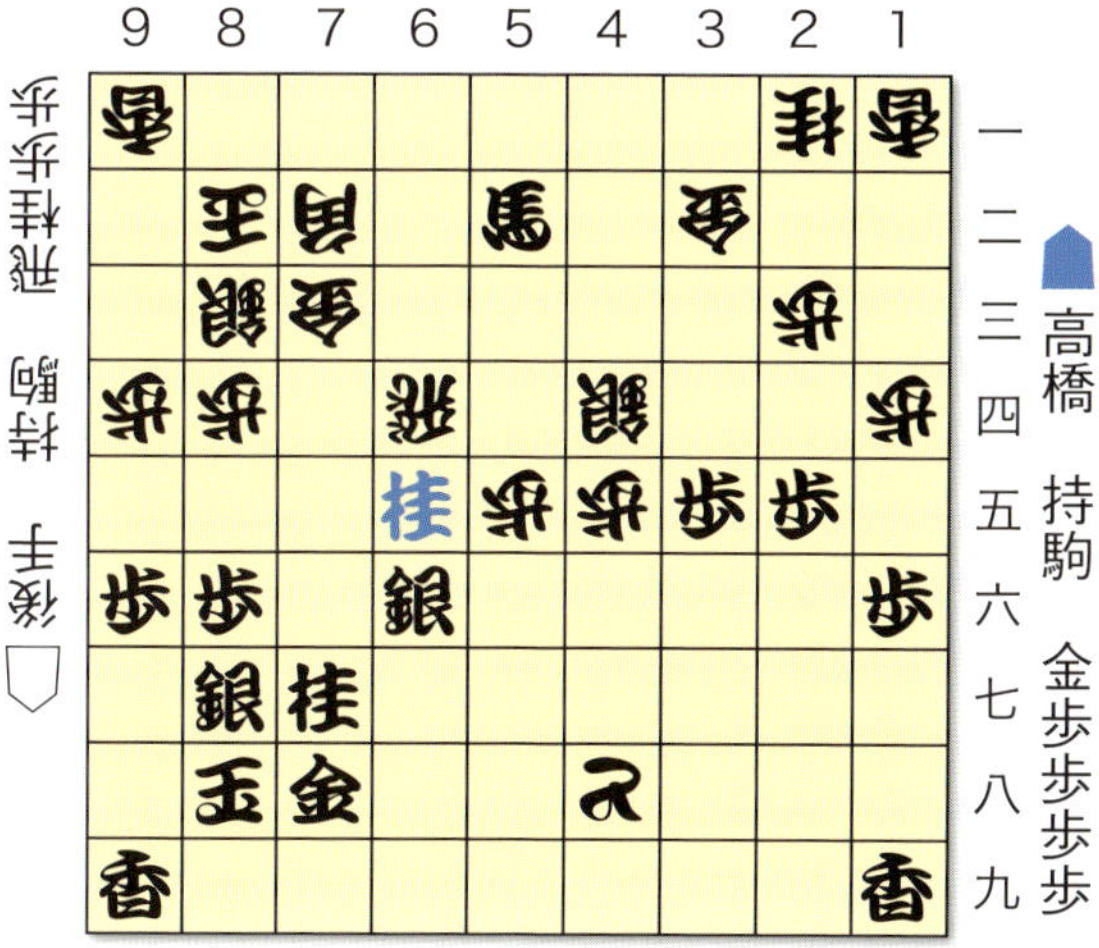

９ ８ ７ ６ ５ ４ ３ ２ １
一 二 三 四 五 六 七 八 九
▲高橋 持駒 金歩歩歩歩
後手▽ 持駒 飛桂歩歩

△７二角もまた好形とは言えません。第２図以下は、△７四金は▲７五歩、△６三金には▲７五銀と攻めて、先手が勝ち切れる形です。

常に盤面を広く見て、駒の働き具合には、十分に注意を払いましょう。

遊び駒が3枚もある！悲しいよう
大局観

効率のいい攻めとは どのような指し方でしょうか？

QUESTION 15

派手なやり取りには見た目ほどの力はなし

少ないエネルギーで、大きな効果をもたらすのが、効率の良い攻め。小駒、**特に歩をうまく使う**のが、それに当てはまります。

第１図は△２六歩まで

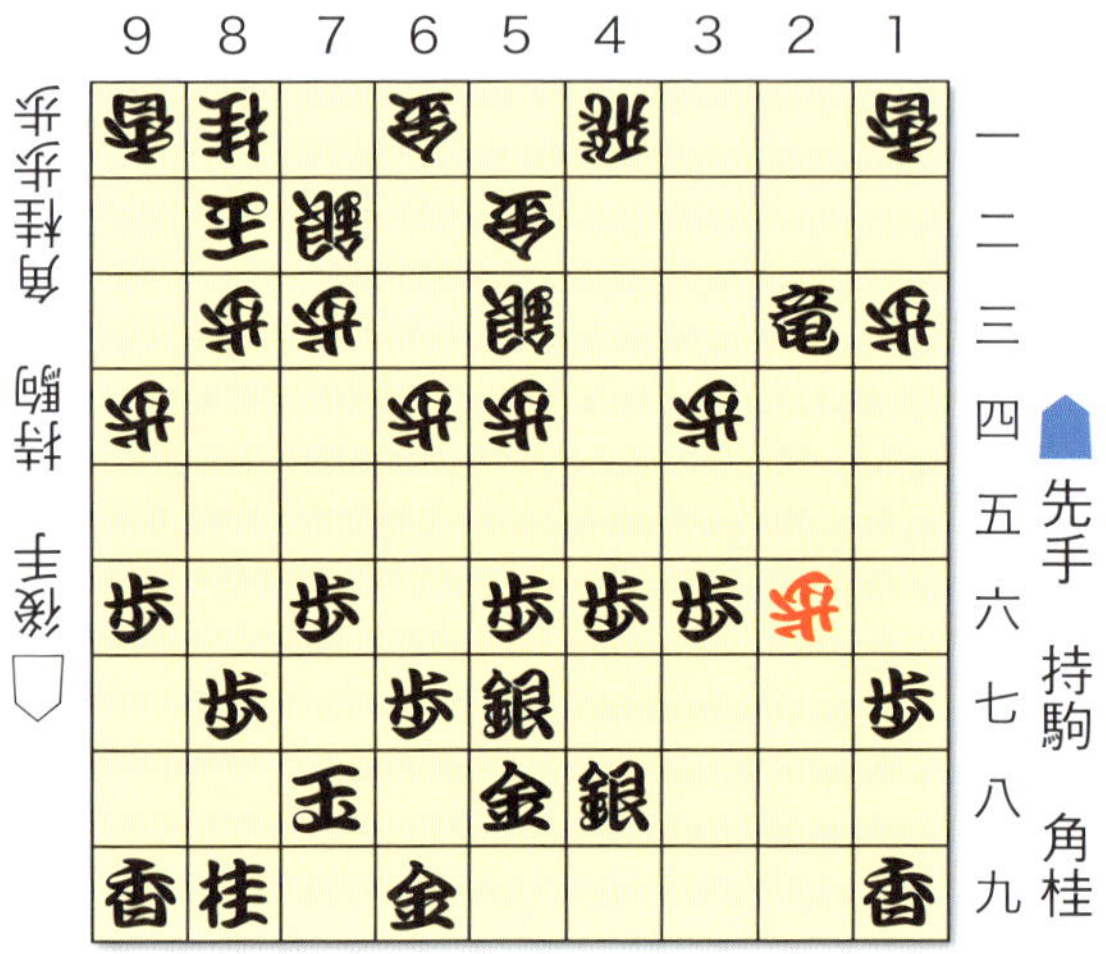

第１図は、居飛車対振り飛車の定跡の一場面です。ここでまず見える手は、▲４五桂と打つ手でしょう。

以下△６二銀▲３二角△５一飛▲５四角成△２八角（**失敗図**）と進みます。

竜に加えて、馬まで作ったのに**失敗図**とは、少し厳しい判定ですが・・・。

失敗図は△２八角まで

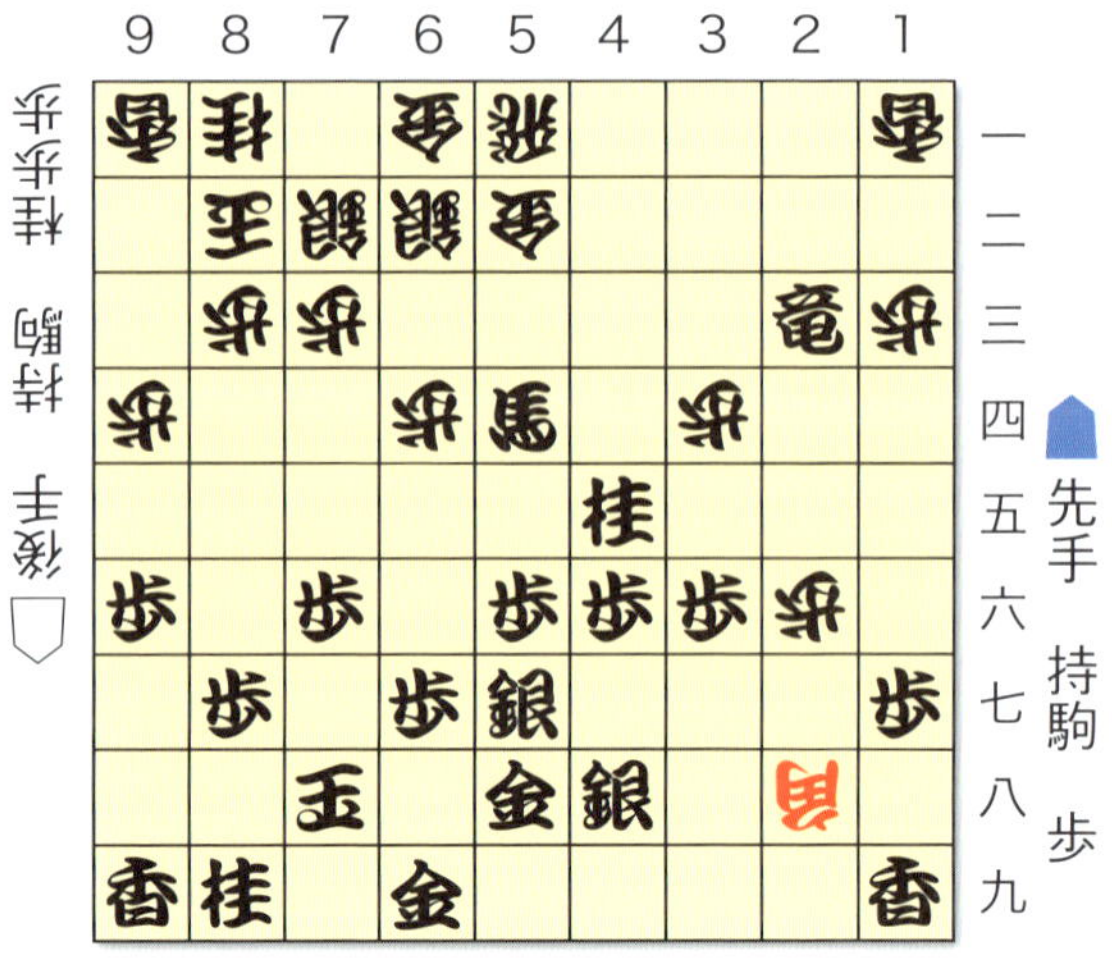

ANSWER 15

小駒をうまく活用するのが大事、「と金」を作って攻めるのが最上です

と金を作って攻めるのがもっとも効率よし

失敗図は、駒の勢いはいいものの、攻めの威力は見た目ほどではありません。第1図での定跡が示す一手は▲3五歩。

第2図は☗3三歩まで

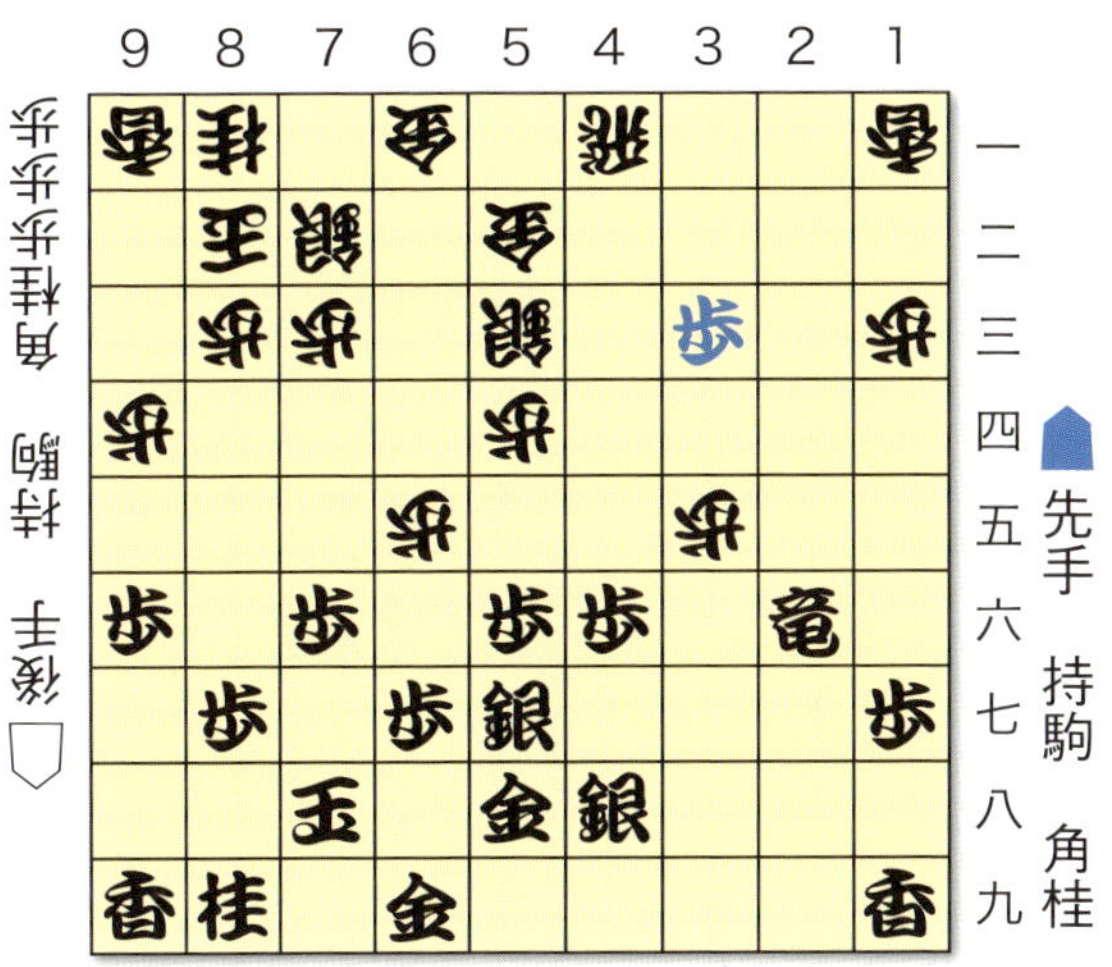
後手 持駒 角桂歩歩歩
先手 持駒 角桂

ここを突くのが本筋です。以下△3五同歩▲2六竜△6五歩▲3三歩（第2図）と、「と金」作りをねらって攻めるのが、とても効率がいい。

そして、作ったと金は、相手の金や銀と交換するように心掛けましょう。

と金で
飛車
取りだ！
よし！
「と金」
攻め！

プロの投了図から試しに指し継いでみたら負けてしまいました

QUESTION 16

勝っているはずなのに負けてしまう摩訶不思議

プロ同士の対戦では、最後の一手詰みまで指すことは、ほとんどありません。

互いの力量の信用もあり、投了するにしても、潔ぎいいのがプロの将棋です。

そのため、プロの投了図から友人と指し継いでみたら、**勝った方が負けてしまいました**、なんて声もよく耳にしますし、実際にそんな光景を拝見したこともあります。

私の実戦の投了図（**第1図**）を、教室の生徒さん同士で確認してもらいました。

第１図は▲８二飛まで

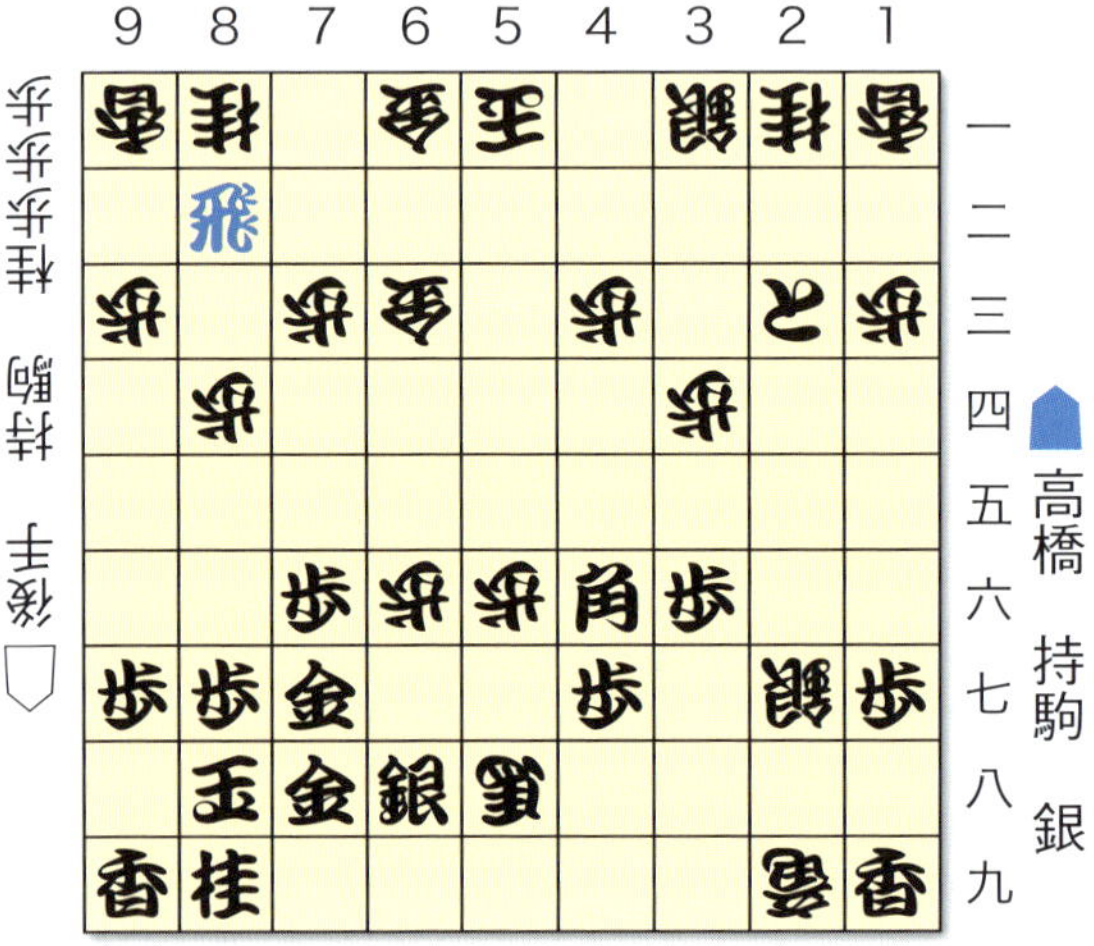

失敗図は△７九銀まで

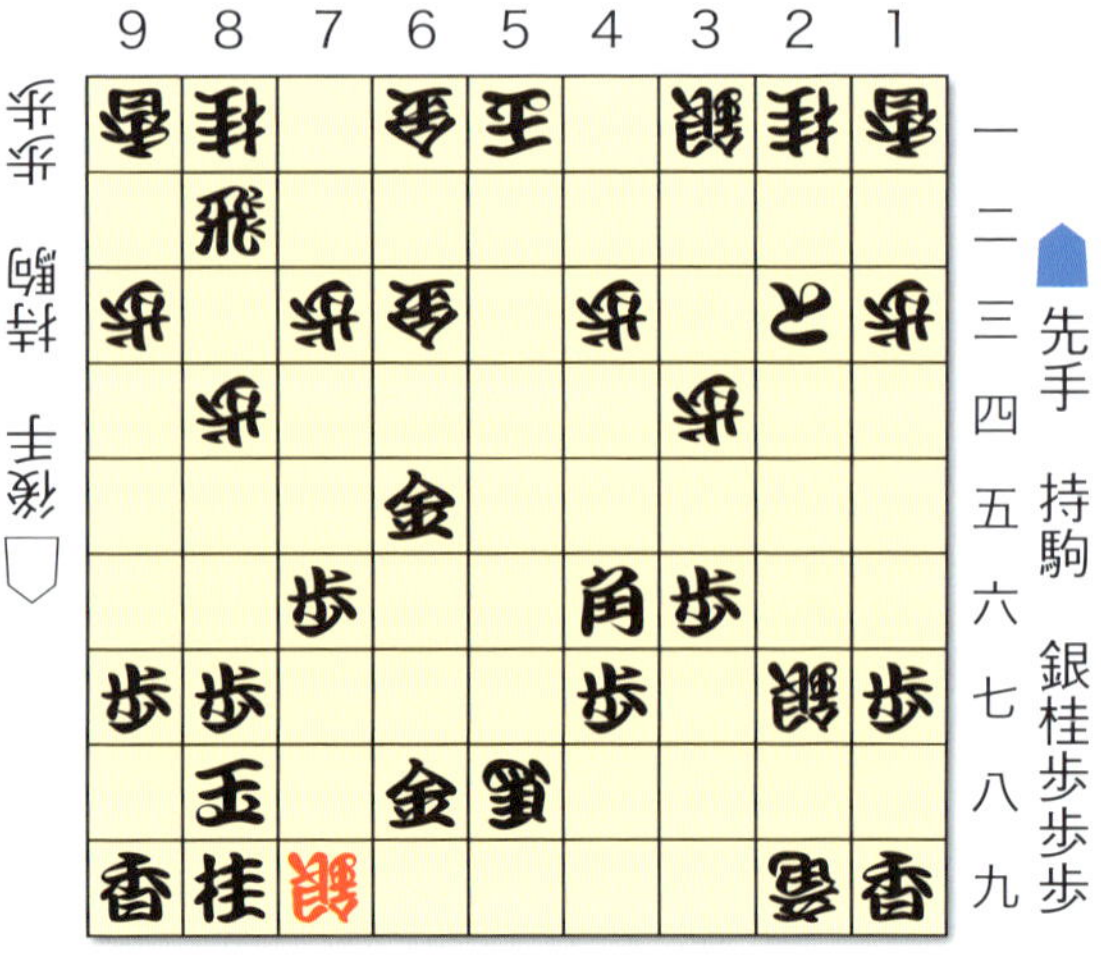

ANSWER 16 投了後の手を考えるのもいい勉強です。隠されている急所の一手を発見しよう

投了後に急所の一手が隠されているプロの将棋

すると第1図から、△6五桂▲6六金△5七歩成▲7九銀△6七歩と後手の人が攻め始めました。

第2図は▲2四角まで

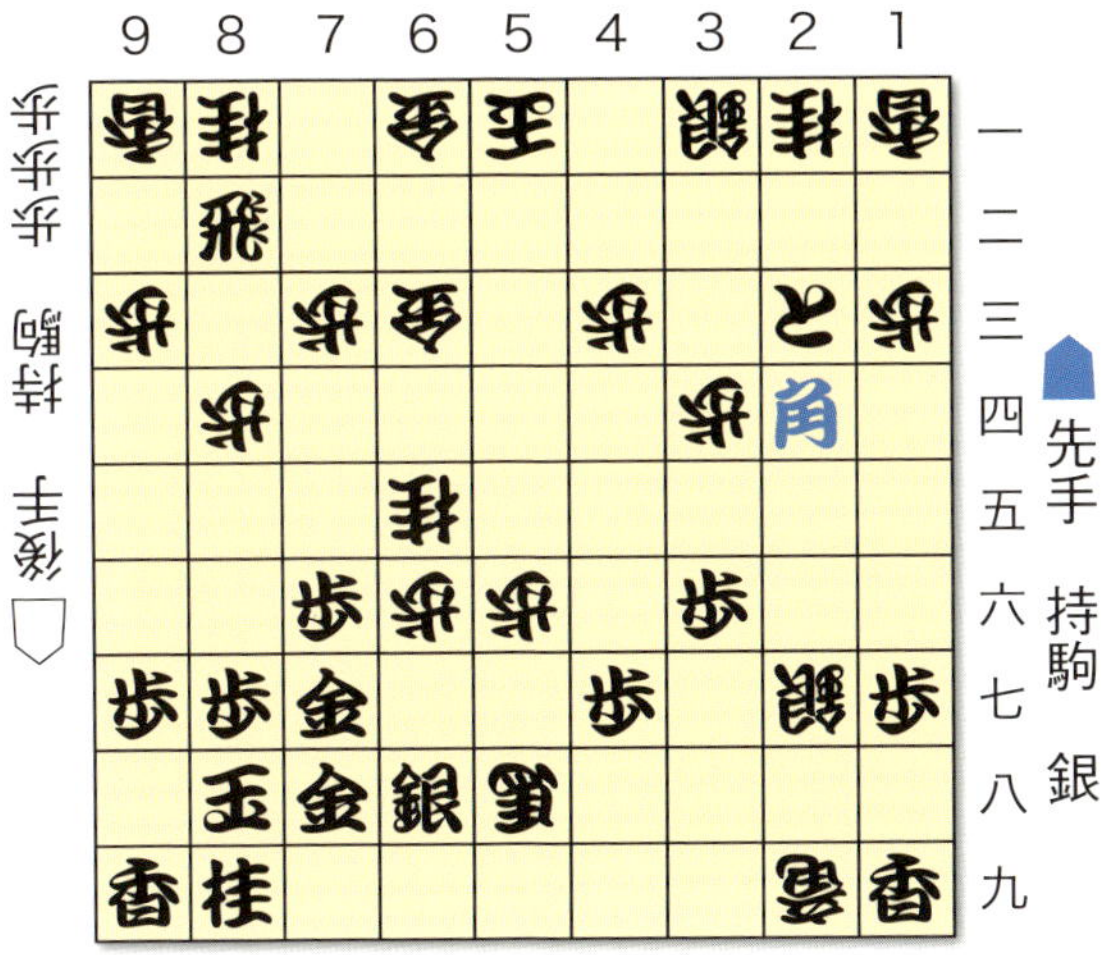
9 8 7 6 5 4 3 2 1
一 二 三 四 五 六 七 八 九
先手 持駒 銀
後手 持駒 歩歩歩

さらに▲6五金△6八歩成▲同銀△同と▲同金△7九銀（失敗図）と進み、たたみかけるような後手の攻めによって、以下先手はノックアウトになってしまいました。

第1図で△6五桂と打ったときには、▲2四角（第2図）と出る手が好手で、後手玉は何と詰んでいます。

プロの局面は、投了後にこうした急所の一手が隠されていることが多いものです。

ホントに詰むのかな？
投了図
これもいい勉強になるんだ！

棋譜並べを行ううえで効果的な方法はありますか?

QUESTION 17

将棋並べはプロの将棋に触れる絶好の機会

棋譜を並べて、**プロの将棋に触れる**のは、とてもいい勉強法です。その棋譜のプロ棋士になった気分で、楽しみながら行うのがいいでしょう。ときには後手番を持って並べてみるのが、とても大事。実戦で後手になったときの、いい練習になります。

実際に、先手から見るのと後手からとでは、同じ局面でも違った景色に見えるものです。第1図とそれを逆さにした第2図との感じの違いを確かめましょう。

第1図は▲1八香まで

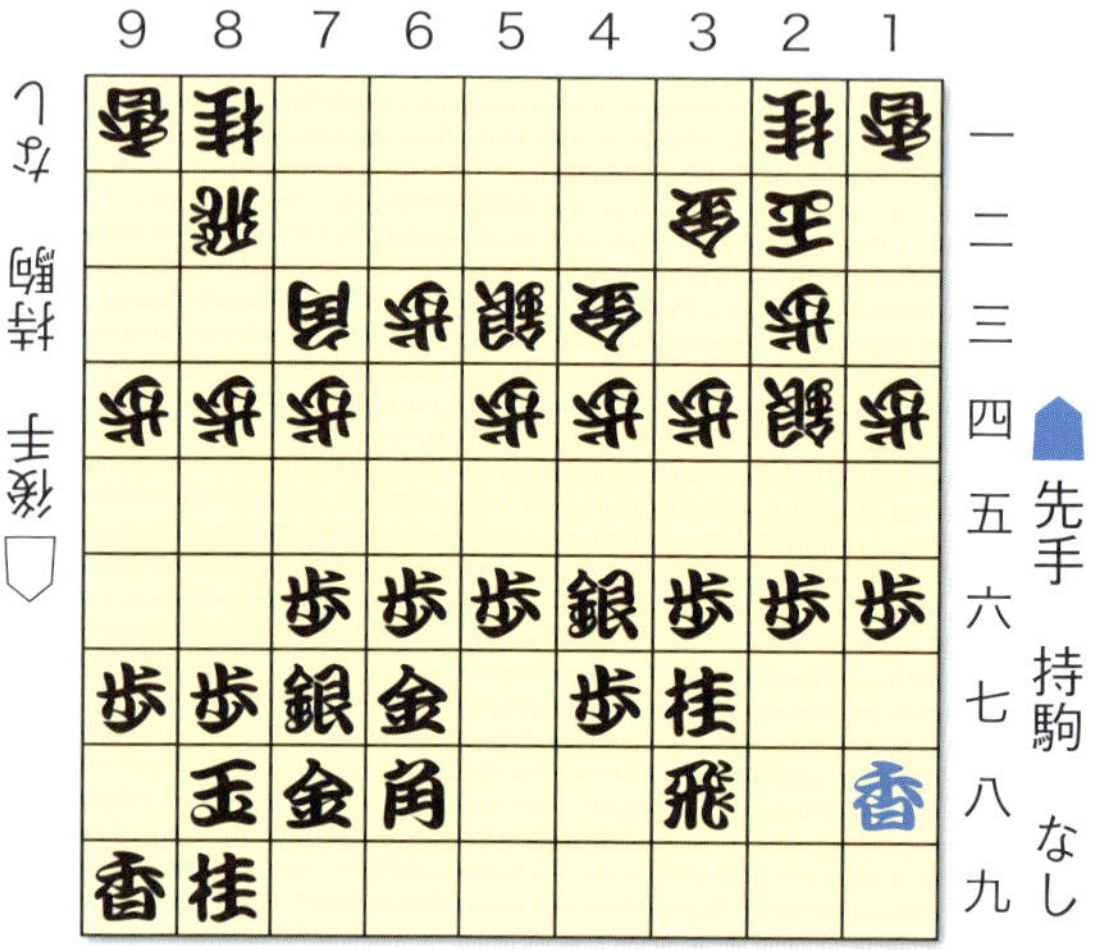

第2図は△9二香まで

先後逆の図

ANSWER 17 後手番から見たり、好きな戦法を集中して並べてみるのが効果的です

居飛車党は居飛車側、振り飛車党は振り飛車を持って

また、**得意な戦法を集中して並べてみる**のも、有効な方法です。

よく先手が居飛車、後手が振り飛車の将棋があります。

そんなときにも、もし振り飛車党でしたら、振り飛車側から並べるのが、効果的です。（**第3図**も先後逆にした図）

同じ美濃囲いでも、居飛車と振り飛車では、随分と感じが違って見えますね。

第3図は☗6八金まで

先後逆の図
9 8 7 6 5 4 3 2 1
一 二 三 四 五 六 七 八 九
☗先手 持駒 角
後手☖ 持駒 角

後手番から見てみよう！
練習法はいろいろあるぞ！

駒落ちはむずかしい、どうしても尻込みしてしまいます

QUESTION 18

従来の駒落ち定跡でも平手感覚の指し方でもOK

「駒落ちの将棋はよく分かりません」

「どうせ負けるなら平手でいいです」

と、こんな感じで駒落ちに尻込みしてしまう方も少なからずおられるようです。

これは残念！

せっかくプロやとても強い人と指す機会があっても、指すこと自体を躊躇してしまったり、平手で大敗したりしては、あまりにもったいない。

大昔から伝わる駒落ち定跡は、それぞれの駒落ちにそれぞれ違った指し方があって、それを覚えるのが大変＝駒落ちはむずかしいイメージになっているようです。

私個人の考えとしては、それらの定跡をしっかり勉強するのもよし、また、**平手とまったく同じ指し方でもいい**ですよ、とのスタンスを取っています。

いつも指している戦法で挑めば、のびのびといつも通りの力が出せるはずですし、それがまた平手を指すときの、いい練習になるからです。とはいえ、従来の定跡にも、上達のエキスがたっぷりと含まれているので、少し触れてみましょう。

第1図は☗3五銀まで

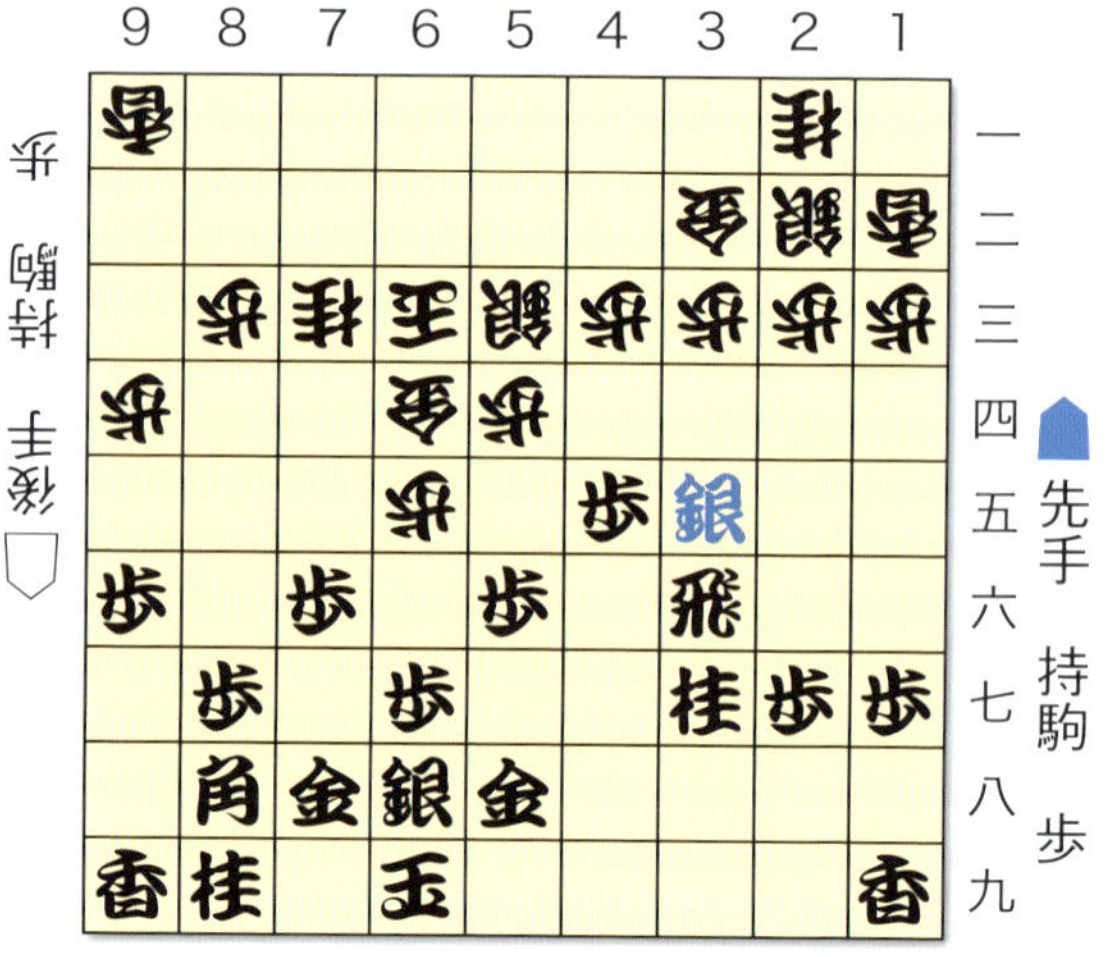

ANSWER 18

意欲を持って、どんどん挑戦を！ 平手の戦法をそのまま使ってもOK

二枚落ち定跡の飛角銀桂の見事な連係プレイ

第1図は、二枚落ち二歩突っ切り定跡のワンシーンです。

大駒の利きの強さによって、上手陣の金銀の形が分断されています。

第1図から、△3一銀▲4四歩△4二銀上▲4五桂△6二銀▲4三歩成△同　銀▲4四歩△5二銀▲3四歩△5五歩▲3三歩成△同　桂▲4六銀（第2図）と進んで、下手必勝です。

第２図は▲４六銀まで

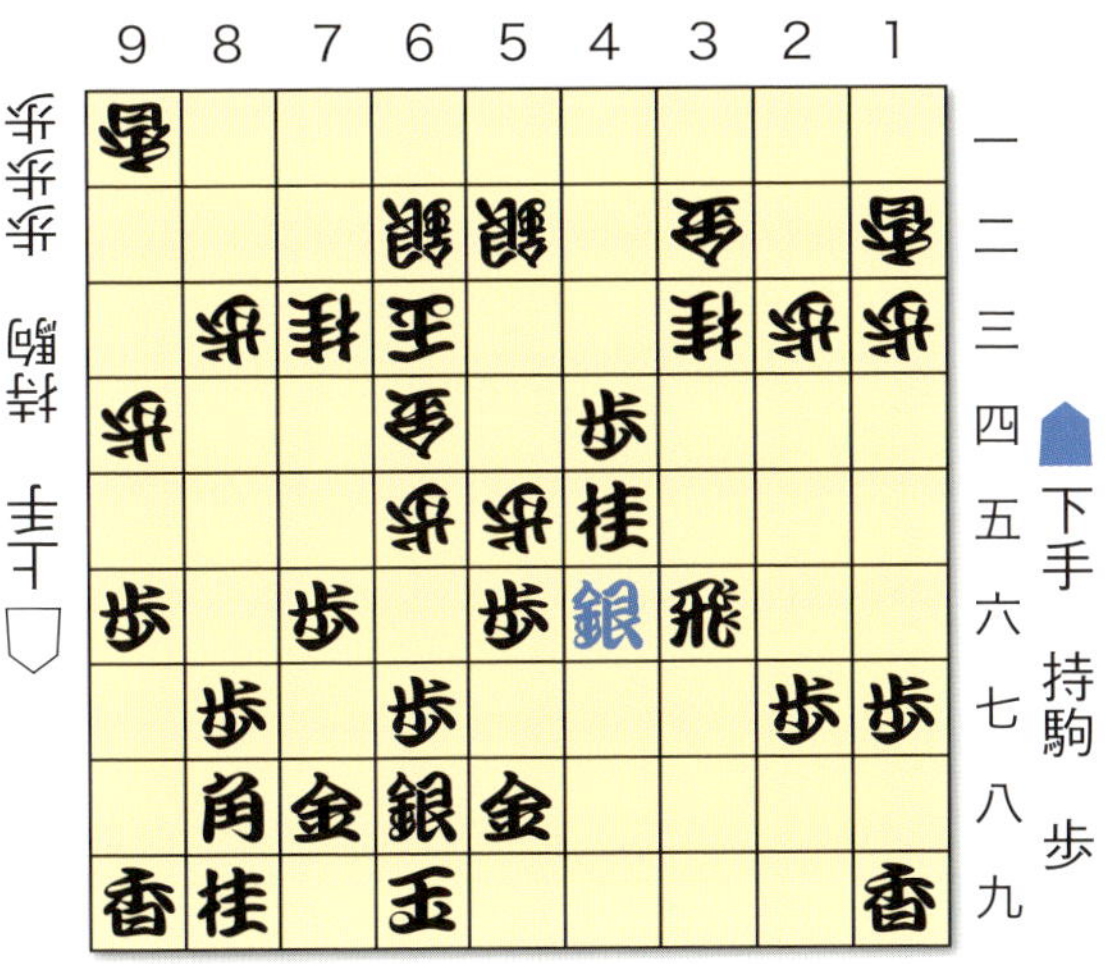

プロとアマで、将棋に対する意識で大きな違いはありますか？

QUESTION 19

時代とともに移り行くプロとしての感覚

一局の将棋を指すこと。

それは改めて言うまでもなく、ファンの皆さんにとっては趣味、プロにとっては仕事になります。

将棋が大好きとの気持ちは、プロアマ共通ですが、将棋に向き合う意識には、大きな隔たりがあるのです。

戦法の選択などに、特にプロアマの違いを強く感じるときがあります。

一例が第1図。おなじみの対四間飛車▲5七銀左戦法です。

将棋はやっぱり急戦でガンガン戦うのが、指しても見ても面白い。私自身も、駒の動かし方やルールを覚えた後、アマ級位者、有段者、プロの卵の奨励会時代、そして20代前半の若手棋士の頃まで、こうした将棋を好んでずっと指してきました。

その後、紆余曲折があって、平成の世ではすっかり居飛車穴熊派に（第2図）。

実は、ここにプロとしてのジレンマを感じています。勝率を取るか、ファンへのアピールか。

そこが問題です。

第1図は▲5七銀左まで

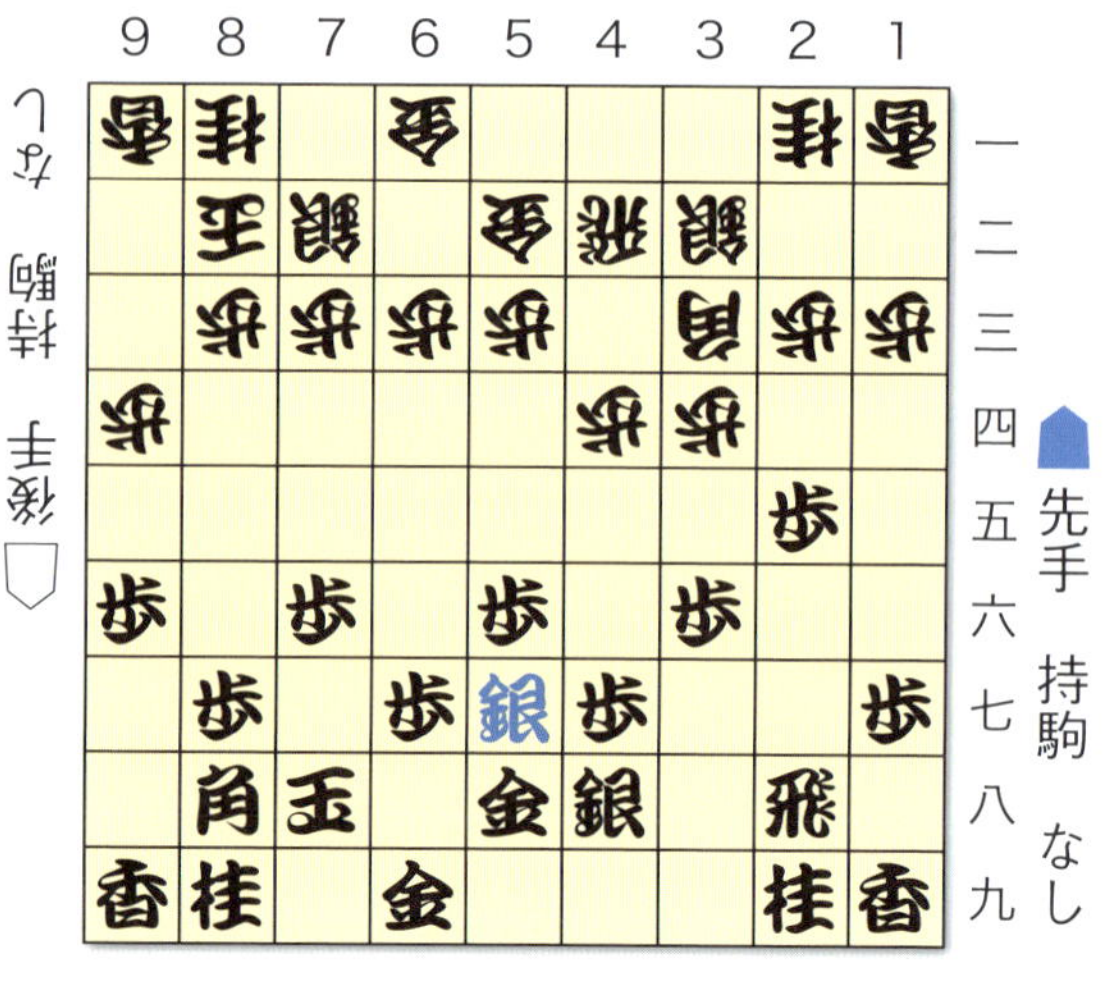

ANSWER 19

プロは好みの戦法よりも勝率面を重視、楽しむ気持ちはアマの特権です

生活がかかっているプロは玉の固さが最優先

特に年輩のファンの方々の中には「穴熊はちょっと・・・」という人も、少なくないと思います。

第2図は☗7八金右まで

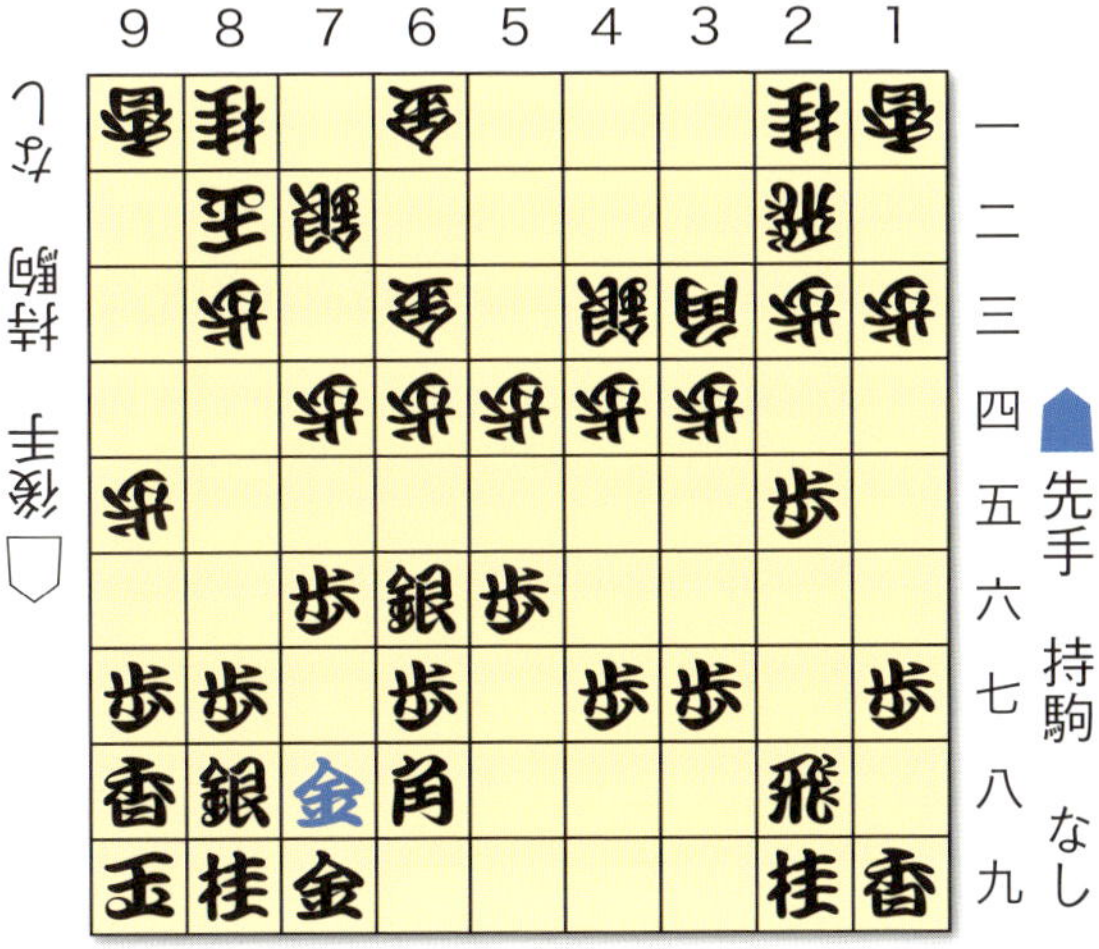

しかし穴熊、されど穴熊。

玉の固さは、やはり偉大です。居飛車側の勝率は、プロ間では第2図が圧倒的に高い。でも、初段を目指す皆さんには、第1図の将棋をお勧めします。

プロが失った楽しみを感じながら・・・。

どんな一局でも感想戦は行った方がいいのでしょうか？

QUESTION 20

棋力のアップのためには感想戦は欠かせない

感想戦は、とても大事。

一局の将棋を指し終えたときは、少しだけでも結構ですので、**必ず感想戦を行なうようにしましょう。**

実戦を指すだけ指して、そのままやりっぱなしでは、上達は望めません。

同じミスを何度もしてしまうはずです。どこがよくて、どこがよくなかったかを局後にしっかりチェックしておくと、次に指すときの大きな助けになります。それがまた、棋力のアップにつながるのです。

自分たちで指し手の善悪の判断がつかないときは、強い人に見てもらうのも、有効な方法です。

私の教室で生徒さん同士が指す場合には、対局しながら棋譜を書いたりしてもらっています。

それを私が大盤で解説します。

その中の一局が第1図です。

先手陣を見ると、浮き飛車形で矢倉囲いを目指したのが、ややミスマッチ。

▲3八銀形も不安定で、この将棋では▲4八銀と上がる方が落ち着きます。

第1図は△6四銀まで

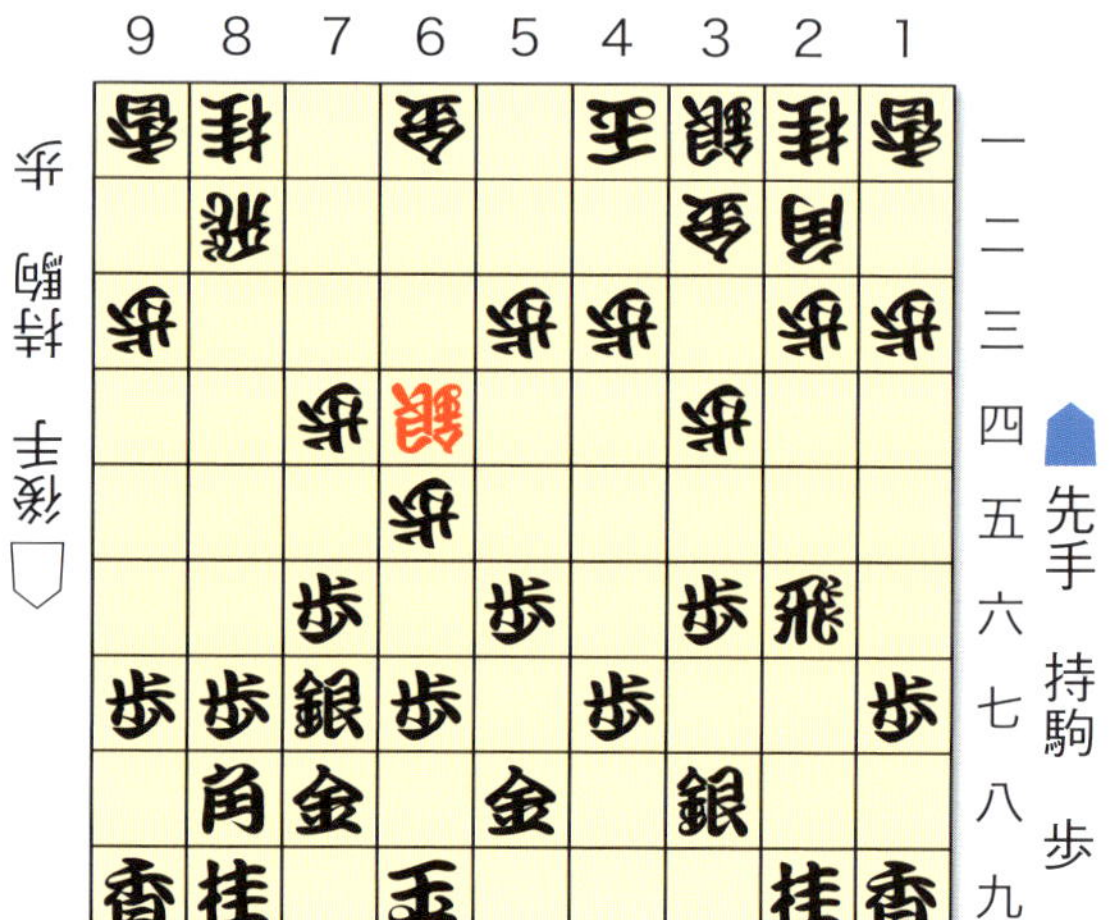

ANSWER 20 感想戦は必ず行う習慣を! 棋力のアップ度が違ってきます

自分で判断がむずかしければ 強い人からアドバイスも

後手は、右銀の出足が素晴らしい。しかし、玉のコビンが開いていて、やや危険な感じも。△6三歩形で銀を繰り出した方がよかったでしょう。

また、後手陣の左銀の据え置きも気になります。△4二銀形がベターです。本局の類の将棋の基本は**第2図**。こうした急戦型では、浮き飛車もOK。**こんな感じでアドバイスをしています。**

第2図は▲7三桂まで

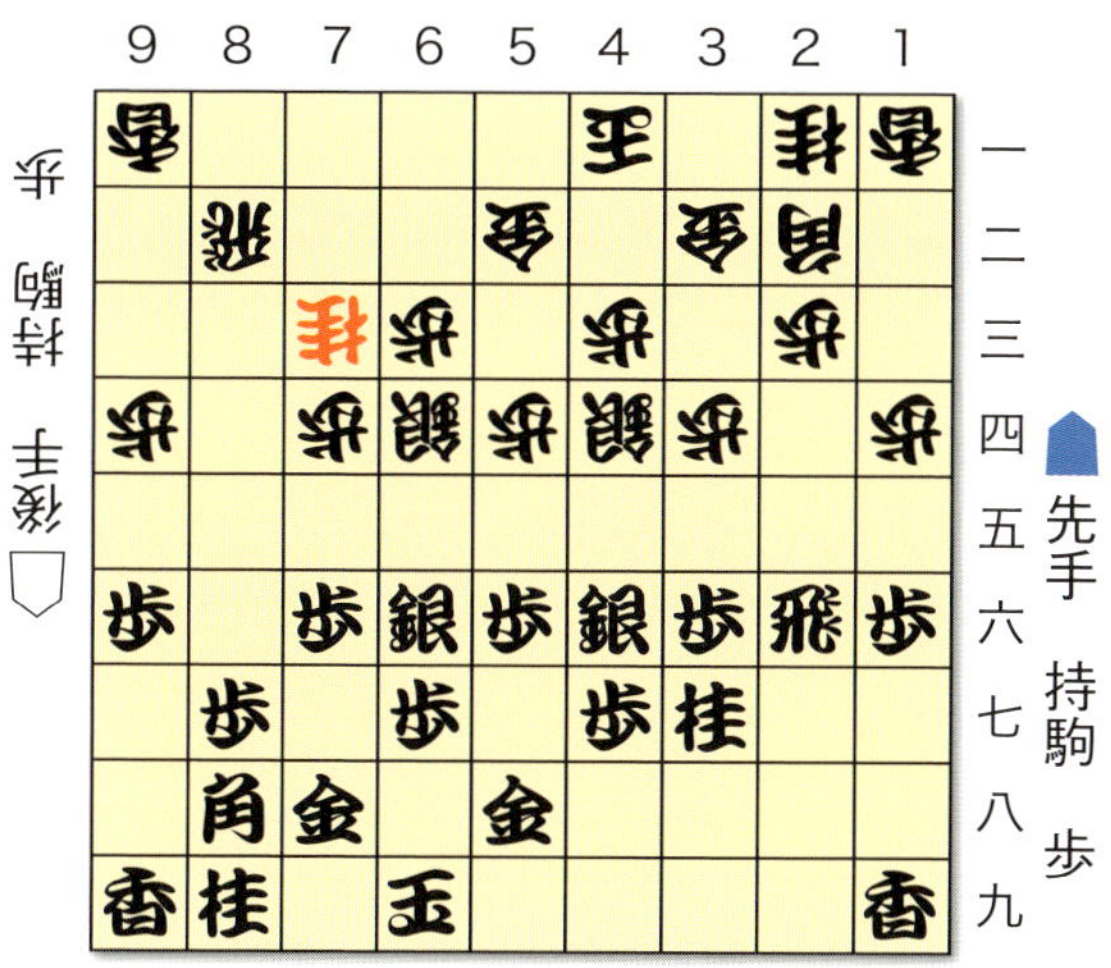
後手 持駒 歩
先手 持駒 歩

これが
棋力アップの道!
ここは銀が
上がらない
方が…
でも上がら
ないと…

自分の指し手だけで、精一杯！ 相手の手が見えていません

QUESTION 21

相手が指した手の意味を考えて、それに合わせる

将棋はバランスが大事。

相手の手をまったく見ずに、自分の指し手だけを主張しようとしても、うまく行きません。相手が指してきた手の意味をよく考えて、それに合わせた応手をいつも心掛けましょう。相手の指し手もよく見えるようになればレベルアップ確実です。

また、相手の手がいい手かどうかの判断もやってみましょう。

もし相手が悪い手をやってきたと感じたら、それは絶好のチャンス！

必ずとがめる手段があるはずです。

私の実戦が第1図。

後手は△2三歩と受ければ穏やかでしたが、突っ張って△2六歩と上に歩を打ち、こちらの飛車を押さえにかかってきました。なかなか意欲的な作戦です。

後手の角頭を保護しながら、さらに攻勢を図った第1図の△3三桂。

私の第一感は「これはありがたい。悪手に近い疑問手」というものでした。

何てことのなさそうな局面で、そう感じ取るのは、いかにもプロ的でしょう。

第１図は△３三桂まで

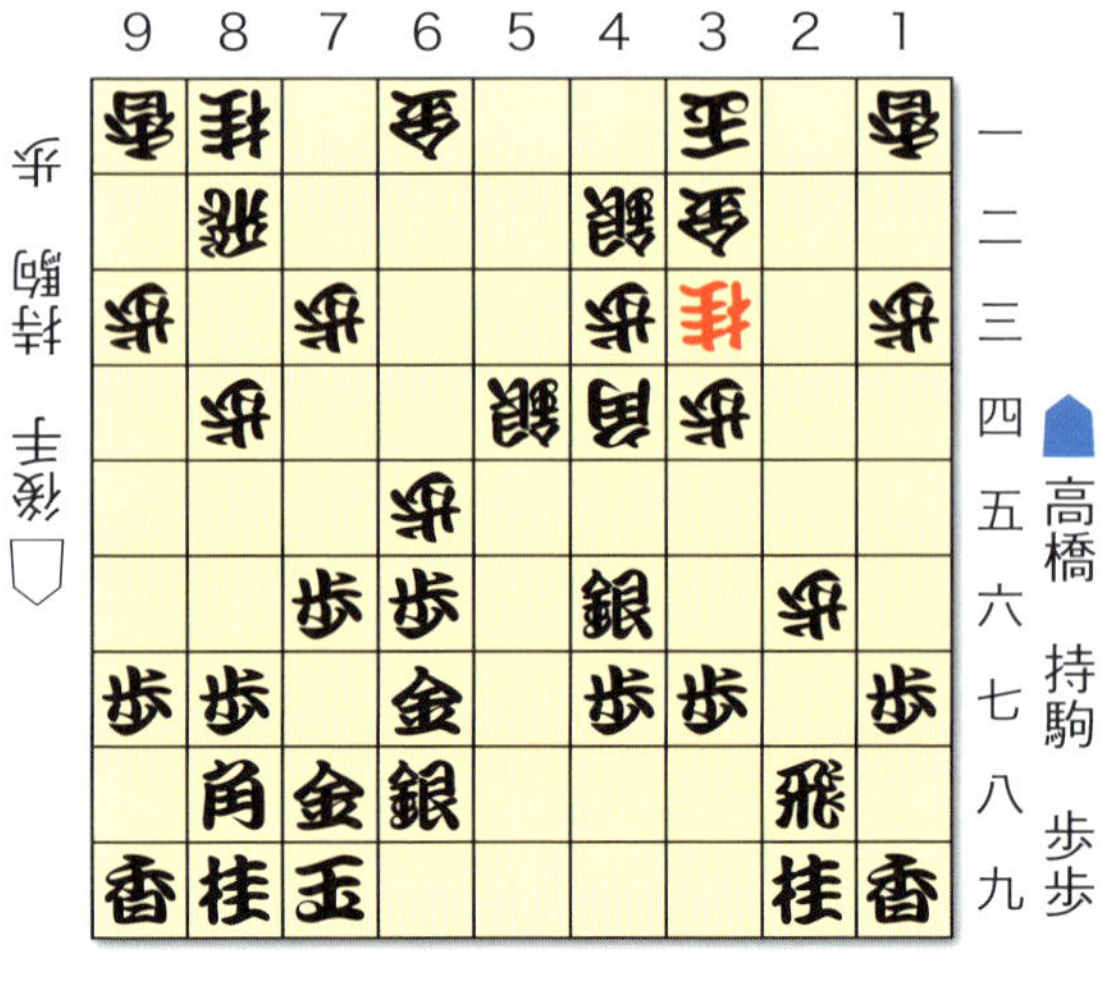

A NSWER 21

将棋はバランスが大事!

自分の考えだけを主張せず、相手にもしっかり合わせよう!

厳しい垂れ歩の手筋一発で相手の疑問手をとがめる

ここで放った好手が▲2四歩。

第2図となって、後手はしびれました。

▲2四歩は、駒の入手を見越した一手。

第2図は▲2四歩まで

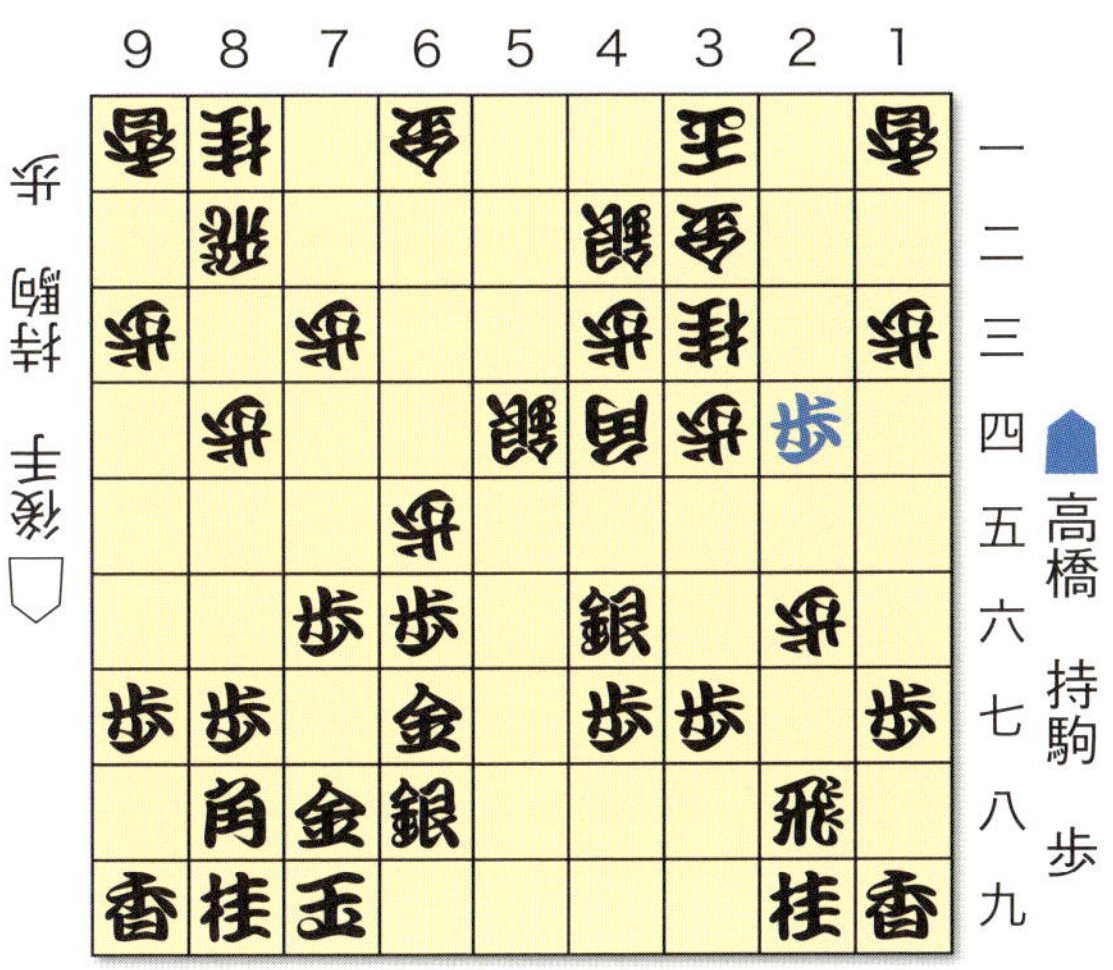

▲高橋 持駒 歩
△後手 持駒 歩

先手が角と銀を手にすれば、▲2三銀と打った手が詰めろになります。仮に△2一桂のままでしたら、角銀を持っての▲2三銀が詰めろにならず、また△3三金とかわす余地もあります。△3三桂は、陣形の柔軟性を消している。そう判断出来る感覚を磨きましょう。

その手はギモン!これでどうだ!
そう!とがめる手に敏感になれ!

コラム1 歩がぶつかりやすい相矢倉戦

「歩が三つぶつかったら初段」。

昔から言われている言葉です。

といっても、なんでもそうした状態になれば初段というのではなく、駒がぶつかったときに、なんの考えもなく安易に取らないようにしましょうとのお教えです。私の今までの対局のなかで、もっとも歩がぶつかり合ったのが図です。

平成6年3月1日、A級順位戦、田中寅彦八段戦（当時）で出現しました。

歩がぶつかったときに、素直に取っては相手の注文通りとばかりに、互いに手抜きで突っ張り合った結果、なんと2筋から6筋まで、ズラリとぶつかり合ってしまったのでした。

元々相矢倉戦は、歩がよくぶつかりやすい戦型ですが、5カ所も見合った状態になったのは、本局だけです。

おまけに9六にも銀が浮いていますから、もうとんでもない局面になっています。実戦は図以下、△2四同歩▲9六香△9五歩▲4四歩△同銀▲4五歩△3三銀▲4六角と進み、先手がやや優勢に。

5筋にどっかりと座った「▲5六銀形」が素晴らしい。好形の見本といえるでしょう。これだけ伸び伸びと大きな将棋が指せれば、もう言うことはありません。

▲2四歩まで

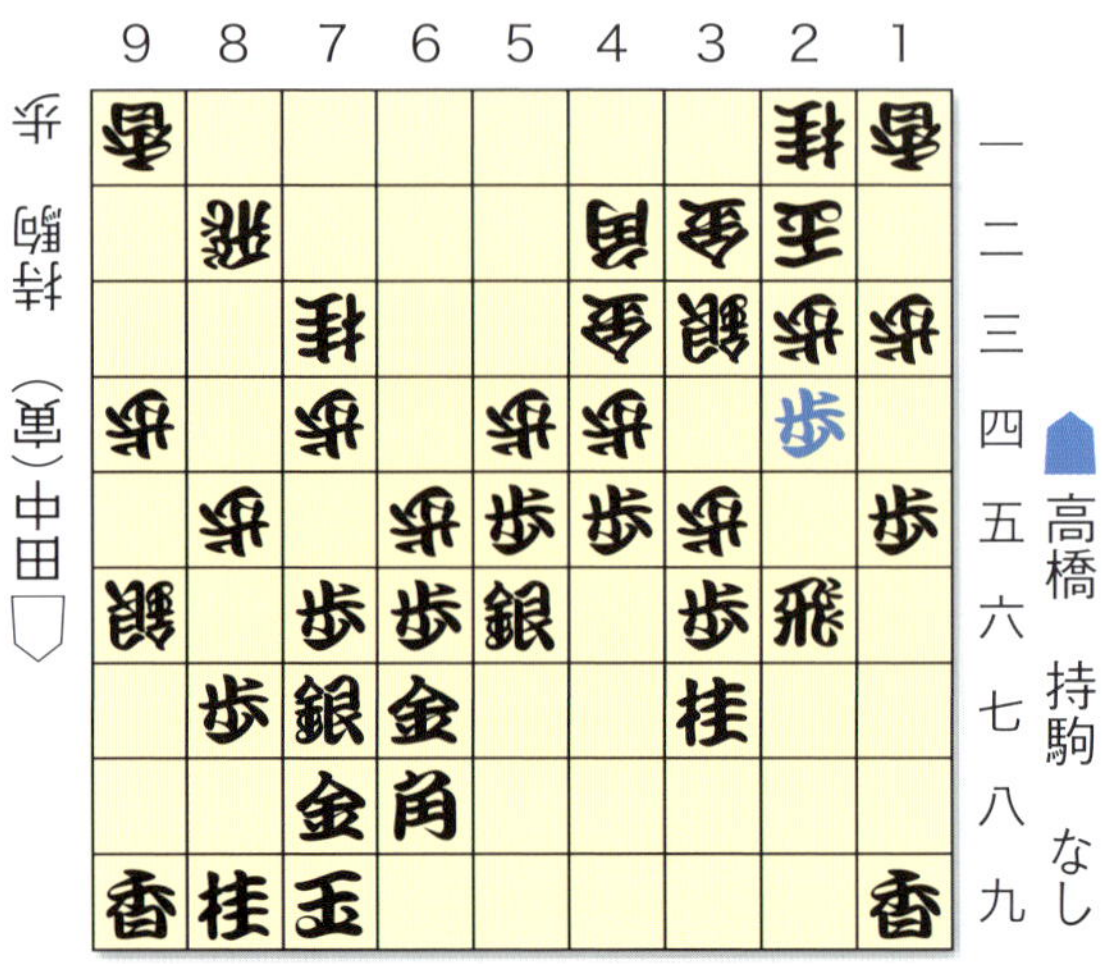

第2章 初段になるための『負けない』指し方

自分の玉が薄くても何でも構わず攻めたくなります

QUESTION 22

自玉はとても薄い形 焦って攻めても効果なし

私の教室では、私が公式戦を指した将棋の中から、次の一手を出題しています。生徒さんに、少しでも高橋流の感覚を吸収していただくのがねらいです。

第1図は△4三銀まで

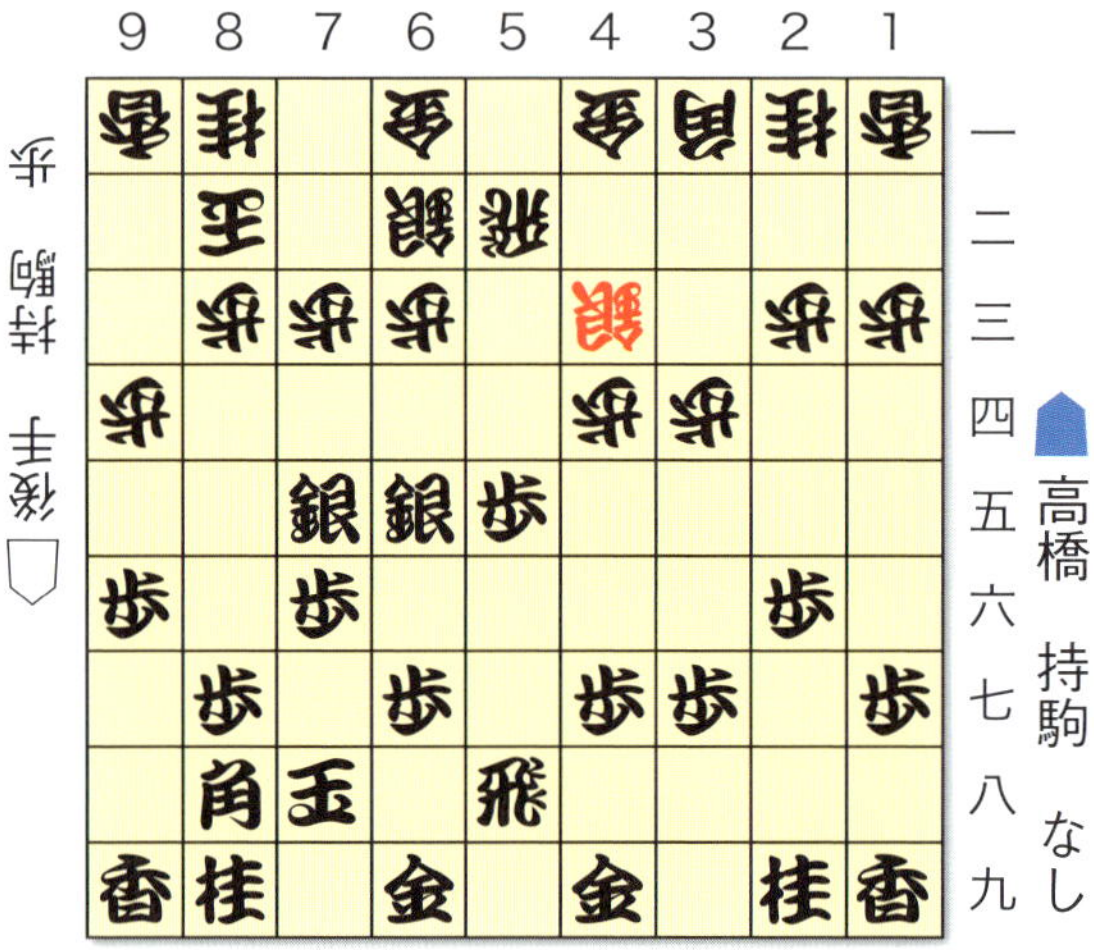

第1図もその題材とした局面。ここではほとんどの人が▲5四銀と解答。△同銀と取ってくれれば、▲同歩と進んで、先手調子よし。しかし、そんなうまい話はありません。▲5四銀には、サラリと△3二銀（失敗図）と引かれて、攻めの継続は大変です。

失敗図は△3二銀まで

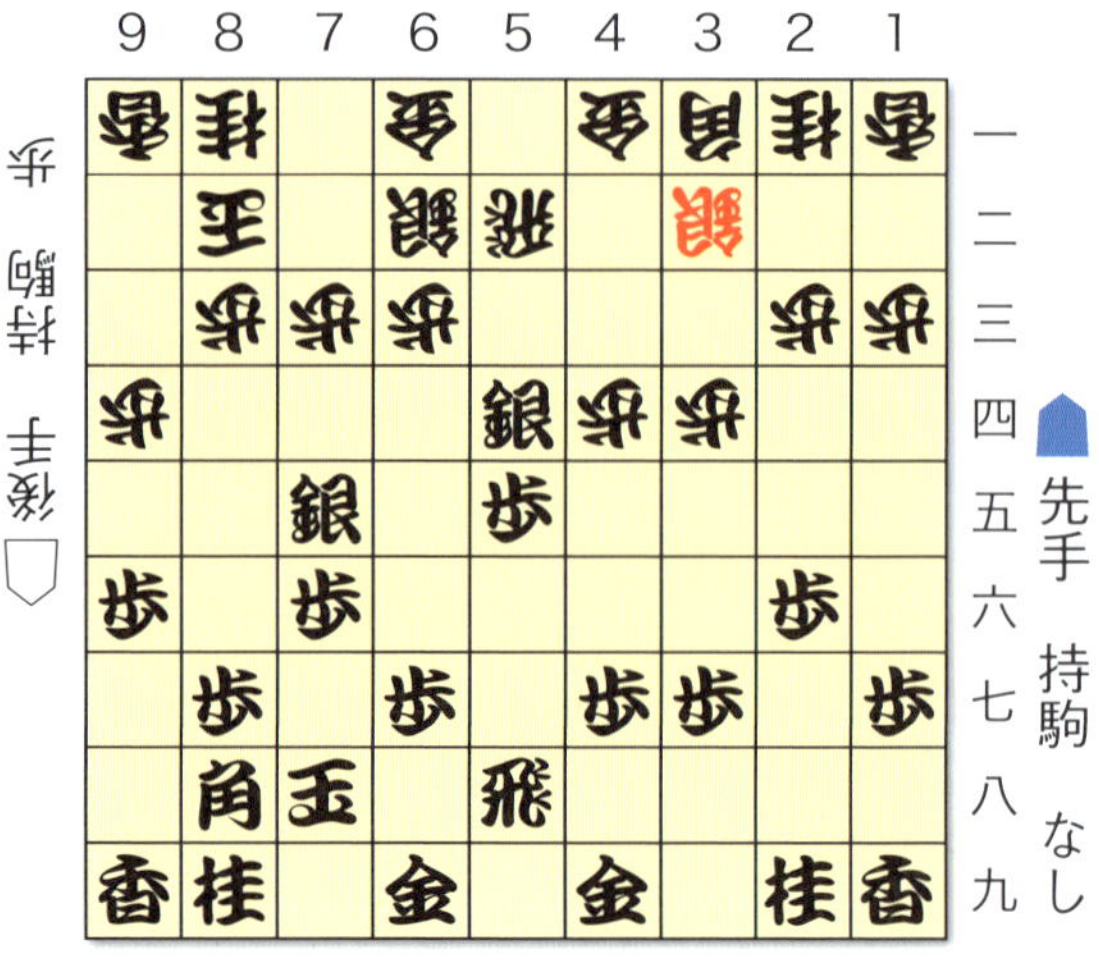

攻める前にしっかりとした陣形作り 負けない将棋への第一歩です

玉形をグングン固めて 負け難い陣形を築く

第1図で私が指した一手は▲5九金右（第2図）。攻めて出るのはまだ早い。私の将棋観では、ここはこの一手しかないというくらいなのです。

▲5九金右は次に▲6八金右と上がって、玉を固める意味ですが、それだけではまだ不十分。さらに▲6六角～▲8八玉～▲7八金上として一人前と見ます。

こうして負け難い陣形を築きます。

第2図は▲5九金右まで

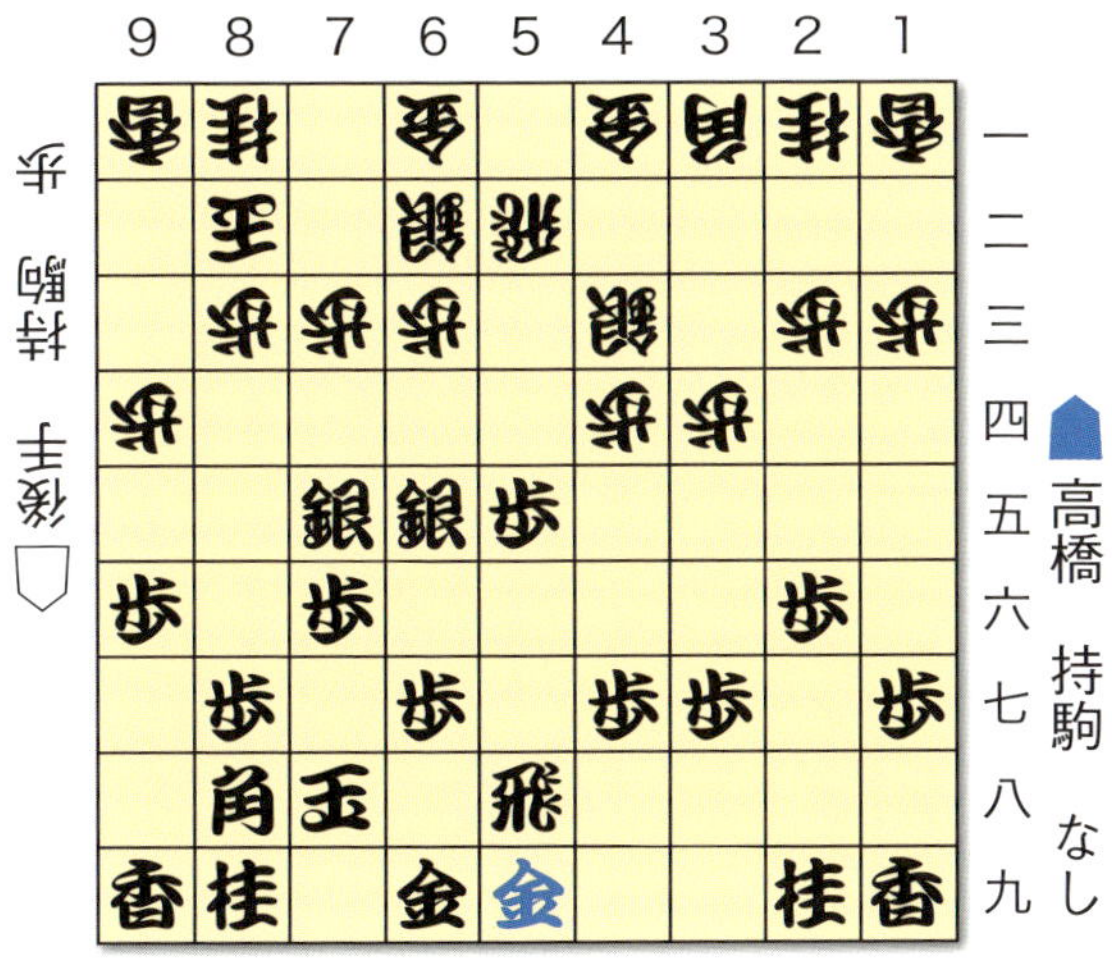

後手 持駒 歩
▲高橋 持駒 なし

玉形を固めてからだ！
それが負けない将棋の第一歩！

QUESTION 23

勝てそうになって焦って攻めてトン死で負けてしまいます

攻めるときには まずは自玉の状態の把握を

当たり前ですが、将棋には王将が二つあります。有段者ともなると、まずは自玉の状態をしっかりと確認してから、いざ攻めに出ます。

ところが、級位者のうちは、攻める時は敵玉だけ、攻められたら自玉だけを見て、**視野が狭くなりがちです。**そのため、ときとして大変な事態になることがあります。

第1図は教室の生徒さん同士の対戦です。ここで大事件が起こりました。

第1図は☖7九飛まで

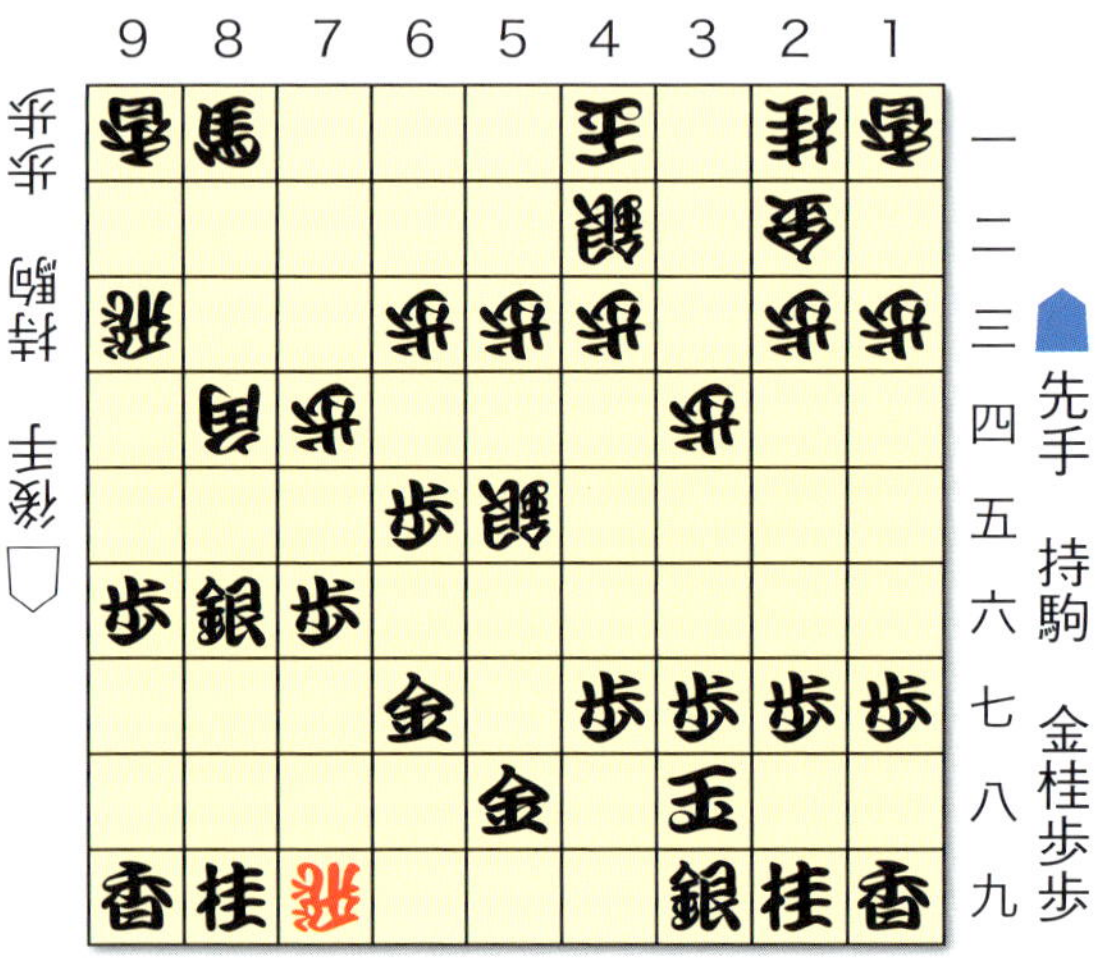

第2図は☖3九角成まで

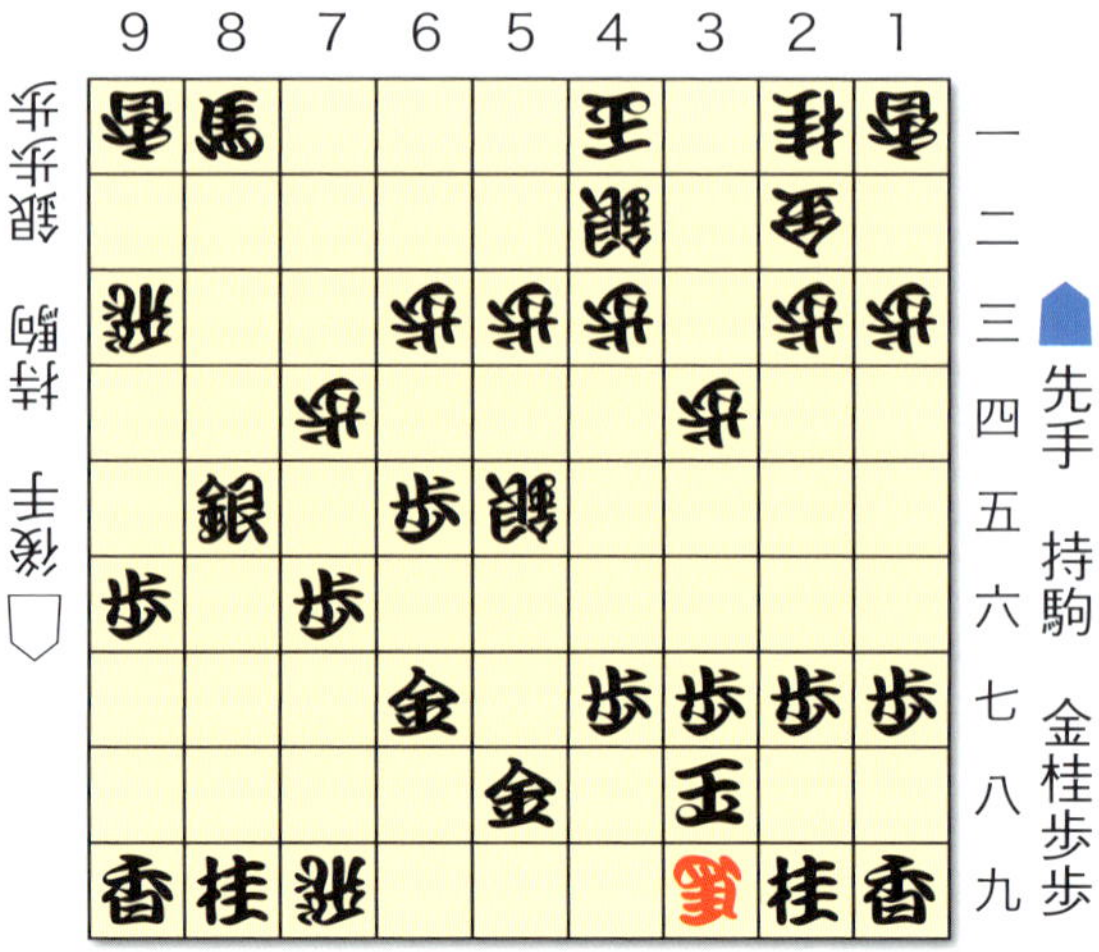

ANSWER 23

攻める前に自玉を見る習慣をつけよう
危険を感じたら、いったん守ります

自玉を見ないで大トン死
まずは足元を見よ

実戦は▲8五銀〜△3九角成（第2図）まで。たちまちのうちに終局です。

自玉をまったく見ずに、攻めに出てしまった▲8五銀が大悪手でした。

攻めに出るときは、まず足元を見よ。

第1図の局面では、何はなくとも▲5九歩（正解図）でした。

こうしてガッチリ固めた後に攻めに転じれば、いい勝負が続いたことでしょう。

正解図は▲5九歩まで

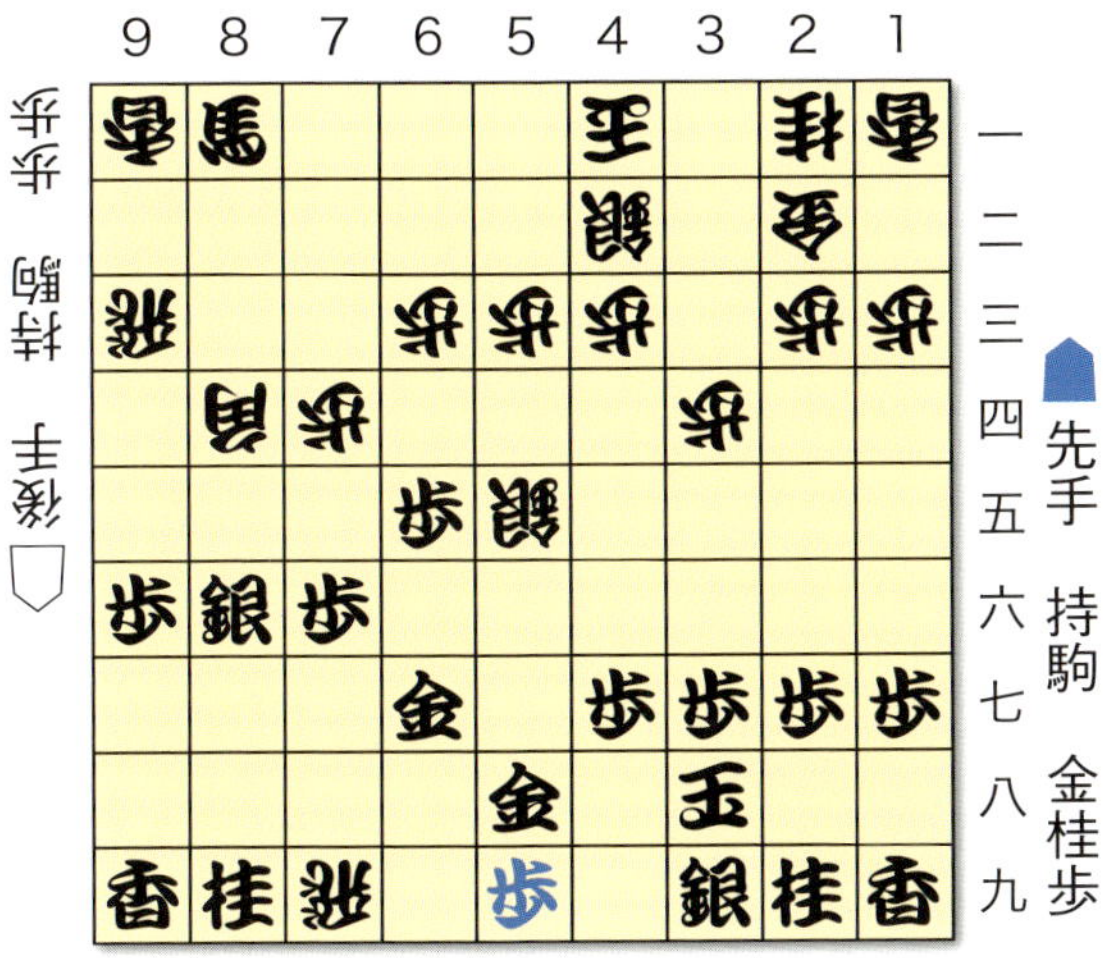

▲先手　持駒　金桂歩
△後手　持駒　歩歩

ウッソー！
トン死だ！
自玉を
よく見る
習慣を身に
つけて！

押さえ込みの指し方をするときの心得などはありますか？

QUESTION 24

飛車の働きを押さえることで勝ちを目指す

飛車は将棋の駒の中で、最強のパワーを誇ります。これを活躍させれば勝ち。反対に、相手の飛車に暴れまくられては、たまったものではありません。

玉を直接攻めるよりも、**飛車を攻めてその動きを押さえ込む**ことで、勝ちを得る指し方も覚えておきましょう。なお、本章はここからはずっと私の実戦を題材にしています。

第1図は、次の△3九角成は許せないので、▲6六桂と辛抱します。

第1図は△7五角まで

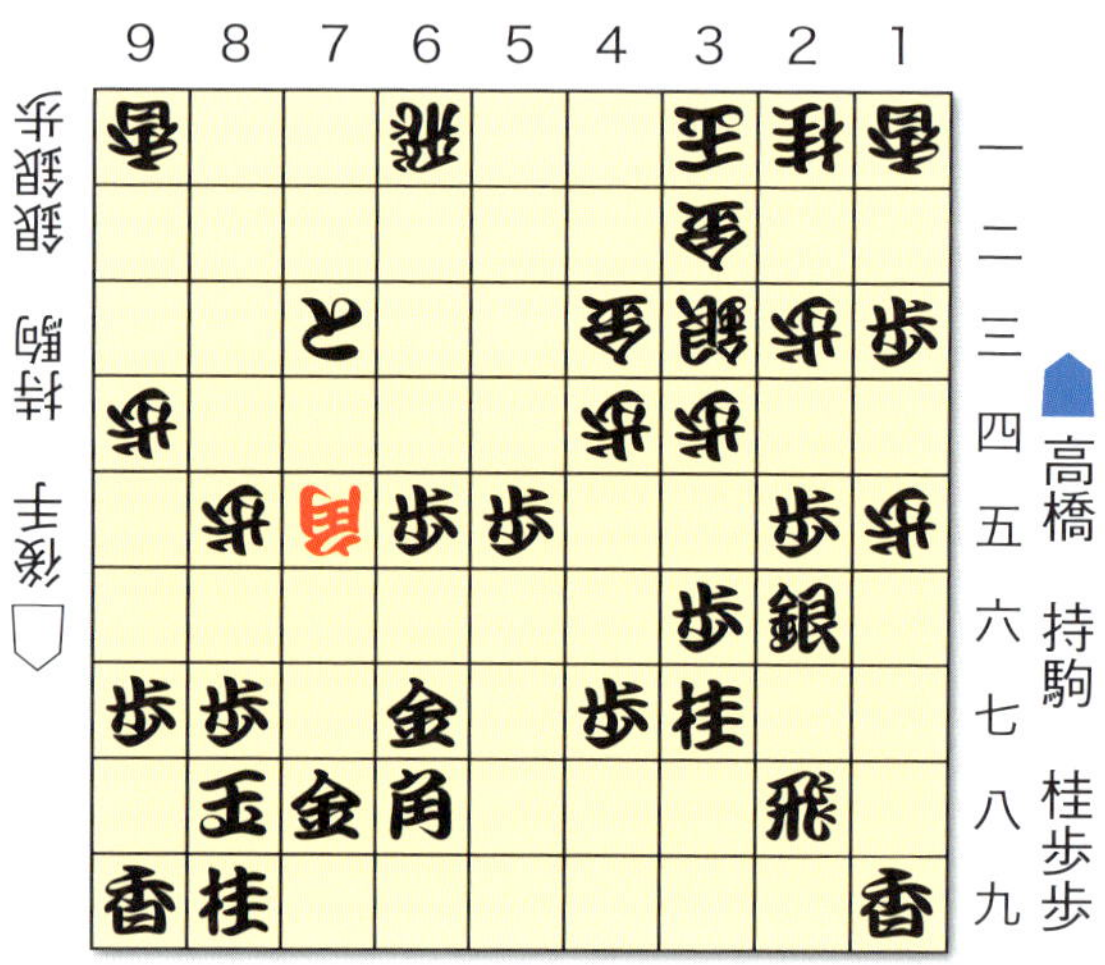

第2図は▲8三角まで

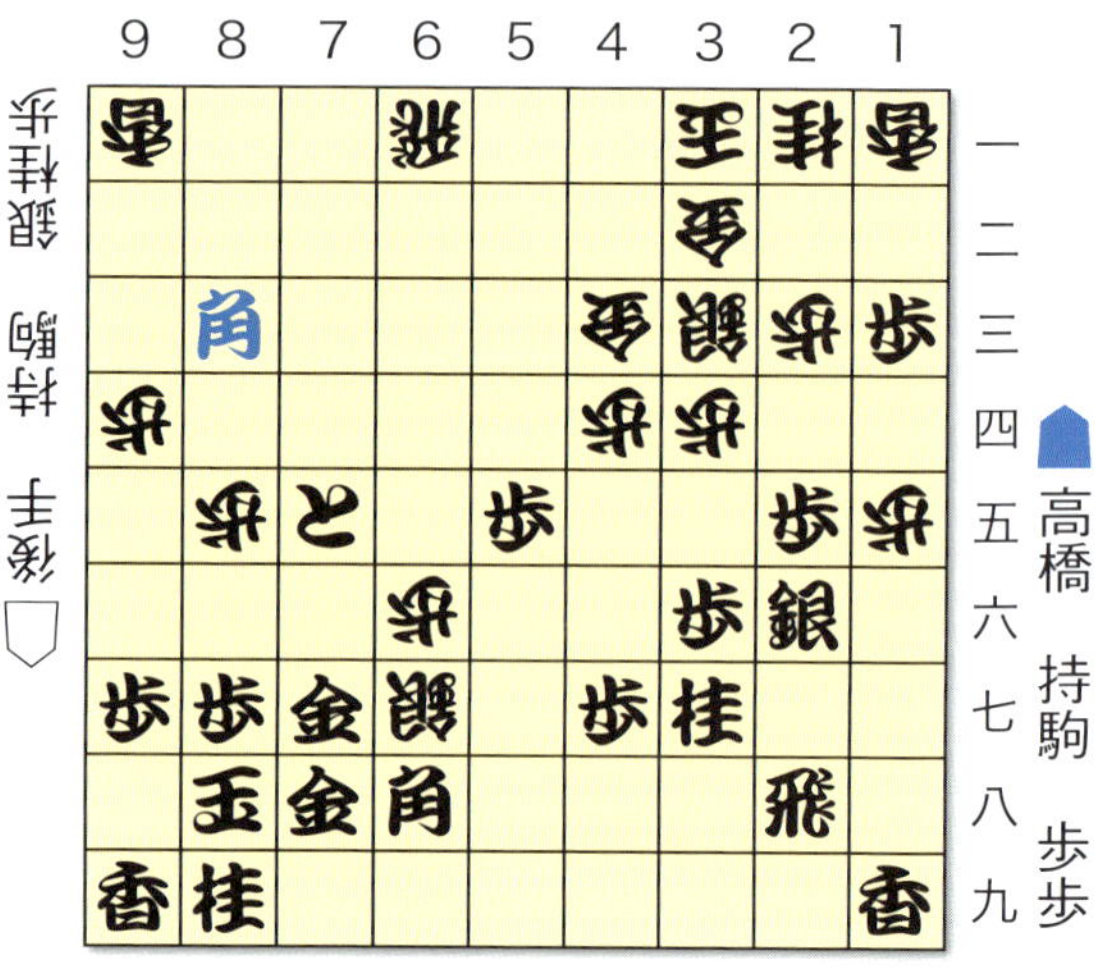

A NSWER 24 押さえ込みをねらうときは徹底して飛車を攻めるのが勝ちに繋がります

相手の飛車を完封して王手を掛けずに勝つ

▲6六桂以下、△6四歩▲7四と△6五歩▲7五と△6六歩▲7七金寄△6七銀▲8三角（第2図）と進み、この角による飛車の追跡劇が始まりました。

その後、第3図に至って、後手の飛車を完全に封じ込めることに成功です。

ここで後手投了。相手の飛車を標的に負けない指し方に徹した結果、一度も王手を掛けずに勝利を得たのでした。

第3図は▲6三歩まで

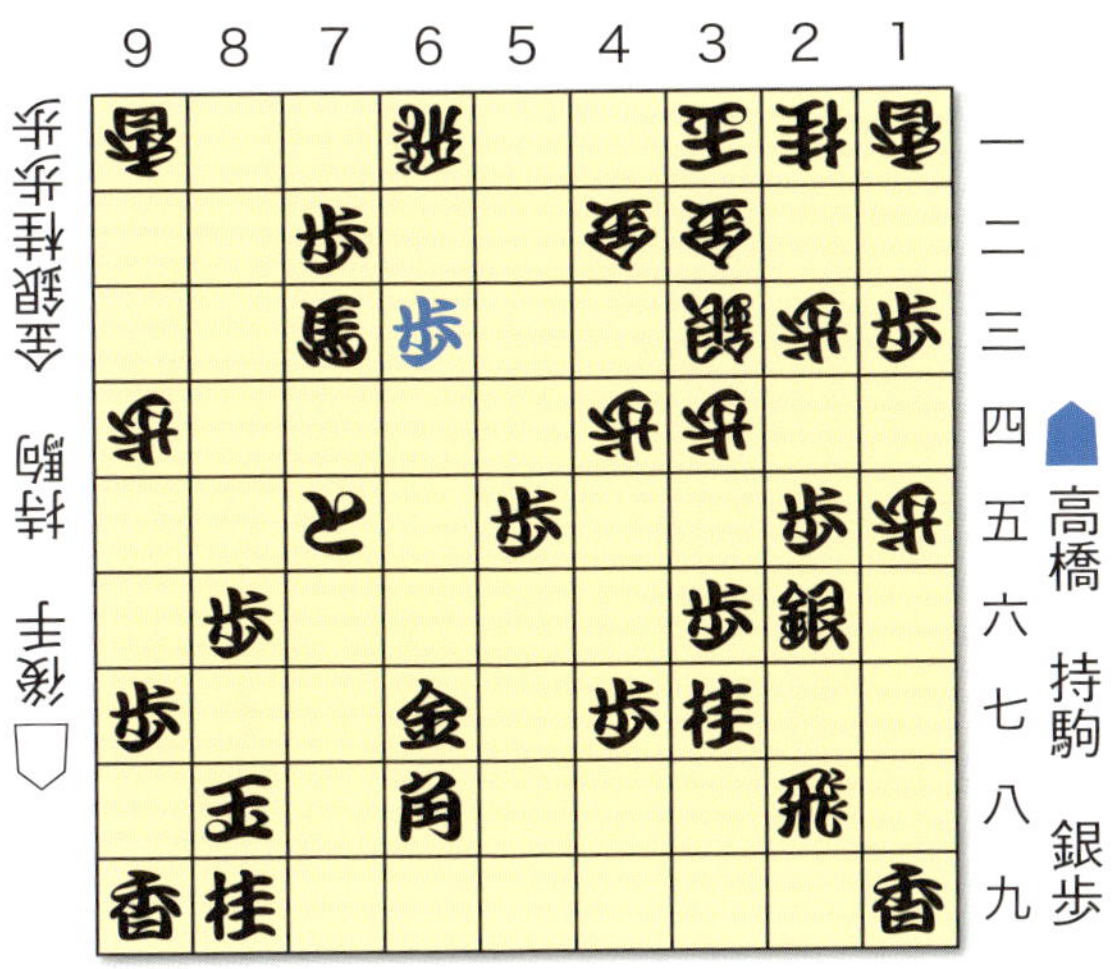

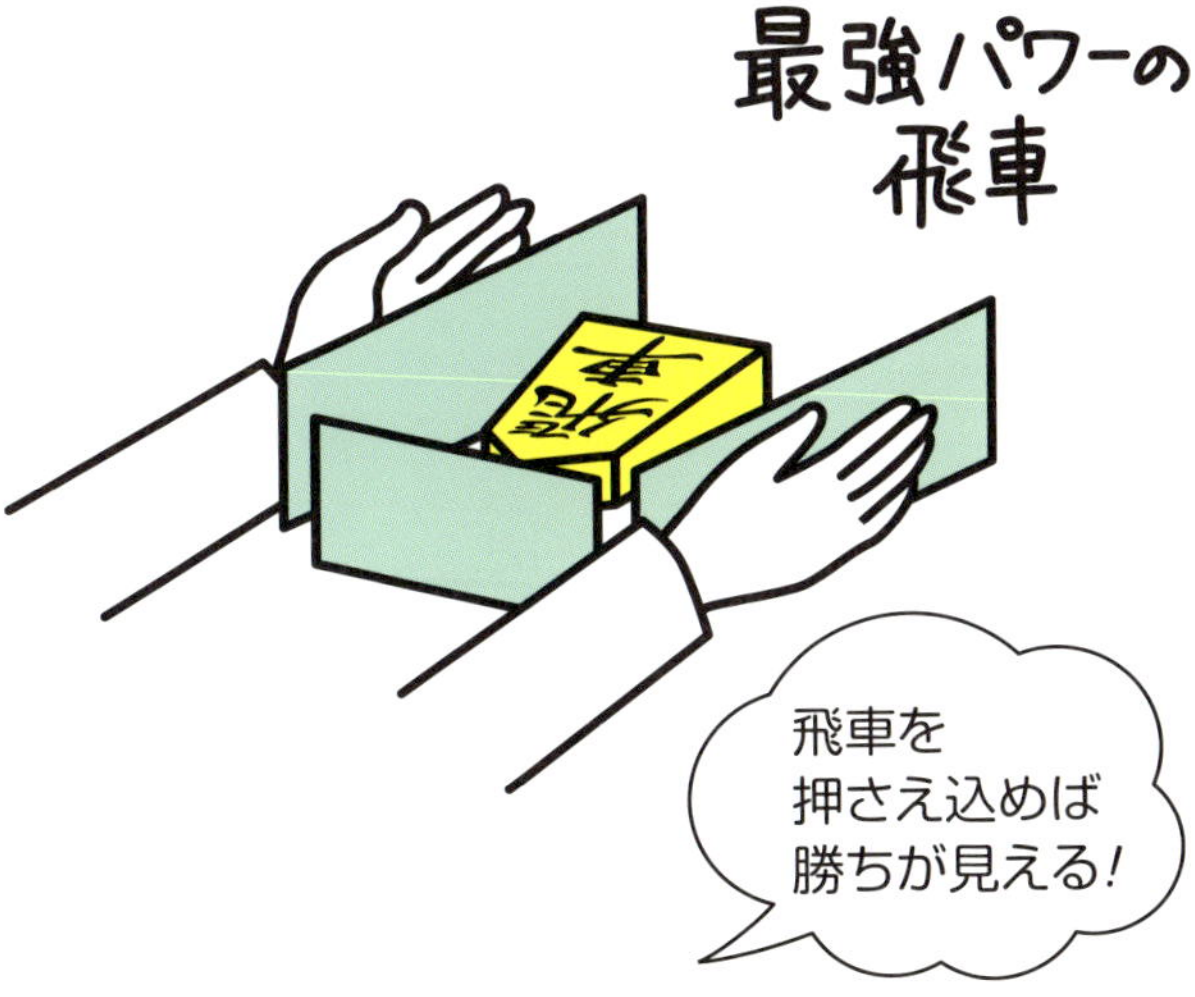

厚い陣形とは、どのような駒組みのことをいうのでしょうか?

QUESTION 25-1

厚い陣形とは、厚みを持った立体的で固い構え

(手)厚い陣形作り、指し方は、負けない将棋を目指すには、もっとも欠かせない考え方です。

第1図は△2四飛まで

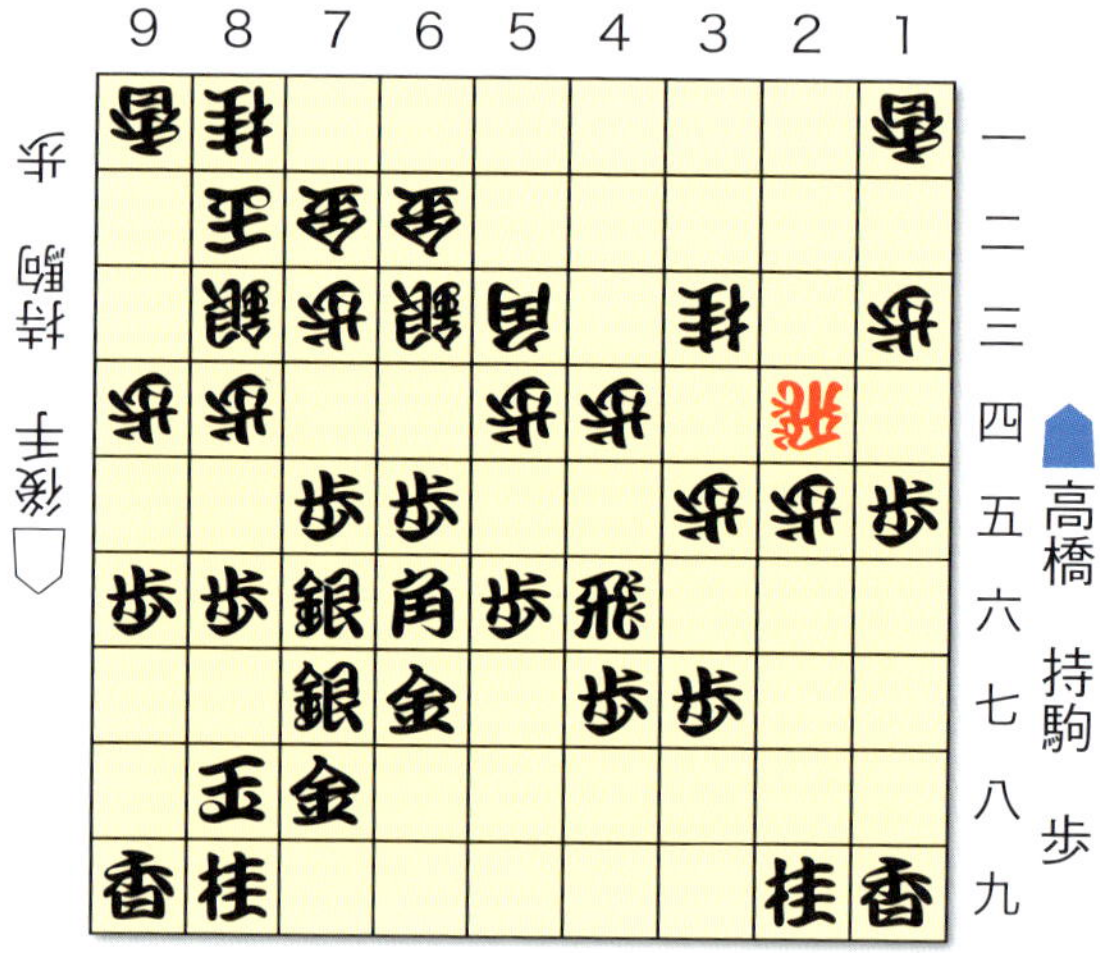

本書によって、その感覚をぜひ会得してください。なお〝手厚い〟と〝厚い〟は同じ意味ですが、本書では駒組や陣形を厚い、指し方や指し手を手厚いというように分けて表現したいと思います。

厚い陣形は、読んで字の如し、**厚みを持った立体的で固くていい構え**のことを言います。一例が第1図での先手陣。

金銀四枚の固さもさることながら、7筋のタテに並んだ金銀三枚の姿が、実に素晴しい。金銀は、一般的にヨコに並ぶよりもタテに組み合わさった方が強いのです。

また▲6六角形も絶好のポジション。6、7筋の位もガッチリと取って、相手陣を威圧しています。

同じ金銀四枚でも、後手陣はまだ固いだけ。厚みはありません。

第1図での次の一手は、▲6四歩。△同角なら、▲4四飛!△同飛▲同角(A図)と進んで、先手十分です。

A NSWER 25-1

陣形を立体的にガッチリ組み上げます。穴熊は堅固ですが、厚みがありません

厚みを生かす戦い方で後手陣の上空を完全に制圧

実戦は▲6四歩以下、△5二銀▲6五銀△2六歩▲5五歩△同歩▲5四歩△4二角▲5五角△4三銀▲7四歩（第2図）と進みました。

これが厚い陣形を生かした戦い方です。後手が2筋の突破を試みている間に、後手陣の上空を完全に制圧しました。

先手の圧倒的態勢です。

第2図からは、△9二玉に▲8五歩△同歩▲6六角と戦って勝利を収めました。

A図は△4四同角まで

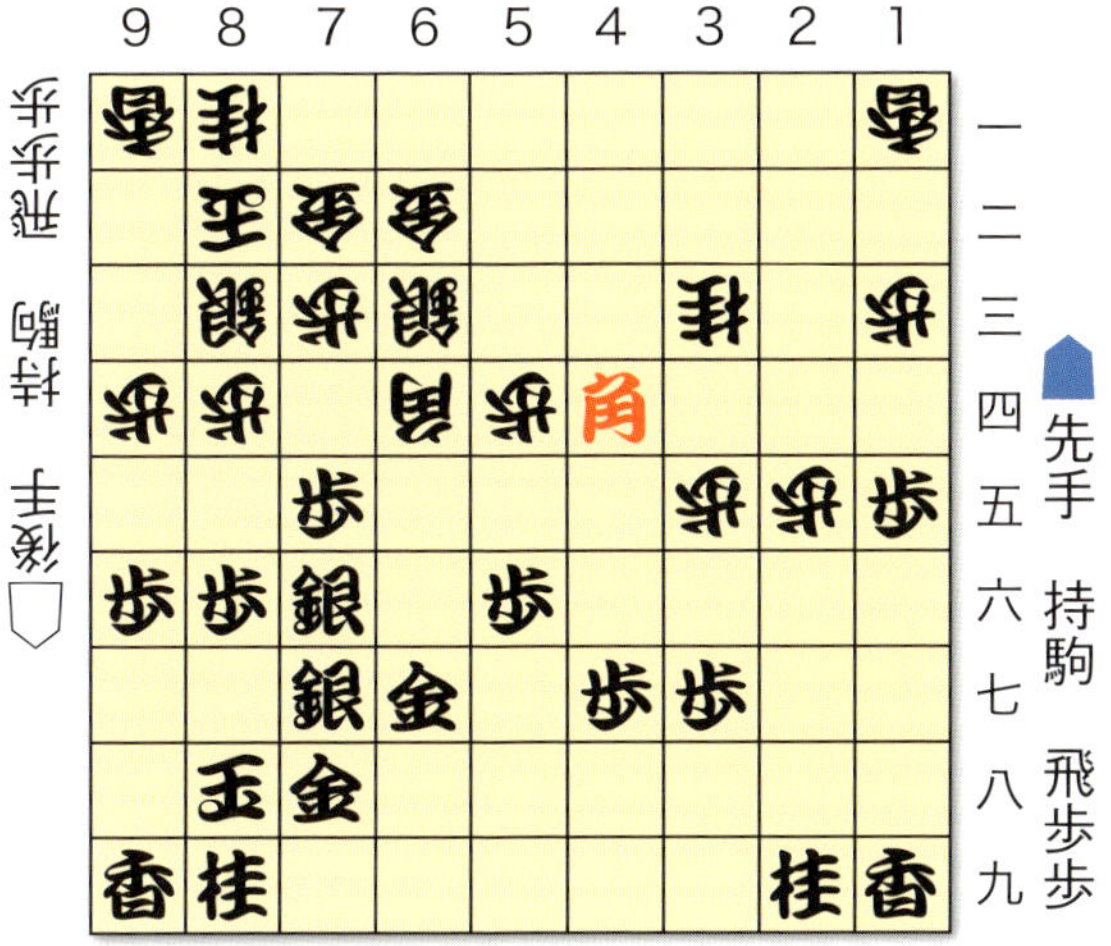

第2図は▲7四歩まで

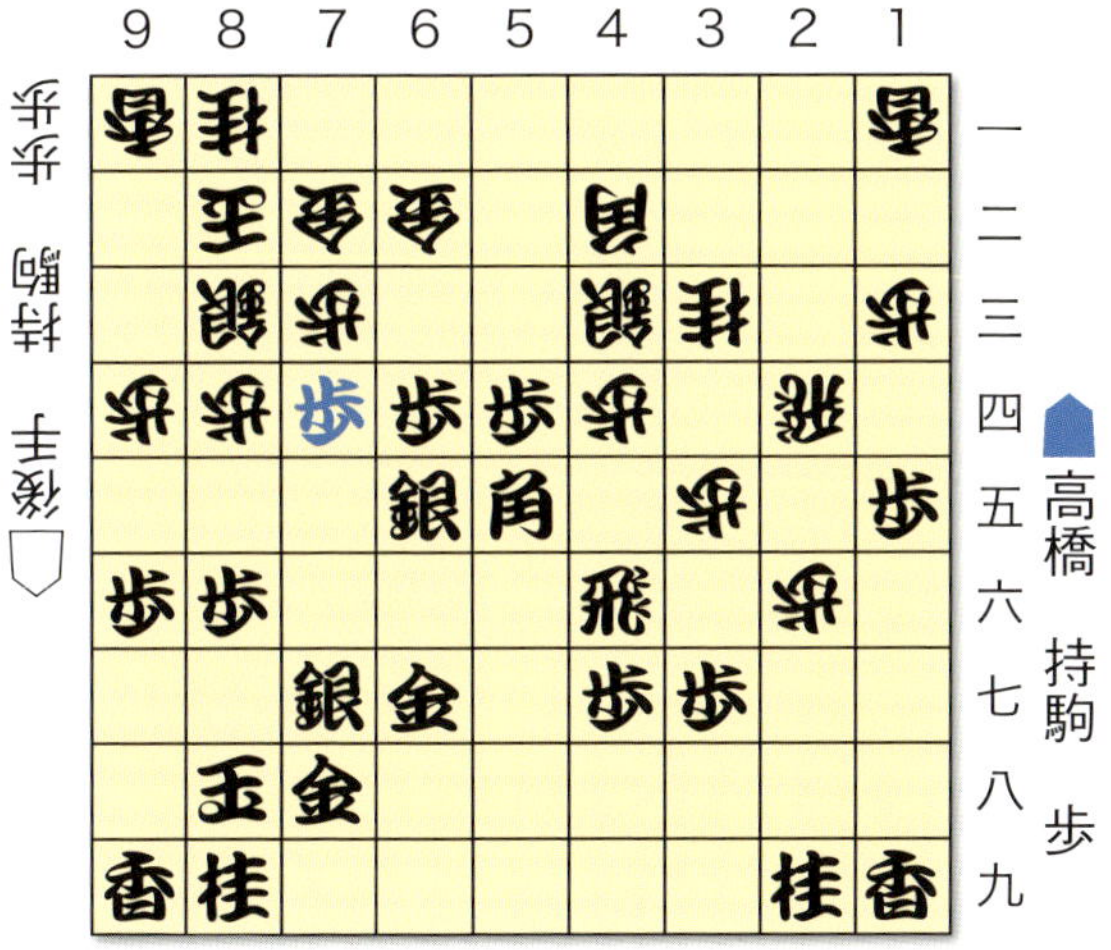

プロのような手厚い指し方のコツを教えてください

QUESTION 25-2

さまざまな歩の手筋を駆使
負けない態勢作りを目指す

手厚い指し方は、必ず歩の手筋がともないます。うまく歩を駆使して自玉頭の厚みを拡大させ、負けない形＝勝てる形へと導くのです。

参考例が第1図です。

先手は桂香損ながらも、玉の固さと駒の働きは格段に勝っているので、十分に指せる形勢と思っていました。

ここから7手連続で歩を使う攻めによって後手玉にせまります。

まずは▲9五歩。△同歩と取れば、▲9三歩△同香▲9四歩△同香▲8五馬として、香が取れます。

▲9五歩以下、△1七馬▲9四歩△9二歩▲8五歩△2九飛成▲8四歩△同歩▲8五歩△同歩▲8四歩（第2図）と進みました。

▲9四歩と取り込めたのは、大きなポイント。先手玉の懐がひじょうに広くなって、ちょっとやそっとでは詰まない形になりました。

続いて、8筋への継ぎ歩＋垂れ歩の手筋での攻めを敢行します。

第1図は△6一香まで

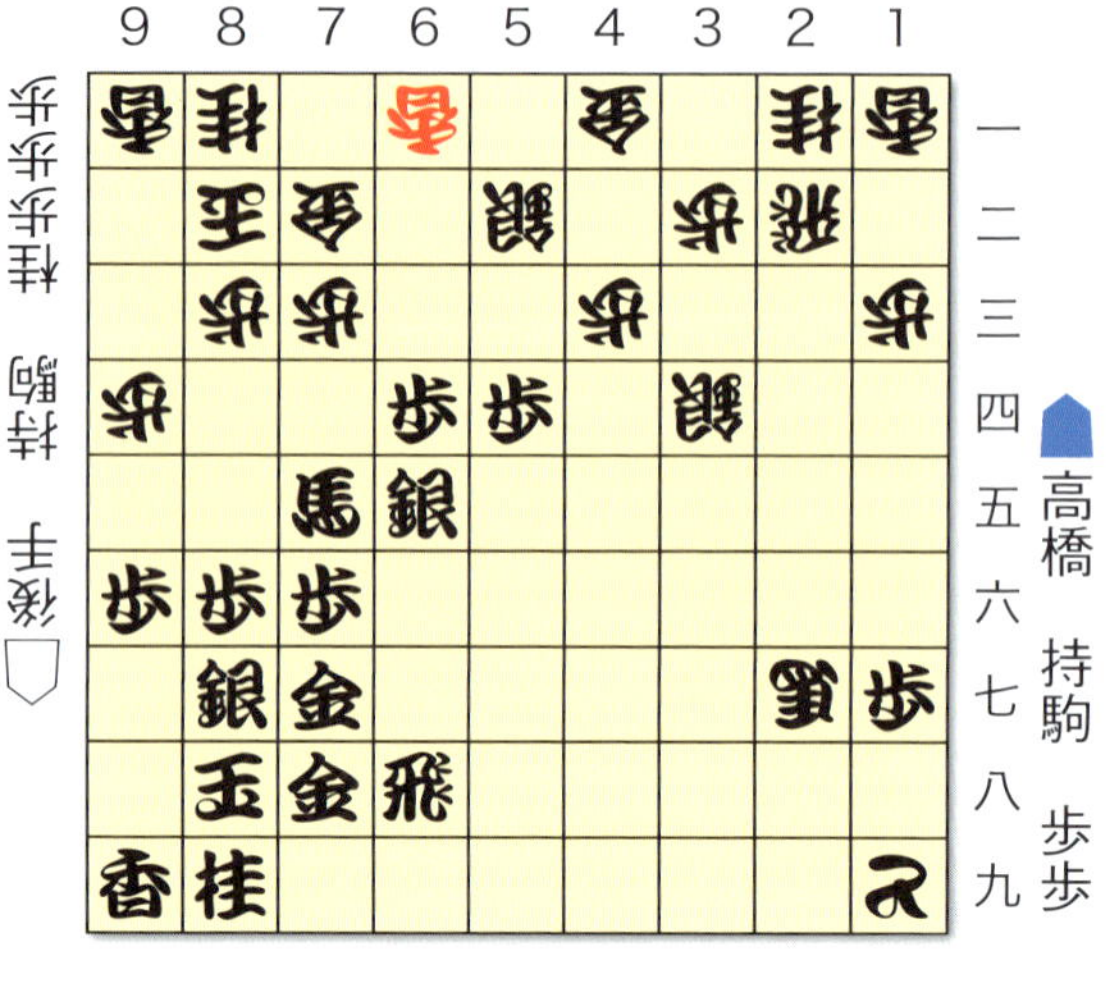

ANSWER 25-2

歩をうまく使って玉頭を制圧します！
いろいろな歩の手筋を覚えておきましょう

後手玉に並ぶ四枚の歩
厚みで勝つのが将棋の本道

〝三歩持った継ぎ歩と垂れ歩〟

プロは、格言が教えるこうした基本的な考え方を大切にします。

第2図は ▲8四歩まで

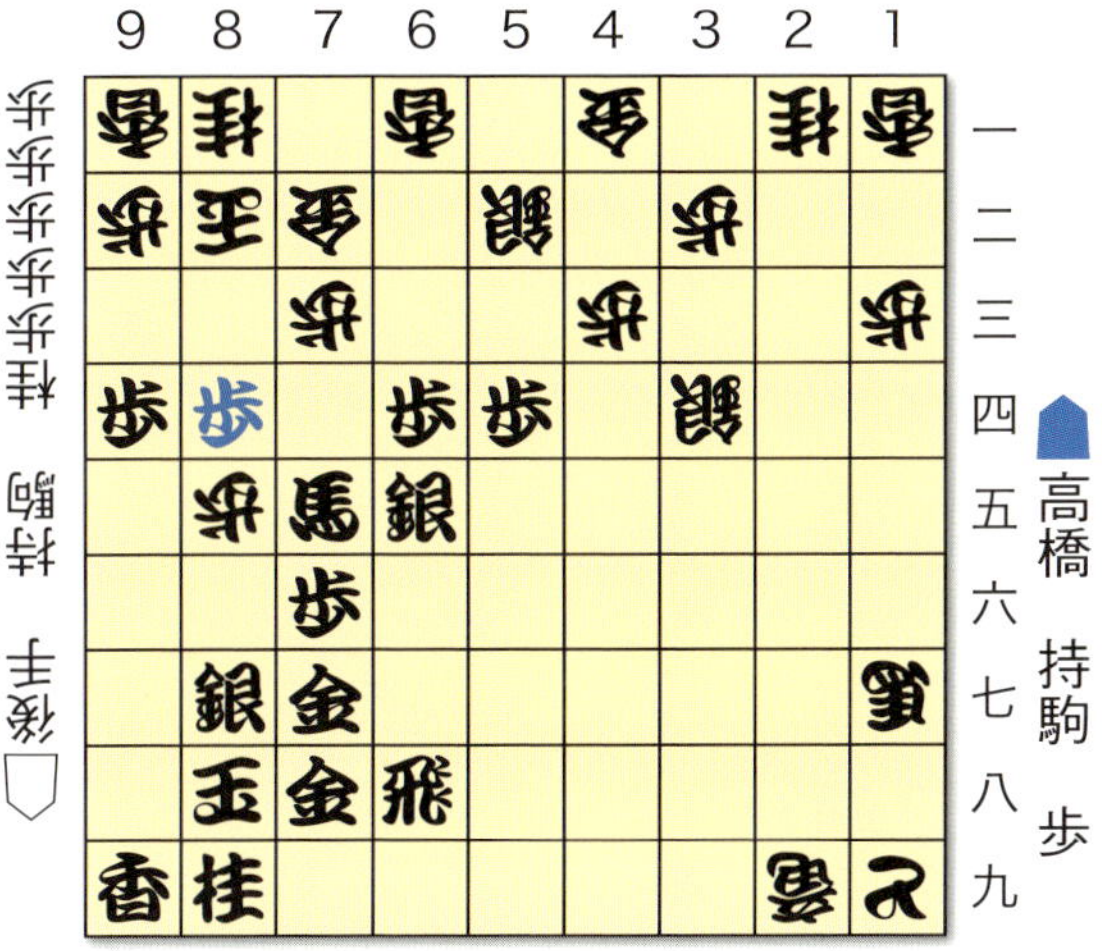

第2図に至り、後手陣に大きな圧力をかけた四枚の四段目の歩が、実に壮観！これで駒の入手を図って、8三の地点に打ち込めば、後手玉はたちまち寄り形になります。

歩をグッと進めて、手厚い指し回しによって勝つのが、将棋の本道です。

試してみよう！

詰将棋 NO.1 3手詰

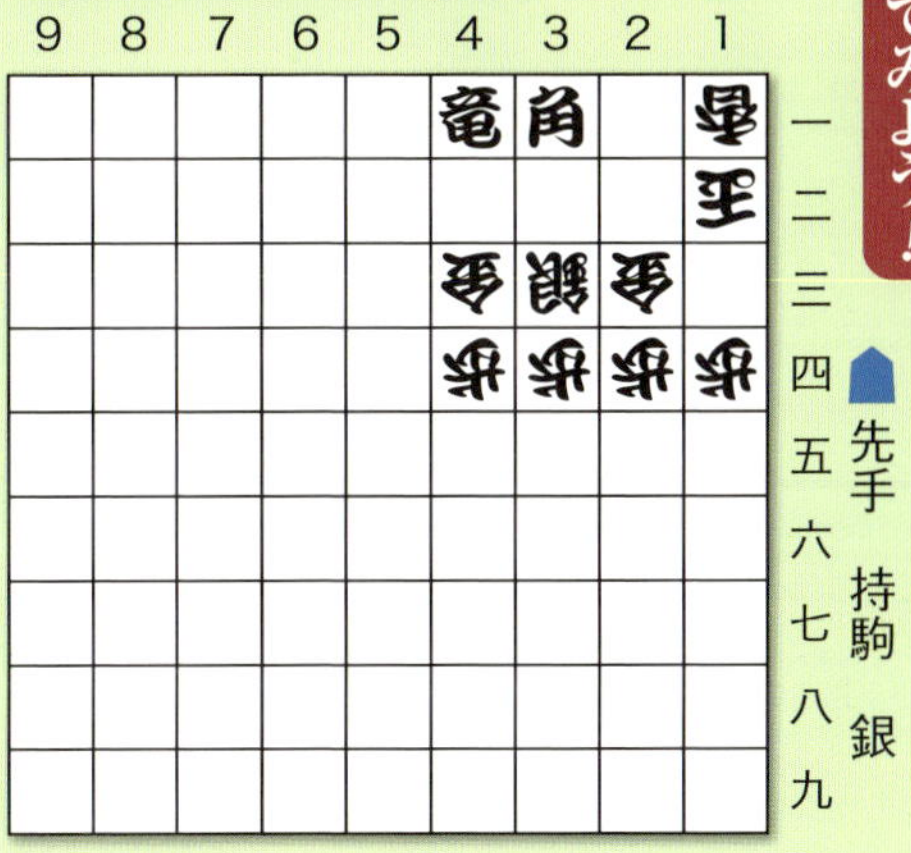

解答は 125 ページの解答欄にて

まったく働きのない遊び駒があると勝てないと聞きました

QUESTION 26

遊び駒があると勝てない すべての駒に活力を！

遊び駒があると、少しくらい形勢がよさそうに見えても、最終的には勝てないとしたものです。駒の働きには、いつも十分に注意を払いましょう。プロの将棋では、逆に相手の駒を遊ばせる（働きを弱くする）とのテクニックを用いたりをします。

第1図では、後手は次に△1四桂を狙っています。▲1一飛と打っておく手もありますが、私が指したのは▲1九歩△同馬▲2八歩（第2図）。

第１図は△１五歩まで

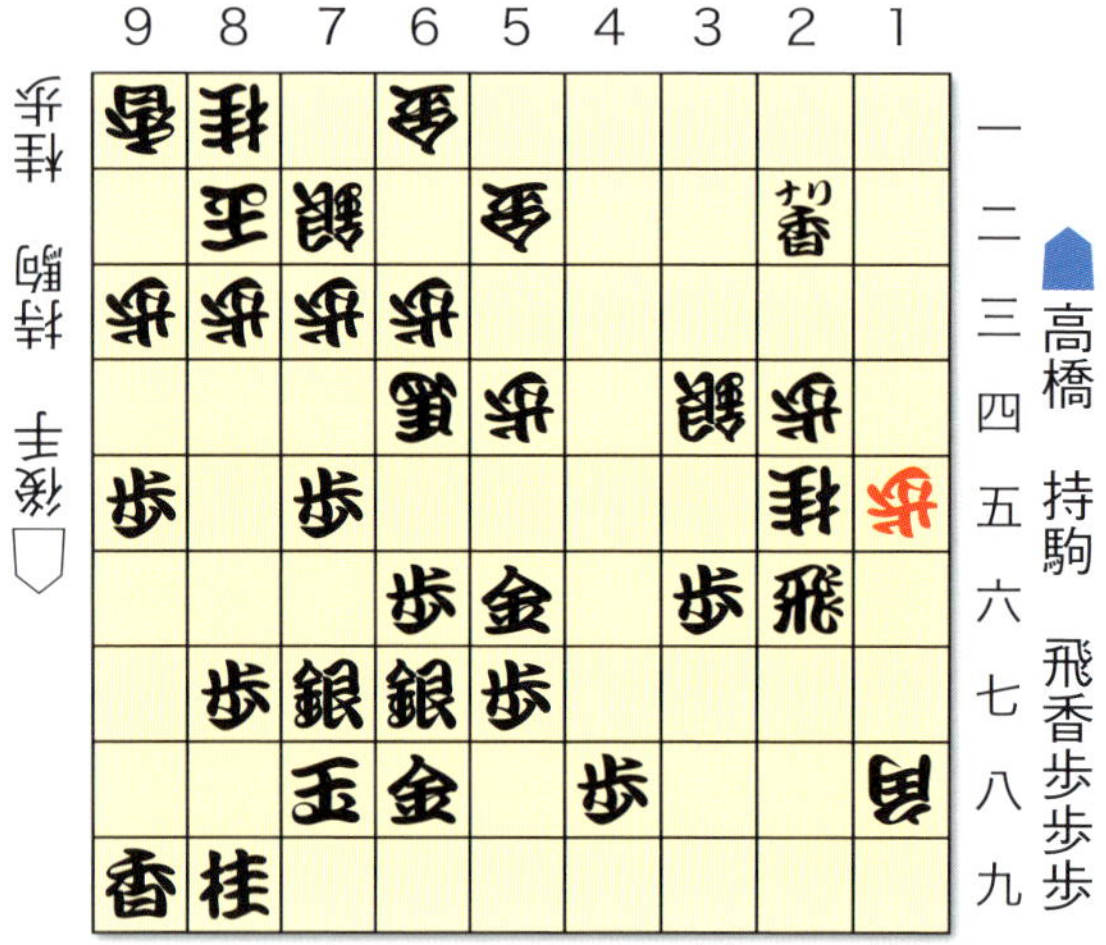

第２図は▲２八歩まで

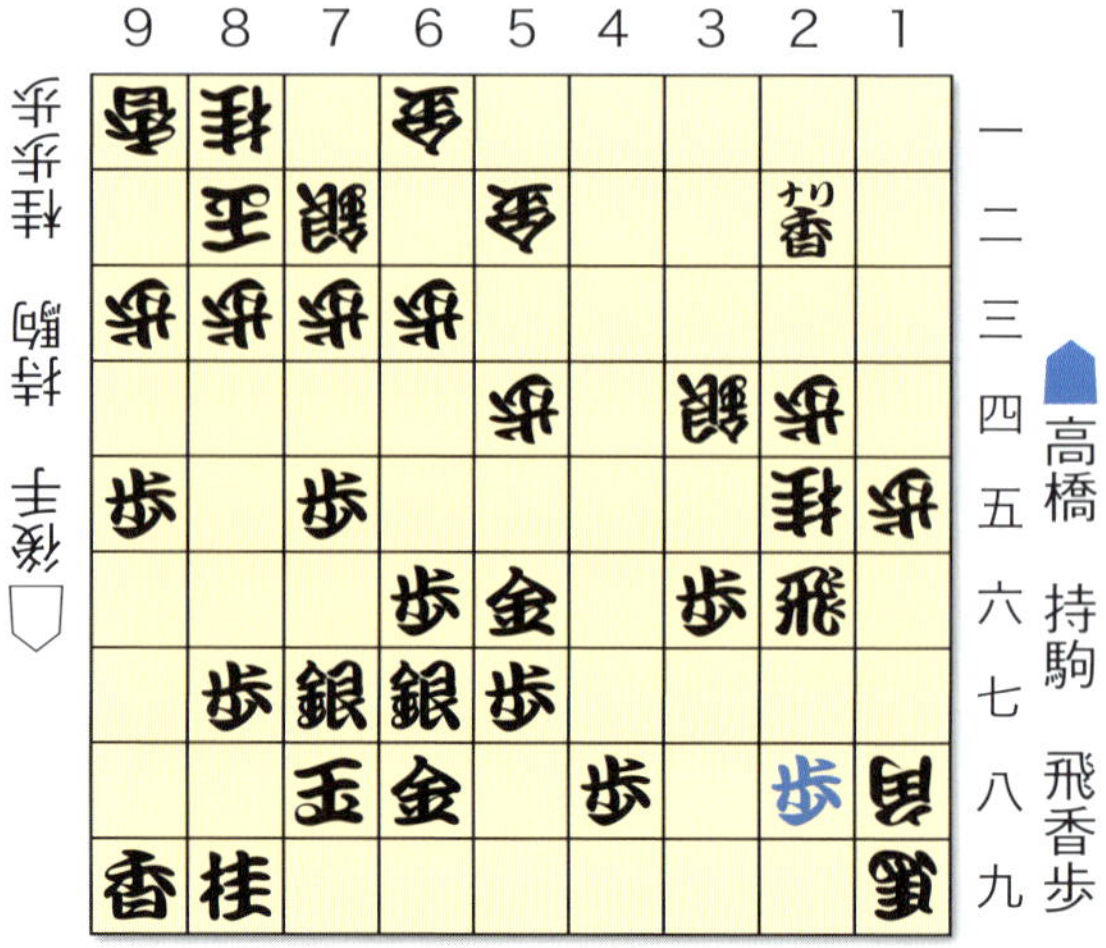

A NSWER 26

遊び駒があるかいつも注意しましょう！ プロは相手の駒を遊ばせる技も

相手の駒を遊ばせて、一瞬に勝負を掛けるプロの技

歩をうまく使っての巧妙な手順です。第2図で△1四桂には▲2七飛と引いて大丈夫。実戦は以下、△4三銀▲2三成香△3四桂▲3三成香△2六桂▲4三成香△同金▲4一飛△5三金▲6二香△7一金▲9四歩（第3図）と進みました。

後手の角桂四枚が遊び形になった一瞬に勝負をかける呼吸です。△9四同歩には▲9二歩△同香▲9一銀で決まります。

第3図は▲9四歩まで

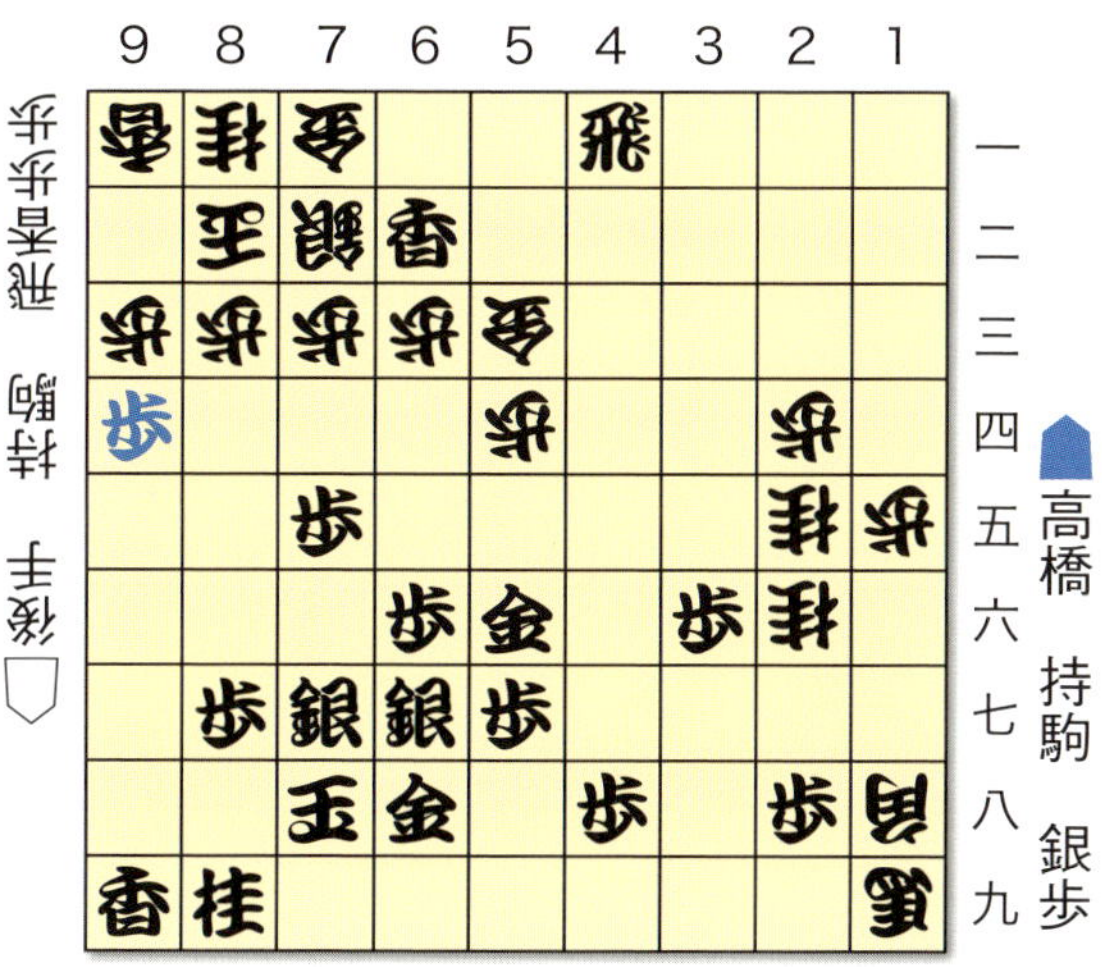

ピンチに陥ったときに一瞬で立場を逆転する技を伝授してください

QUESTION 27

もっとも働いている相手の駒をターゲットに

ピンチに陥ったときに、ただ受けて頑張るだけでなく、攻めながら挽回するテクニックがあります。負けそうな状況を、たちまちのうちに一変させる様は痛快です。

大熱戦の終盤戦が第1図。互いの玉が三段目、四段目に浮き上がり、ギリギリの寄せ合いになっています。

次に△7六角と迫る手などがあって、先手玉はとても危険！「終盤は駒の損得より速度」の格言がある通り、悠長に▲3三桂成と金を取っている場合ではありません。

また、▲6三金や▲5三銀の俗手では勝てないとしたものです。

この局面での急所を見極めましょう。

現状、後手の駒の中で、**もっとも働いているものが△6六金。**これをターゲットに定めます。

第1図の局面で、私が用意していた秘手は、▲6三桂成。以下、△同玉▲5三金△6四玉▲7五銀△5五玉▲6六銀△4四玉▲5五歩（第2図）と進んで後手投了となり、私の勝ちが決まりました。

一連の手順の流れを味わって下さい。

第1図は△7一銀まで

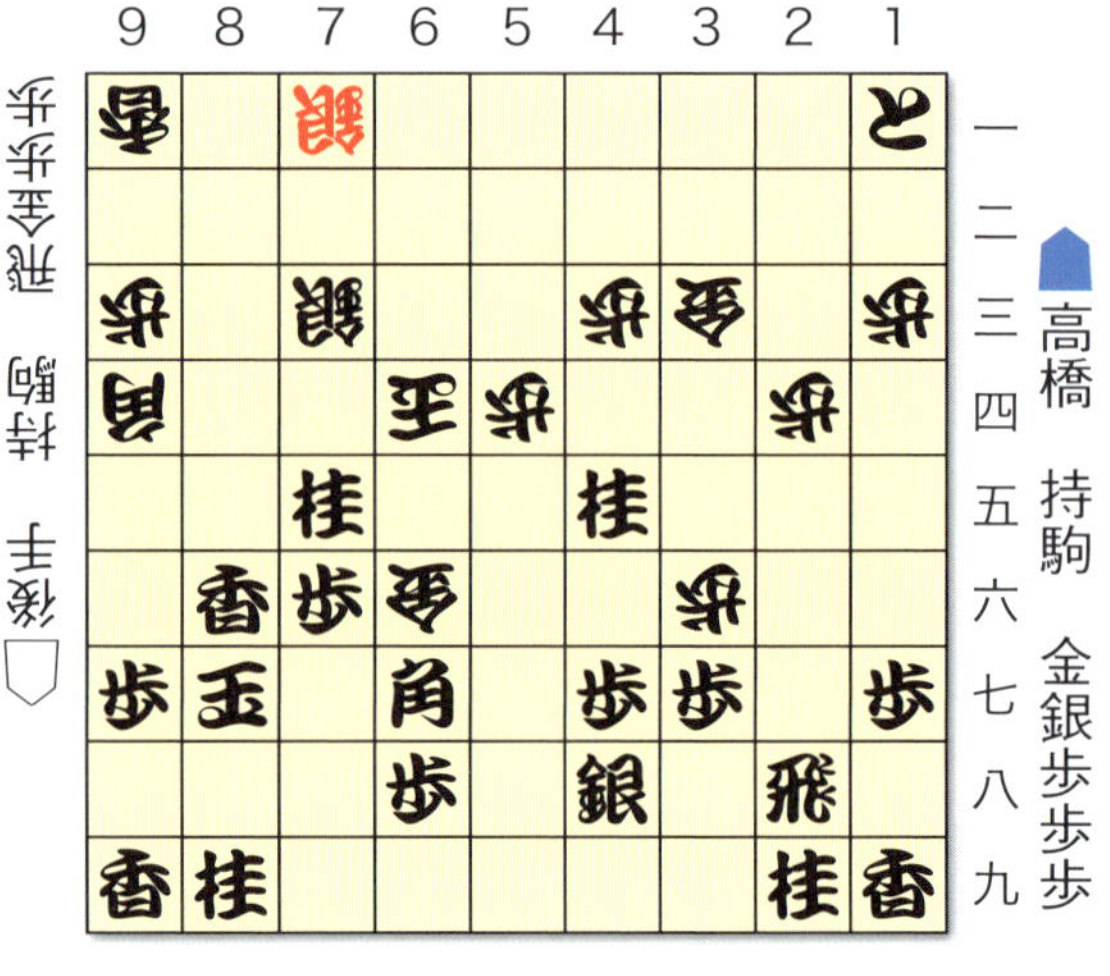

ANSWER 27

大ピンチになってもあわてない、ポイントを見極めれば逆転可能です

急所の銀打ちを可能にする桂成りで立場が逆転

▲6三桂成と捨てて、△同玉に▲5三金と打ち換えるのが好手。桂を捨てて7五に銀を打てる形にするのが急所です。

第2図は▲5五歩まで

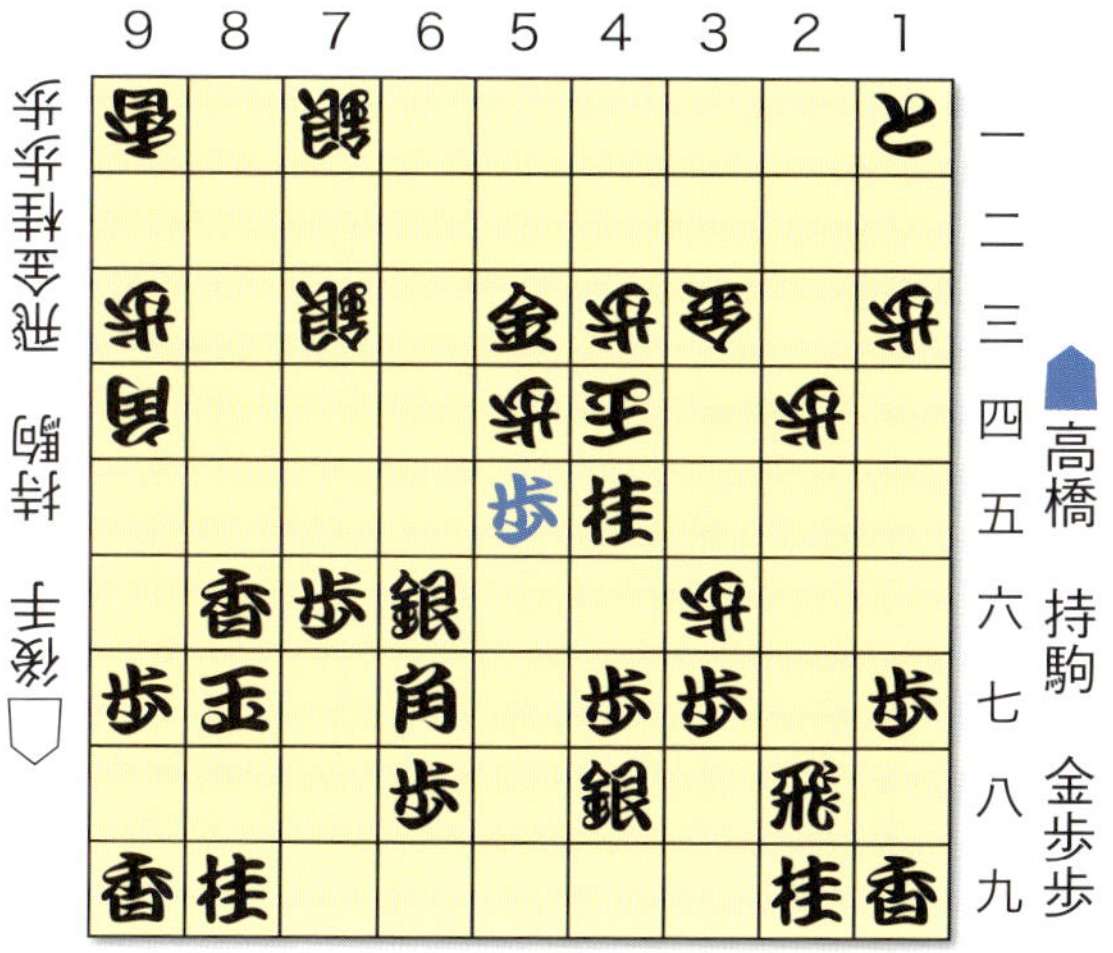

9 8 7 6 5 4 3 2 1
一 二 三 四 五 六 七 八 九
▲高橋 持駒 金歩歩
後手 持駒 飛金桂歩歩

▲6六銀と金を取ったときに、△同玉は▲5六金まで、**6六の地点に先手の駒が残ったのが、実に大きい。**互いの玉の安全度が、一瞬にして入れ代わり、立場が逆転！ 先手勝勢です。

マジック
みたい！
だから
逆転も
可能！

受けは相手が攻めてきたときに考えればいいのでしょうか？

QUESTION 28

指されてから対策を講じるのでは遅すぎる！

相手の立場に立って考えられる人は、強い！ 相手がねらっている攻め筋を、前もってキャッチ出来れば、どのようにも対策が立てられます。

第1図は△3三角まで

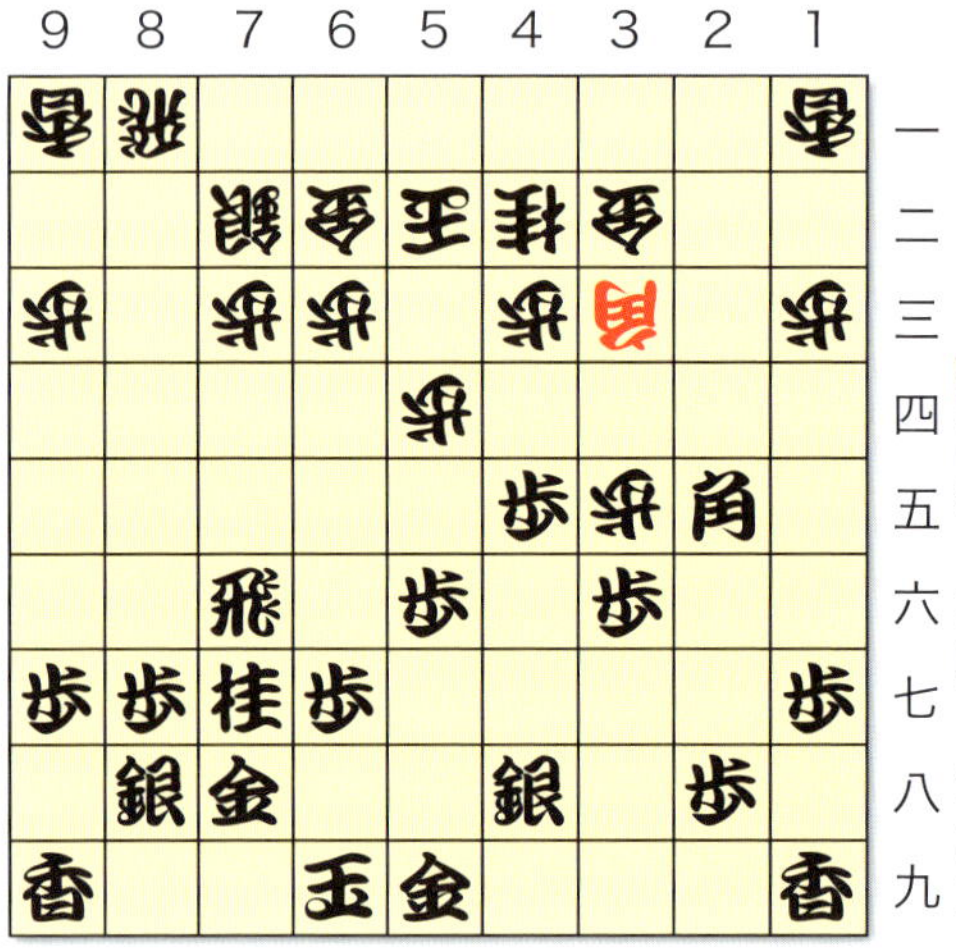

後手　持駒　桂桂歩

▲高橋　持駒　銀歩歩

第1図は銀桂交換の駒得で、先手まずまず指せる形勢です。ここでは、▲3五歩と取る手が自分な感じですが、すると△2一飛（失敗図）と回られます。これが困る。

指されてからあわてて受ける手を考えても、すでに遅いのです。

失敗図は△2一飛まで

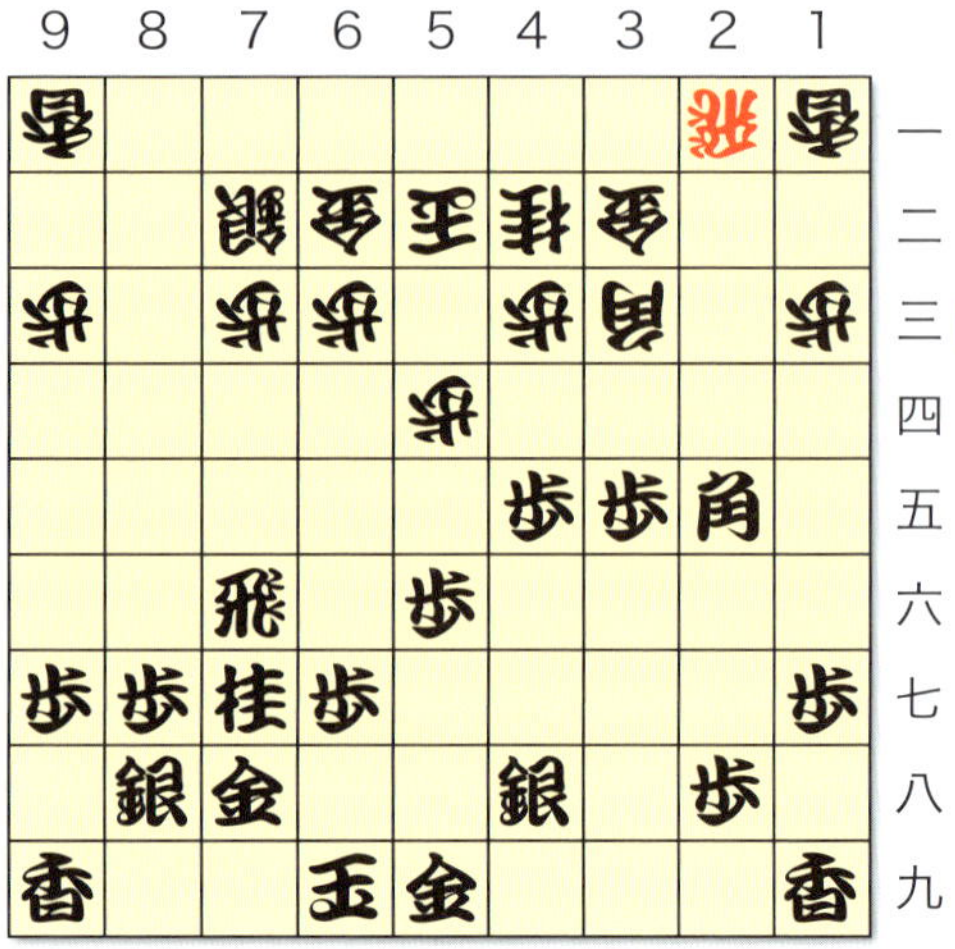

後手　持駒　桂桂歩

▲先手　持駒　銀歩歩歩

ANSWER 28

相手の考えを見破ろう “あっ”と叫ぶ回数が激減します

角を支えるじっとの一手 急所に位置する角筋をキープ

第2図は▲2七歩まで

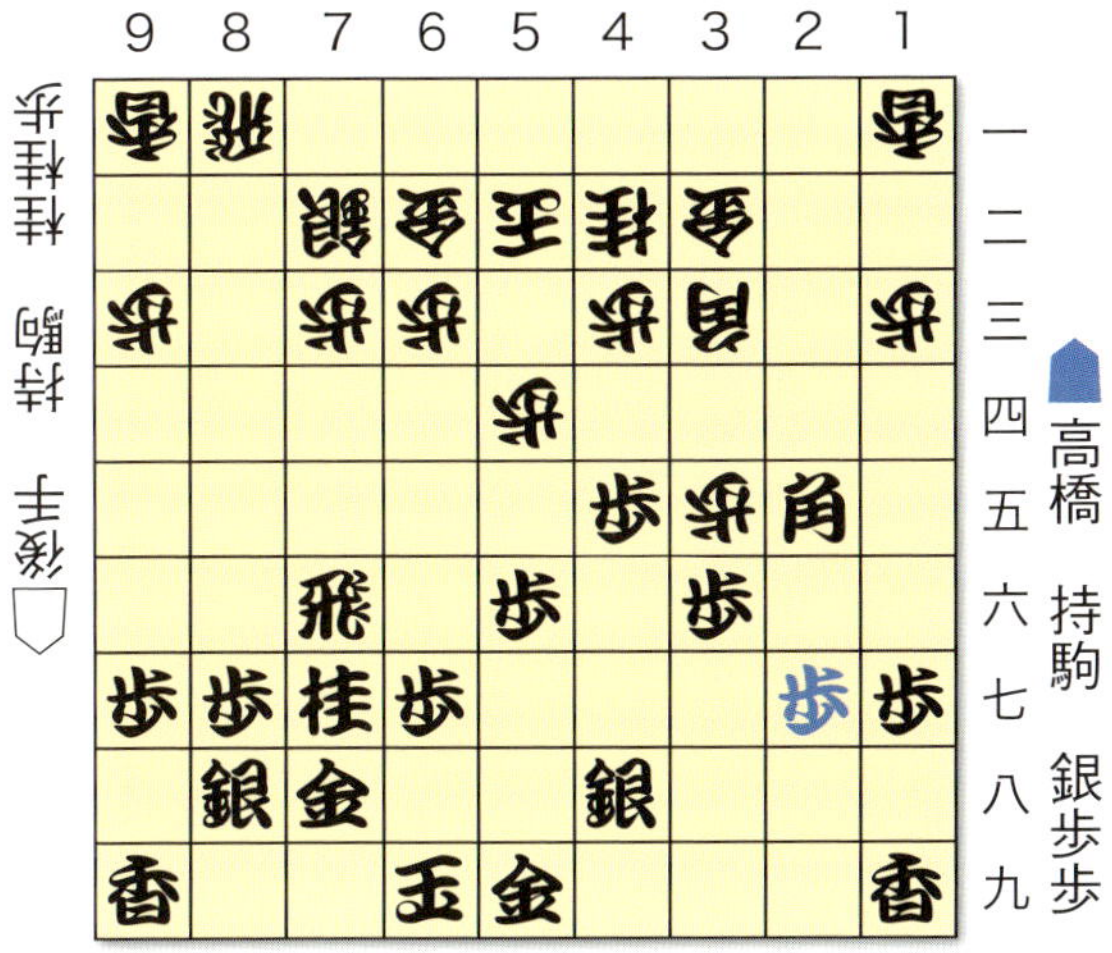
△後手 持駒 桂桂歩
▲高橋 持駒 銀歩歩

実戦は第1図で、じっと▲2七歩（第2図）と突きました。これで△2一飛とくれば、さらに▲2六歩と突いて、角を支える意味です。

以後もプロらしい渋い応酬がしばらく続きますが、相手玉を間接的ににらむ▲2五角の角筋をそのままキープして戦えたのが大きく、先手勝ちになりました。**受けは相手より一歩先んじて。**これによって相手の好手をはばめます。

その手は困るから先に受けの手だ！
そういう将棋なら負けなくなるぞ！

少しでも形勢が苦しくなるとすぐに**勝負を諦めて**しまいます

QUESTION 29

最後の最後まで最善を尽くそうとする姿勢が大事

将棋は人間同士の競い合いの場ですから、精神的な面が勝ち負けに大きく影響します。「これはもうダメだ・・・。」序盤でミスをしてしまい、苦しい形勢が長く続くと、気持ちがめげてしまいがちになり、指し手もやや投げやりな感じになるときもあります。

すると、せっかく巡ってきた千載一遇のチャンスも、あっさりと見逃す羽目になります。どんなに強い人でも、つねに快勝しているわけではありません。

問題は、苦戦に陥ったとき。

向上心がある人は、心は折れません。

最後の最後まで最善を尽くそうとする姿勢を崩さず、粘り強く戦います。

それが逆転勝ちを呼ぶのです。

第1図は△6七桂まで

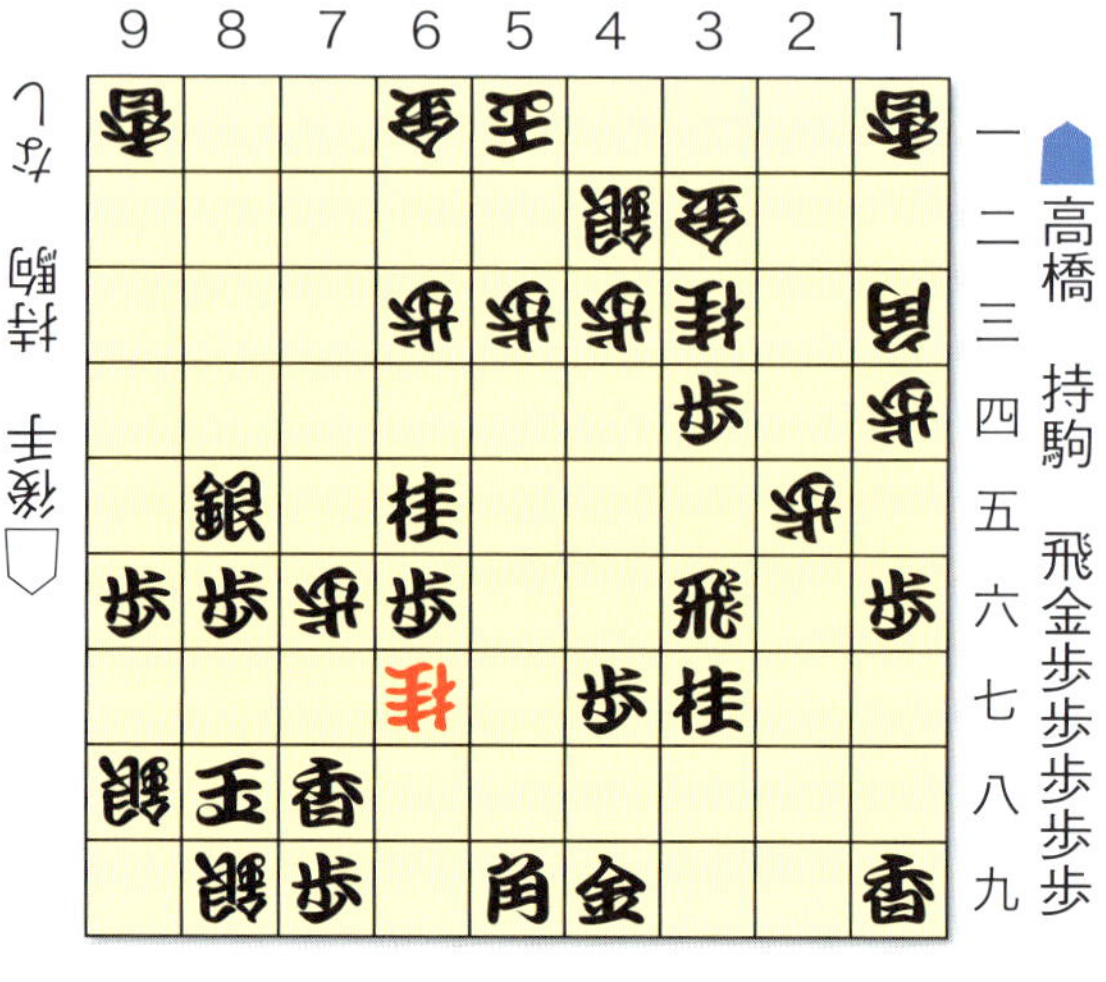

序盤早々から、後手の猛攻を受けて、大苦戦。必死に粘って粘ってたどり着いた第1図です。

詰めろ角取りの△6七桂が厳しい。

参ったと言いたくなってしまう場面ですが、まだまだ勝負は諦めていませんでした。

ANSWER 29 最後まで粘り強く戦いきるのが大事 諦めない心が勝利を呼び込みます

風前の灯にも見える玉
諦めない心で勝利への脱出

諦めない最初の一手は相手の角道を止める▲４六歩。**第１図**以下、▲４六歩△５九桂成▲７六銀△９六香▲７七玉（**第２図**）と進んで、後手の駒に取り囲まれて風前の灯だった玉の脱出に成功です。**第２図**からは、△３五歩▲３三歩成△３六歩▲３二とと進み、大駒２枚は取られてしまったものの、先手の勝ち筋になりました。

諦めない心が導いた逆転劇です。

第２図は▲７七玉まで

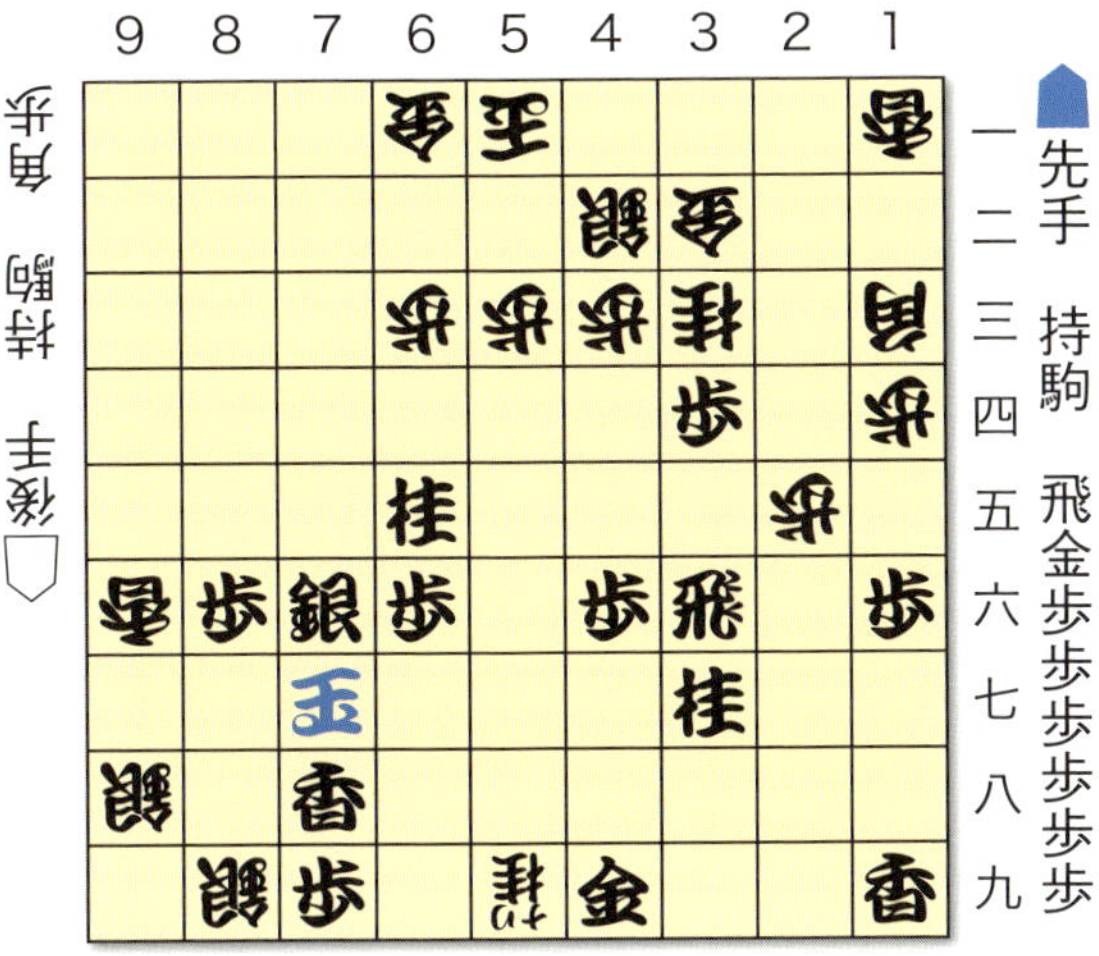
後手 持駒 角歩
▲先手 持駒 飛金歩歩歩歩歩歩

すぐに諦めるな！
最後の最後まで
粘り強く！
もうダメ
かな？

いつも王手を掛けられてから あわてて玉を逃がしています

QUESTION 30

危機をすばやくキャッチ 早目に対応するのが上級者

強い人の玉は、つかまりそうになっても、なかなかつかまらない。

プロとの指導対局を受けたときなど、そんな感じを持った方も多いと思います。

それは危機をすばやくキャッチして、早め早めに対応していくからです。

第１図は互いに竜を相手の陣地に送り込んでいるものの、後手の竜の方が先手玉に近く、先手がピンチの様相です。

ここでは、▲７四同金△同金として、▲４六香や▲５六香と打つのが普通の指し方ですが、すると△８六桂や△７七歩が厳しく、先手玉はたちまち寄せられてしまいます。

このピンチを救うのが玉の早逃げです。

実戦は第１図から、▲６八玉△７五香▲５八玉△７七香成▲７九歩（第２図）と進みました。

▲６八玉～▲５八玉の連続の早逃げが好手。先手陣に残る守備駒は、▲４八銀と▲５九金の二枚。

それを玉の近くにもってきて固めるのではなく、玉自らが近づいていくのです。

第１図は△７四香まで

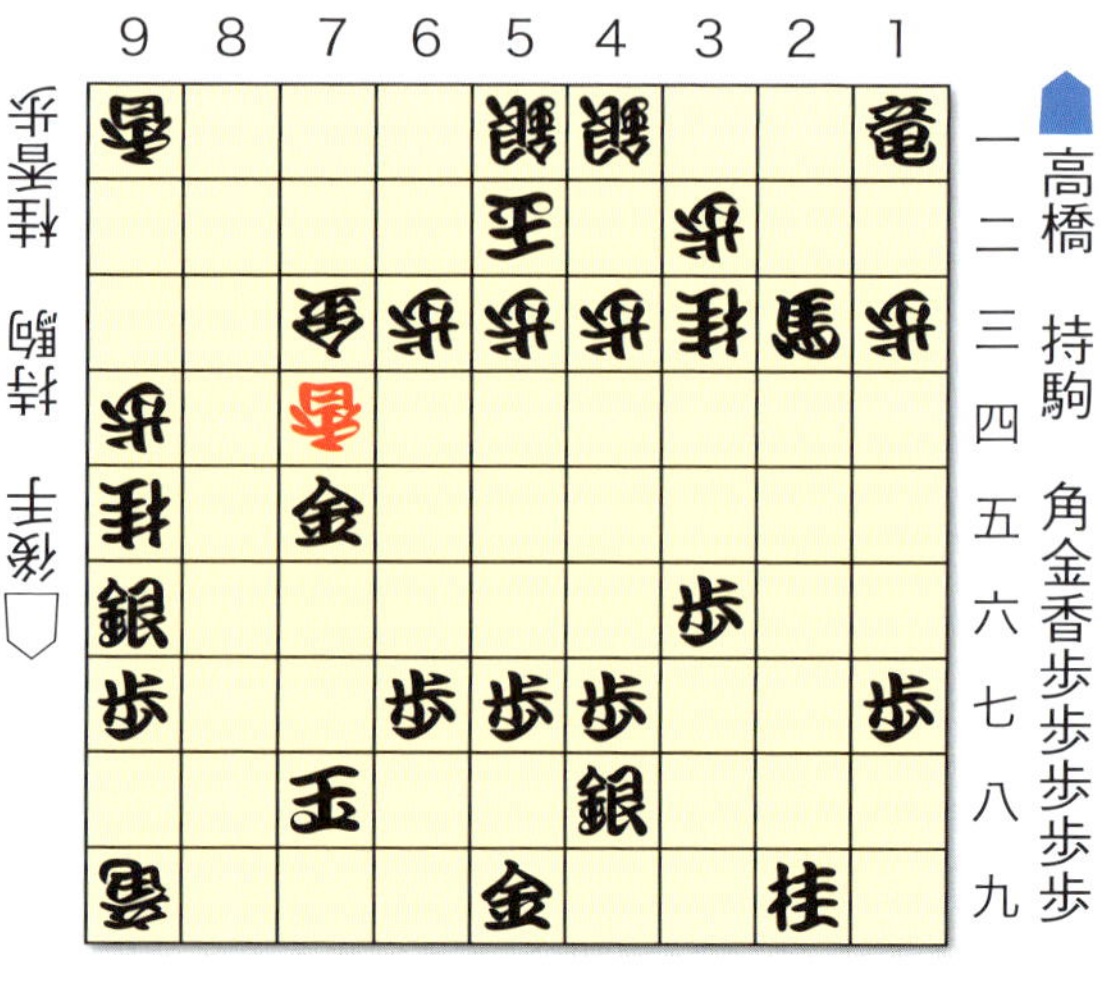

ANSWER 30

王手が掛かる前にサッサと逃げる 玉の早逃げテクニックを覚えよう

連続の玉の早逃げ効果で耐久力のある玉形に

いまにも詰まされそうな状態の玉形だった第1図からすると、早逃げの効果によって、第2図はずいぶん耐久力のある形になりました。

第2図の▲7九歩も手筋の一着。△同竜と呼び寄せて、▲6九金打△8八竜▲6八香と固めまくる意味です。

実戦は、第2図で△5五桂と打ってきたので、▲4六香の反撃手が回り、先手勝ちになりました。

第2図は▲7九歩まで

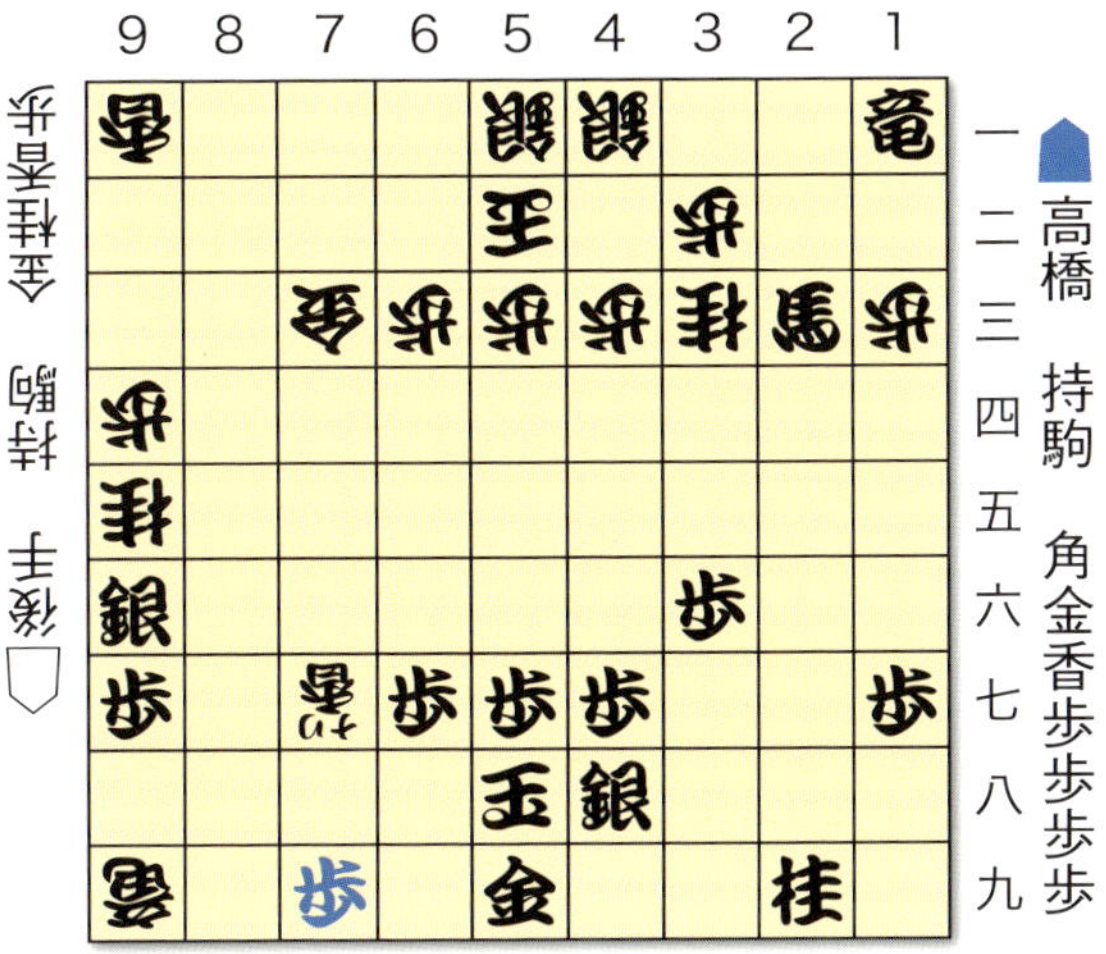

▲高橋 持駒 角金香歩歩歩歩
後手 持駒 金桂香歩

試してみよう！

詰将棋 NO.2 5手詰

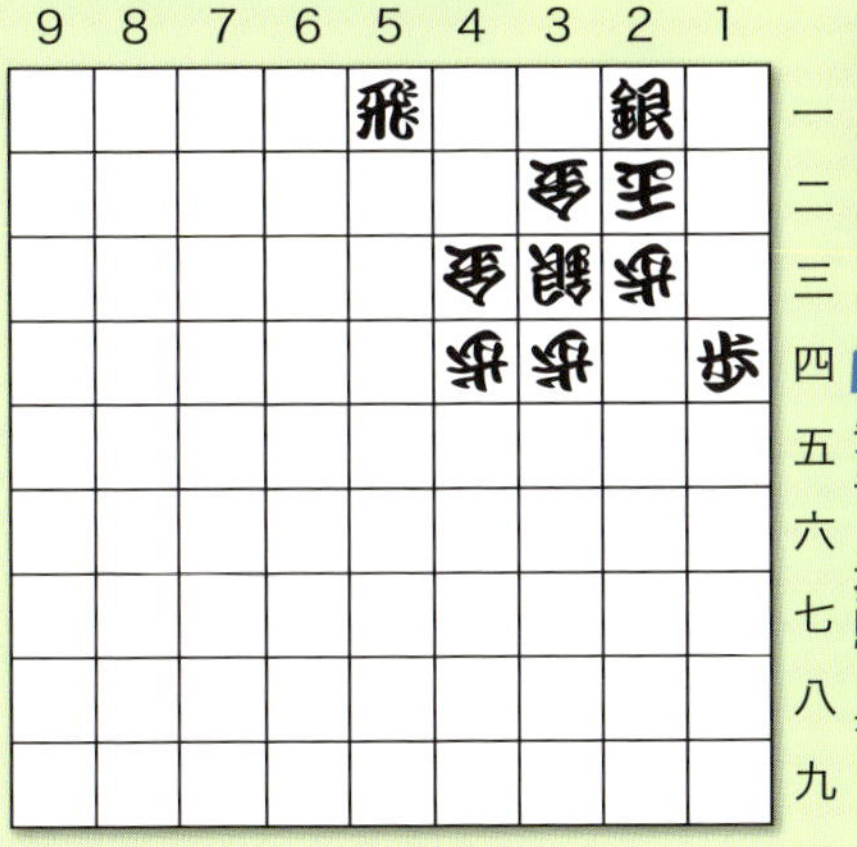

▲先手 持駒 香

解答は125ページの解答欄にて

玉の逃げ方についてのアドバイスをお願いします

QUESTION 31

迷ったときは玉は上に行け それがひとつの勝負の常道

王手を掛けられて、逃げ方がいくつかある場合は、どこに行ったらいいのか、とても迷います。

そうしたときの判断が、そのまま勝敗に直結することも多いのです。

困ったら、次の格言を思い浮かべるといいでしょう。

〝中段の玉、寄せ難し〟。

玉は一般的に、せまい形ほどつかまえやすく、中段に上がった広い状態は、寄せ切るのが大変です。

ですから、迷ったときは玉は上にかわすのが勝負の常道であり、それがまた負けない将棋につながるのです。

△6六桂と王手された第1図。

後手は大駒三枚を手にしての猛攻で、Q30の将棋に続いて、先手は大ピンチ！

玉のかわせる場所は6ヶ所もありますが、勝てる可能性があるのは、たったひとつです。実戦は▲7七玉。ここが正着で以下、△7八飛▲6六玉△8八飛成▲5二飛△3三玉▲5三飛成△4三桂▲4四銀△2四玉▲7五金（第2図）。

第1図は△6六桂まで

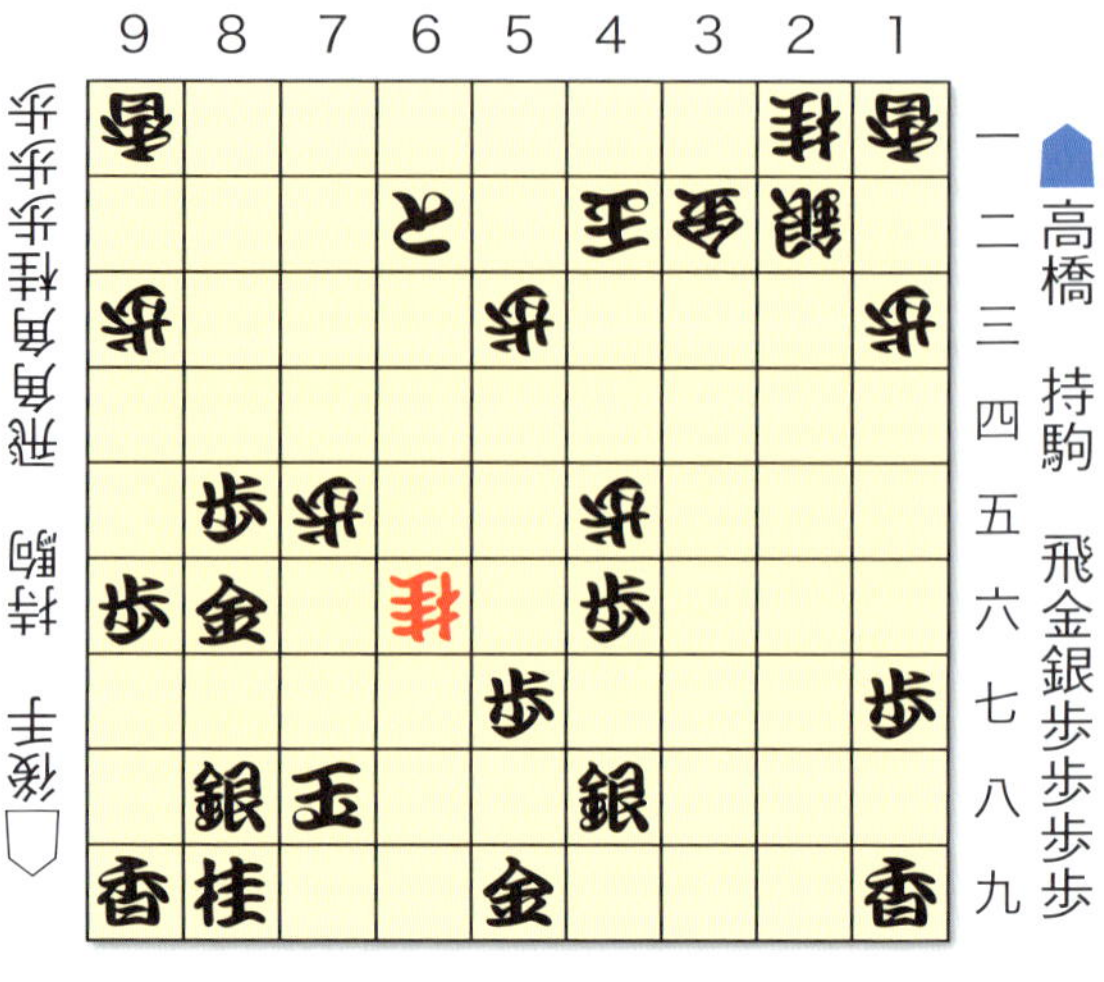

A NSWER 31 玉は中段、上段にいる形ほど寄せ難い、うまく上にかわせば逃げ切れます

何とも心強い上空の「と金」中段玉で形勢逆転！

第2図に至って先の格言の雰囲気が出てきました。**先手玉は上空にいる「と金」の存在が、何とも心強い。**形勢逆転です。

第2図は▲7五金まで

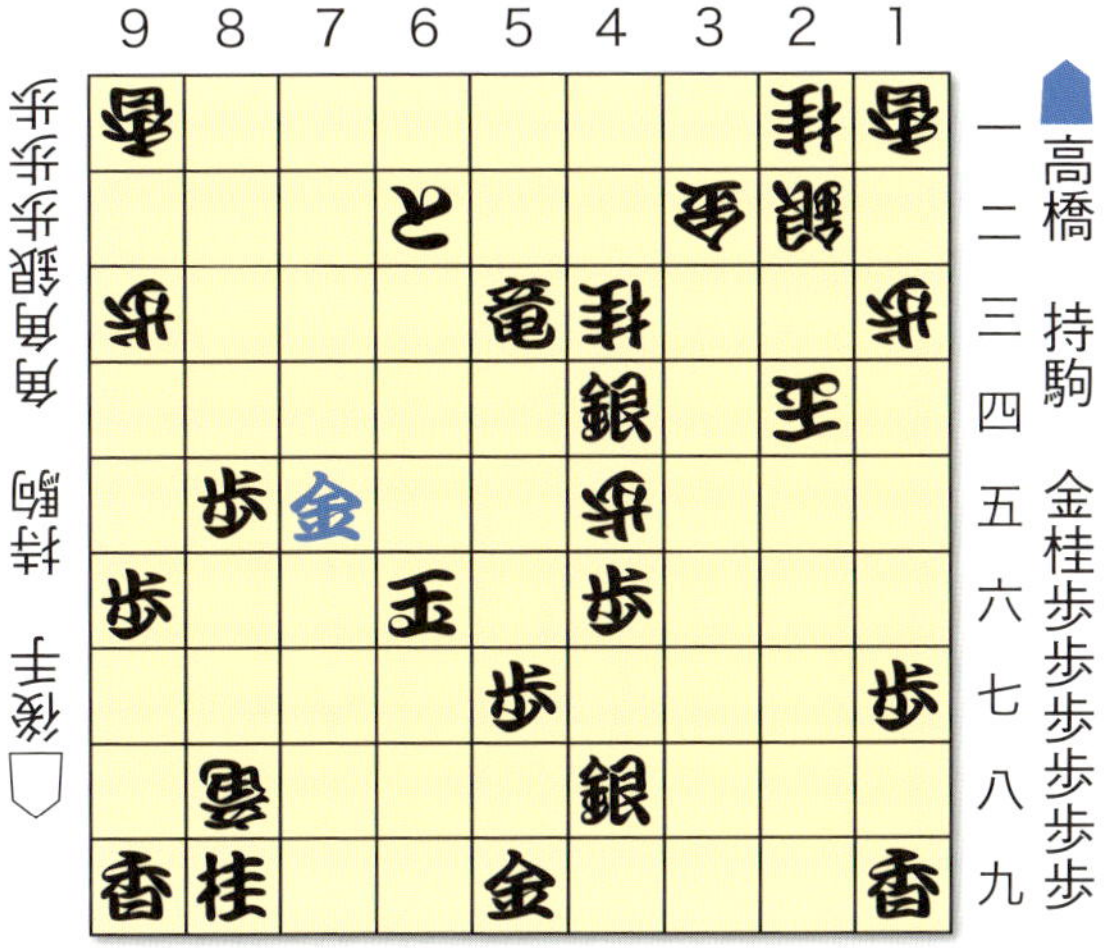

▲高橋 持駒 金桂歩歩歩歩歩
△後手 持駒 角角銀歩歩歩

対する後手玉は、同じ四段目の玉形ですが、先手の駒がまだ右辺に健在で、とても安全な状態とは言えません。

なお第1図で、▲6七玉とかわすのは△7八角▲6六玉△6七飛▲7五玉△6二飛成と、大事な「と金」を抜かれてしまい先手必敗形です。

試してみよう！

詰将棋 NO.3 7手詰

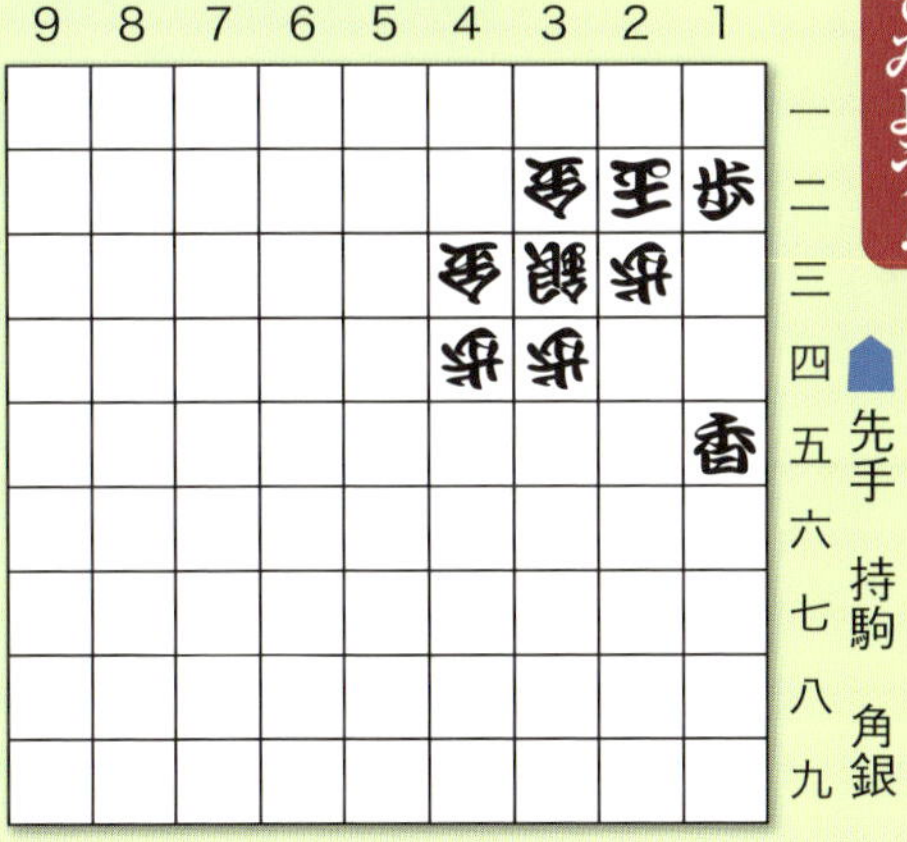

▲先手 持駒 角銀

解答は125ページの解答欄にて

コラム2 たまには振り飛車も

生粋の居飛車党の私ですが、振り飛車を指したことも何度かあります。

特に、若手棋士の頃は、誰しも勝率が高く、対局数も多くなるので、気分転換の意味もあって、いつもと少し違った戦法を用いることもあったりします。

図は、昭和 61 年 2 月 24 日のオールスター勝抜戦、中村修六段（当時）との一戦です。非常に珍しい私の三間飛車から、激しい戦いが繰り広げられました。

互いに知力の限りを出し合った末に、私の方が勝機をつかんだのが<図>です。

竜取りに構わず▲1 三銀と打ち込んだのが好手。以下、△同桂▲2 二桂成△同竜▲同桂成△同玉▲2 四飛（投了図）までで投了になりました。

投了図からは、△2 三歩▲2 一金△3 二玉▲3 一金△同銀▲2 一銀△同玉▲2 三飛成△2 二金▲1 二金までの詰みになります。玉を 2 一の地点に落として、その頭上に▲2 三飛成と成る“一間竜”の形を目指すのがポイントです。

なお、途中の▲2 一銀では、▲4 二金△同銀▲2 一銀△2 二玉▲4 二竜の詰まし方もあります。いずれにしても、上下から迫る二枚飛車が実に強力!

気分よく居飛車穴熊を粉砕です。

これなら振り飛車党としてもいけるかも !? というところですが、調子に乗ってはいけませんね。

▲1 三銀まで

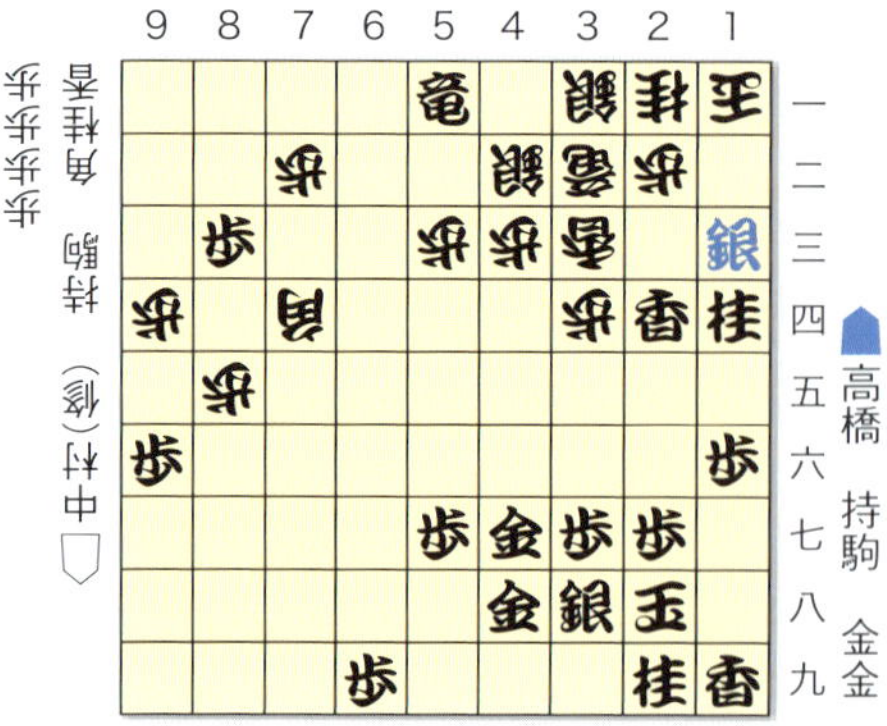

投了図▲2 四飛まで

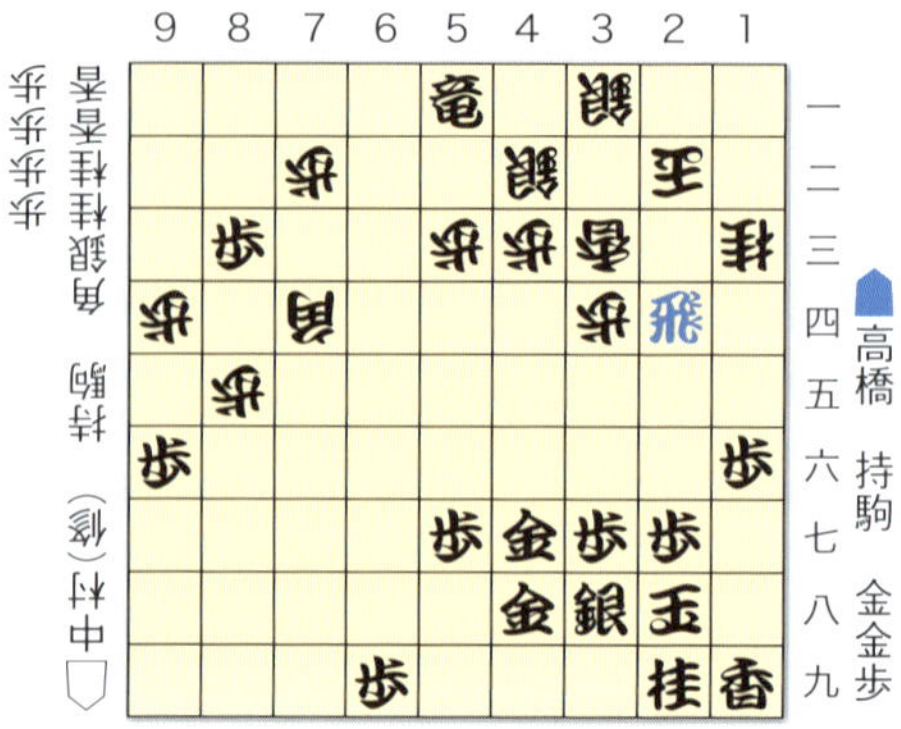

第3章

初段になるための『寄せ』のコツ

王手が大好きです。一番強い手だと思っています

QUESTION 32-1

無用な王手はグッと控える
級位者と有段者の違い

〝王手こそ最強の一手！〟

そう思っているのは、案外少なくないのではないでしょうか。しかし、そこにこそ問題あり。頑にそう信じているままでは、級位者からは、なかなか脱出できません。王手を掛けたい気持ちを、一手だけでもグッとこらえるようになれたら、初段の力がついたといえるでしょう。

第1図は、初段までもう少しの生徒さん同士の対戦。

第1図は△1二玉まで

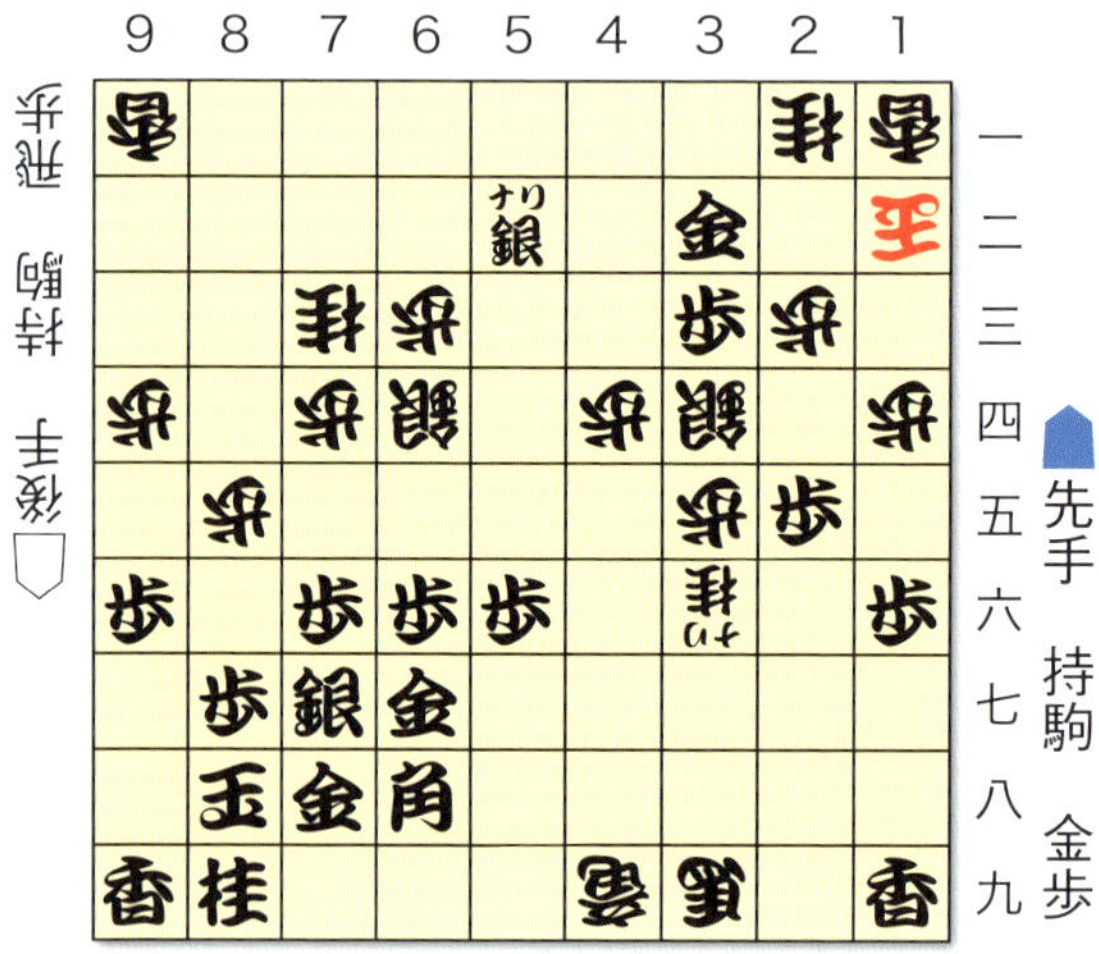

A図は△2四玉まで

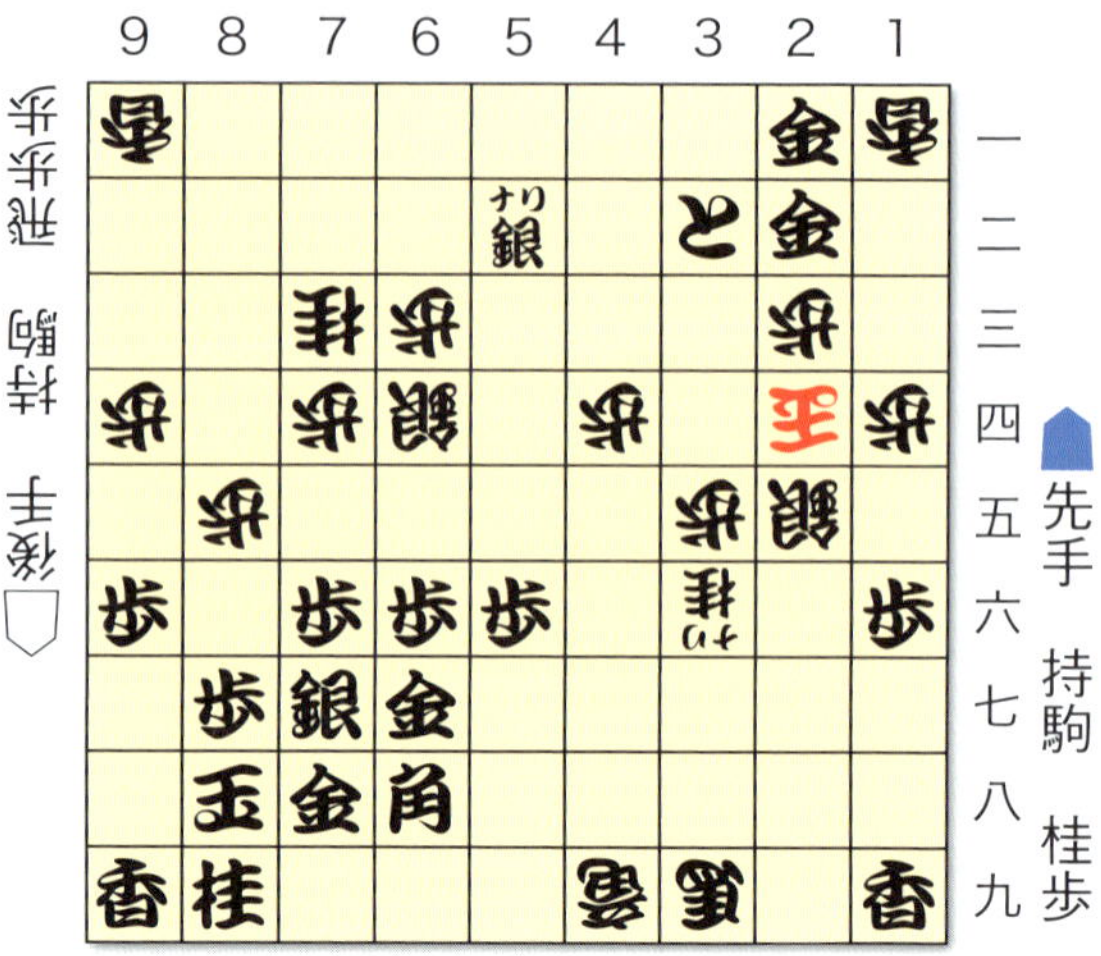

"王手こそ最強の一手" まずはこの考え方を消し去りましょう

じっと端歩突きが正着
王手によって先手逆転負け

ほどなく先手勝ちで終わりそうかなと見ていたのですが・・・。

実戦は以下、▲2二金打△1三玉▲2一金左△2五銀▲3二歩成△2四玉（A図）と進んで、事件発生！ **先手は勝利寸前で大失速です。**

第1図での▲2二金打が大悪手。

ここは、じっと▲1五歩（第2図）で先手勝ちです。これは次に▲2二金打以下の詰めろで、△1五同歩は▲同香で詰み。後手に受けはありません。

第2図は▲1五歩まで

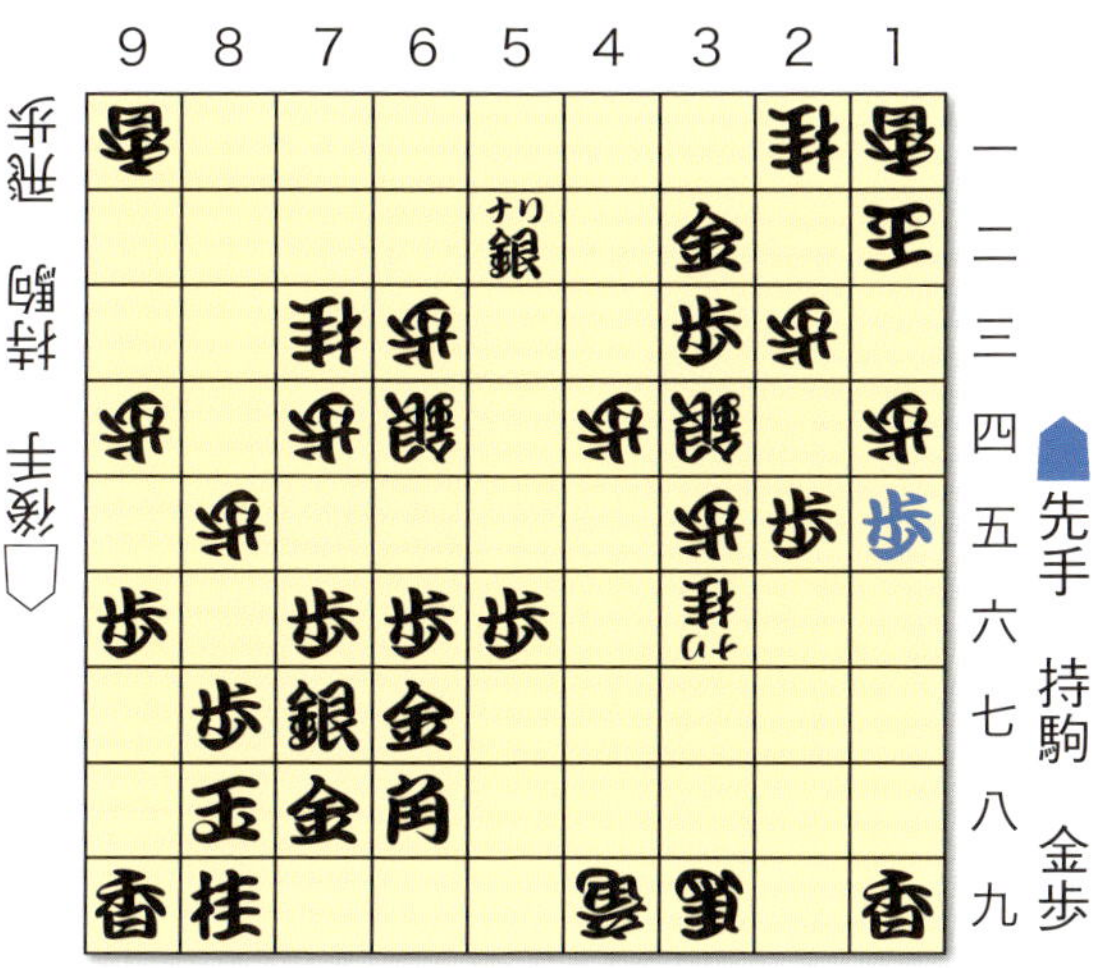

▲先手 持駒 金歩
▽後手 持駒 飛歩

王手だ！
王手はこらえて！もっと考えなさい

プロはいつもいい手を指すイメージです。常に完璧なのでしょうか？

QUESTION 32-2

おそれやふるえ、実戦心理がミスを引き出す

高い技術を持つプロでも、やはり人間。いつも完璧というわけにはいきません。

私の痛恨の一局が第1図です。

本局は超早指しのテレビ将棋で、両者30秒将棋に突入しています。

ここでは▲5一角と打ち、△4二銀にじっと▲2五香と桂を支えつつ詰めろを掛ければ、先手勝ち。

秒読みの中、この手順が本筋と瞬時に分かってはいたのですが、と同時に△6七竜と切って▲同玉に、△7五桂や△4九角と打たれる手が、とても気になり始めました。

よく読めば、どちらの順も先手が残しています。

しかし、おそれやふるえ、そんな実戦心理が指させた一手はなんと▲2三金。

以下、△同玉▲3二銀△2四玉▲2三飛△3五玉▲2五飛成△4六玉▲6八角△4七玉（第2図）と進み、後手玉の大脱出を許してしまい、先手大敗。

明らかに王手の掛けすぎ、玉の追いかけすぎです。

第1図は△3三玉まで

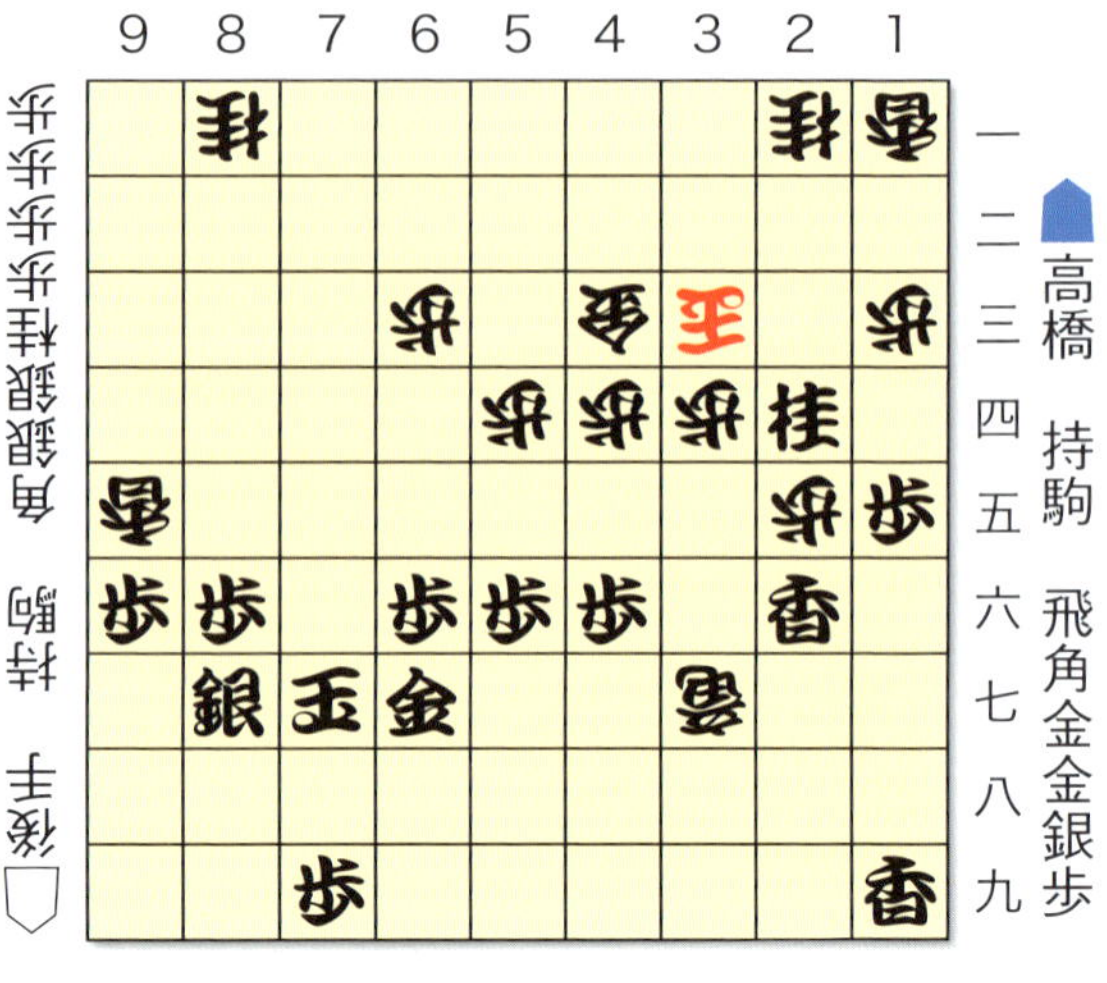

ANSWER 32-2 プロでもいつも完璧ではありません、王手の掛けすぎによるミスも!

いつも頭に残しておきたい 実戦の中で息づく格言

いつもファンのみなさんには、王手はなるべく控えましょう、詰みがあるときまで王手は掛けないくらいの気持ちでいたらいいですよ、などと言っている私自身がお恥ずかしい限りです。王手で追って追って、第2図のように逃してはいけません。

"王手は追う手"格言は将棋の基礎。いつでも実戦の中で息づいています。

第２図は △4 七玉まで

△後手 持駒 角金銀銀桂桂歩歩歩歩歩

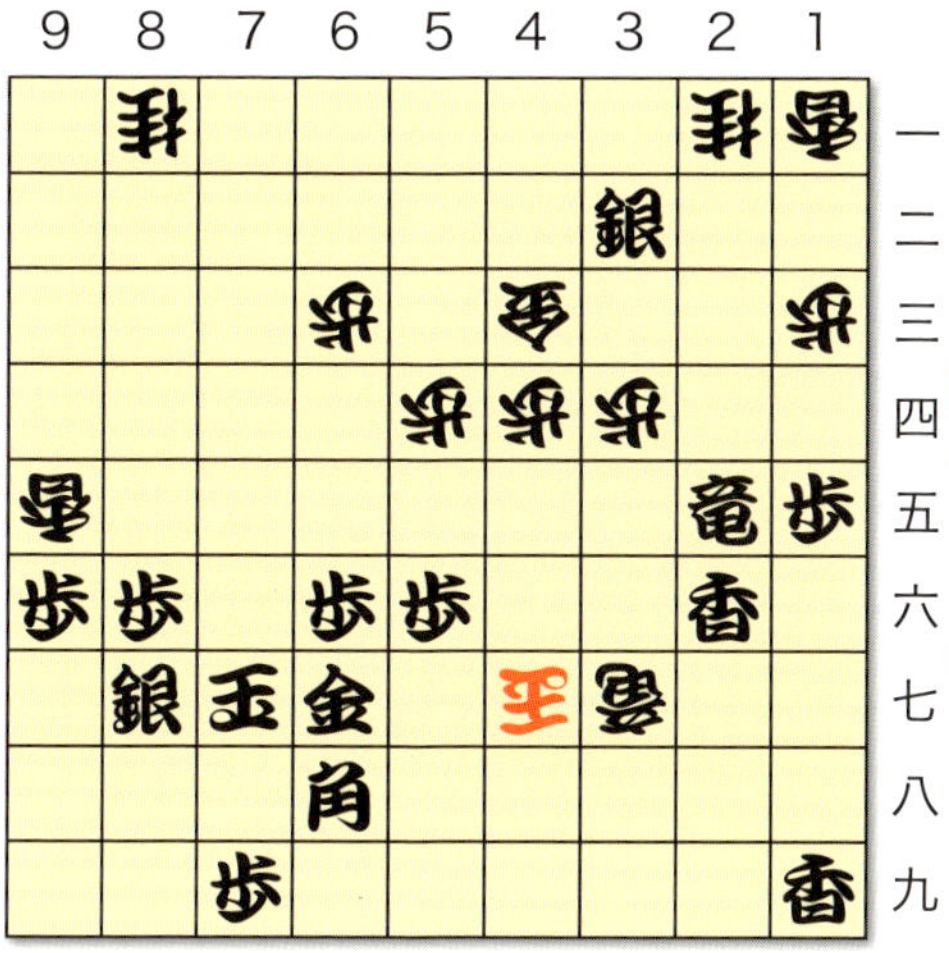

▲高橋 持駒 金歩歩

試してみよう!

詰将棋 NO.4 3手詰

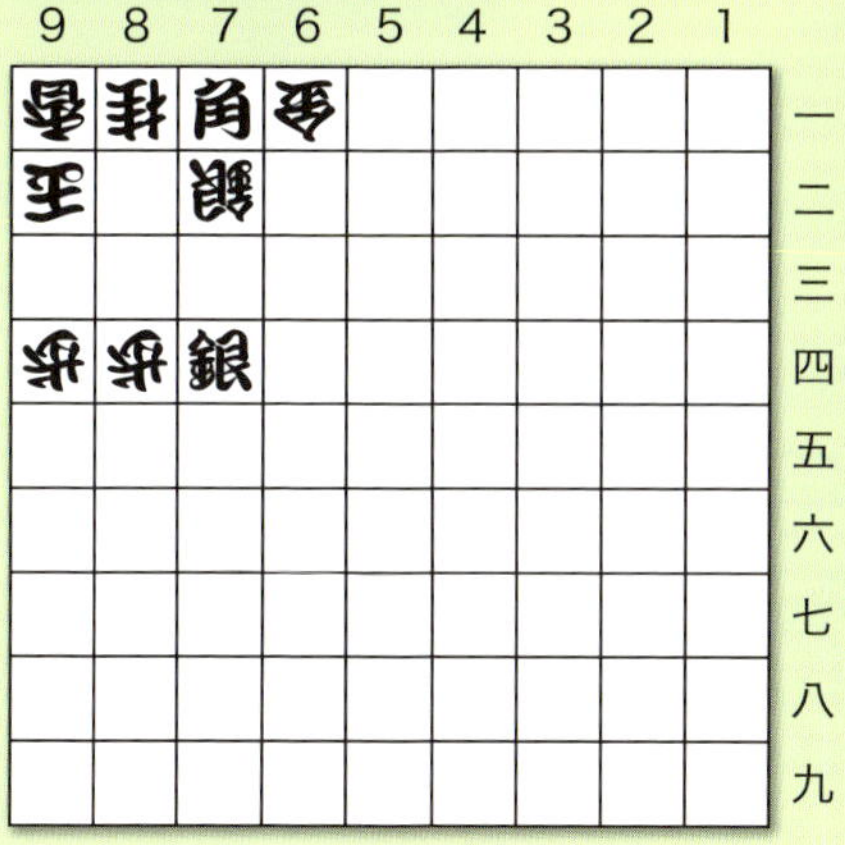

▲先手 持駒 金

解答は 126 ページの解答欄にて

最も基本となる寄せの手段というのはあるのでしょうか？

QUESTION 33

簡単な決め手が目の前に
上手から思わず、待った！

“玉は下段に落とせ”

これは玉の寄せ方において、もっとも基本的かつ重要な考え方です。

第1図は△5五桂まで

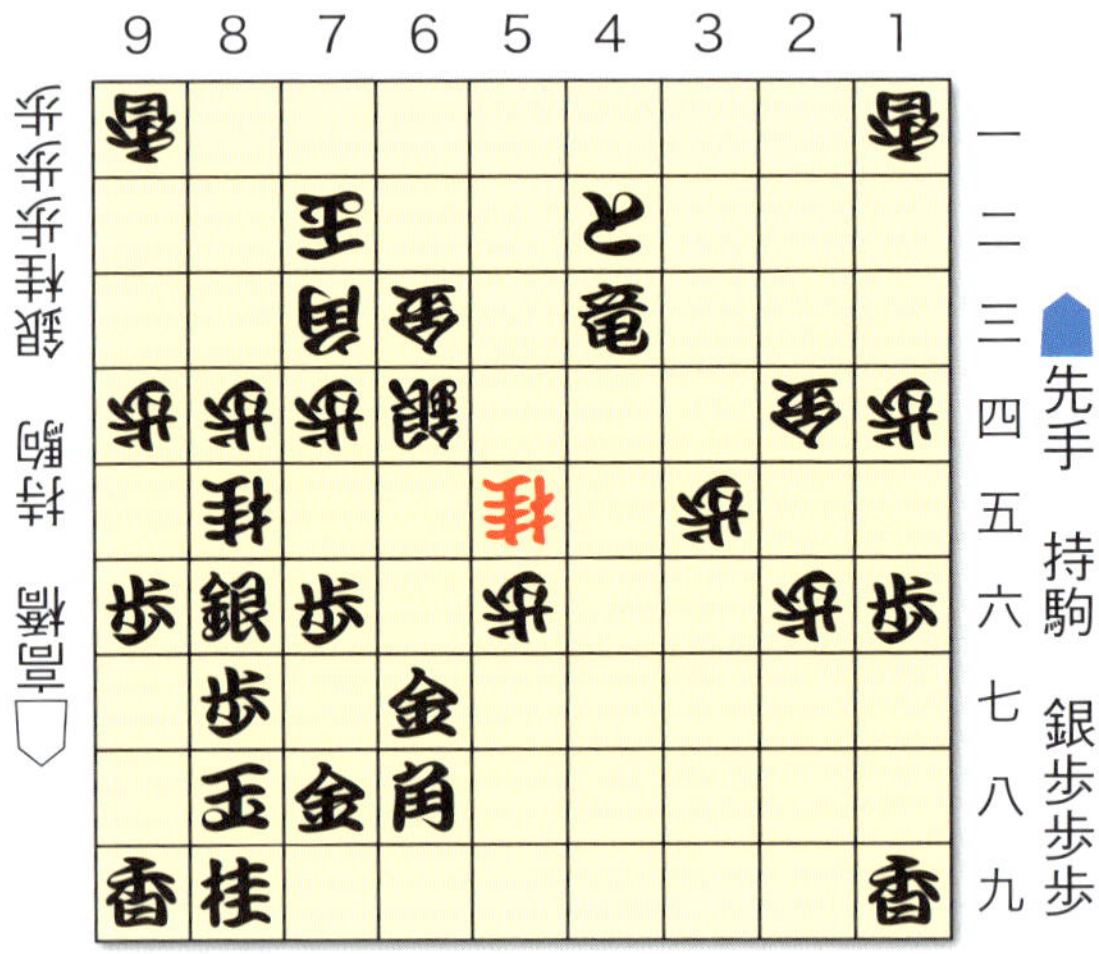

A図は△6二歩まで

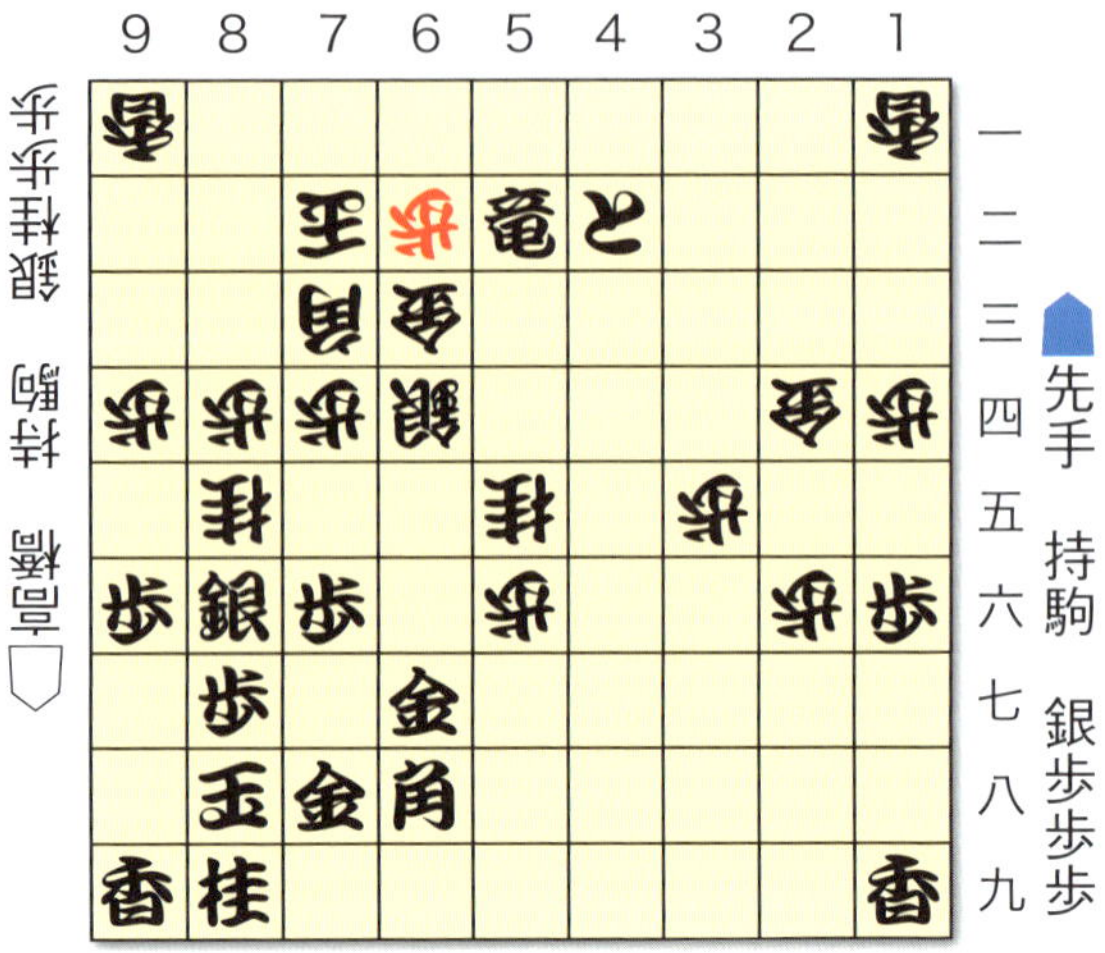

これを実際に、実戦で指せるようになれば、しめたもの。玉が断然捕まえやすくなります。第1図は、私と生徒さんとの指導将棋で、飛車落ち戦です。

下手がうまく攻めて、勝利目前。ここで生徒さんが▲5二竜と指しそうになったのですが…。

ANSWER 33 玉は下段に落とすようにするのがコツ！
寄せの戦術として、一番の基本です

玉は下段に落とせ
寄せの基本は大切に

ここで、思わず私から〝待った！〟。▲5二竜と入っては、△6二歩（A図）と受けられ、上手陣が固まって、いっぺんにむずかしくなってしまいます。

新たに考え直してもらった一手は？第1図での正着は▲6一銀（第2図）。これで決まりです。

玉を格好つけてむずかしい手順によって寄せようとする必要はありません。こうした基本の寄せが大切なのです。

第2図は▲6一銀まで

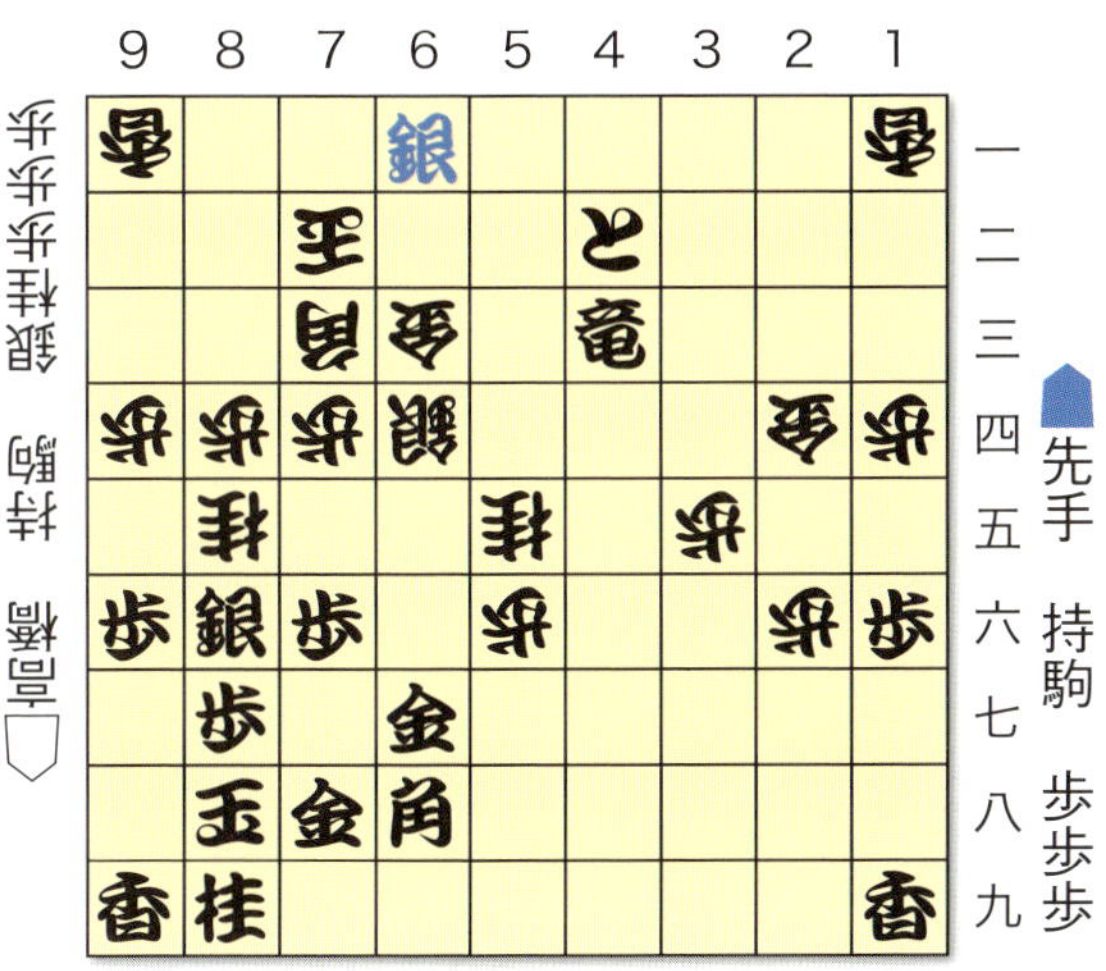
△上手 持駒 銀桂歩歩歩
▲先手 持駒 歩歩歩

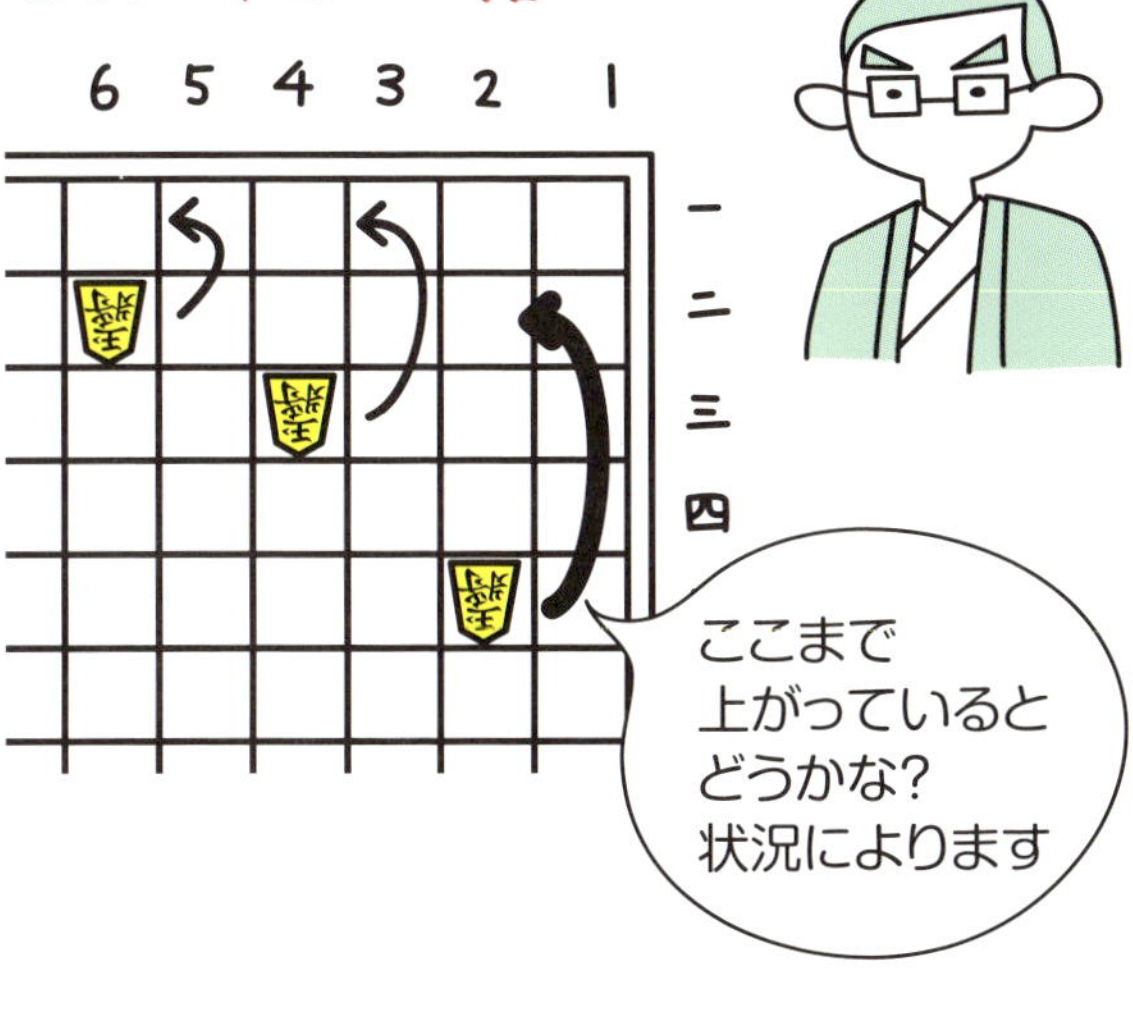
玉は下段に落とせ！
ここまで上がっているとどうかな？状況によります

一生懸命に玉を捕まえようとしても いつもスルッと逃げられてしまいます

QUESTION 34

玉は一方から攻めるだけでは反対側にどんどん逃がす

玉は片側からどんどん追えば、当然、反対側にどんどん逃げます。

そのような攻め方をしてしまうと、なかなか玉を捕まえられず、終盤が延々と長く続く羽目になります。

そんなときにポイントになるのが、はさみ打ちの寄せです。

左右から攻めれば、玉は逃げる場所がなくなり、たちまち御用になります。

第1図の局面は、香得の上に竜と馬を作っている先手が優勢です。

ここからはさみ打ちの手筋を使って、寄せに入ります。

第1図での次の一手は、▲7二歩。

△同金と取れば▲7五竜と出て、△7三角に▲7四香や▲6五桂とし、駒得が拡大して先手がさらに十分です。

よって▲7二歩には、△6一金とかわしますが、そこで▲8一竜と突っ込みます。

これで竜と馬による挟撃の雰囲気が出来てきました。

竜を活用して、寄せに働く形にした後は、次は馬の出番です。

第１図は△5五角まで

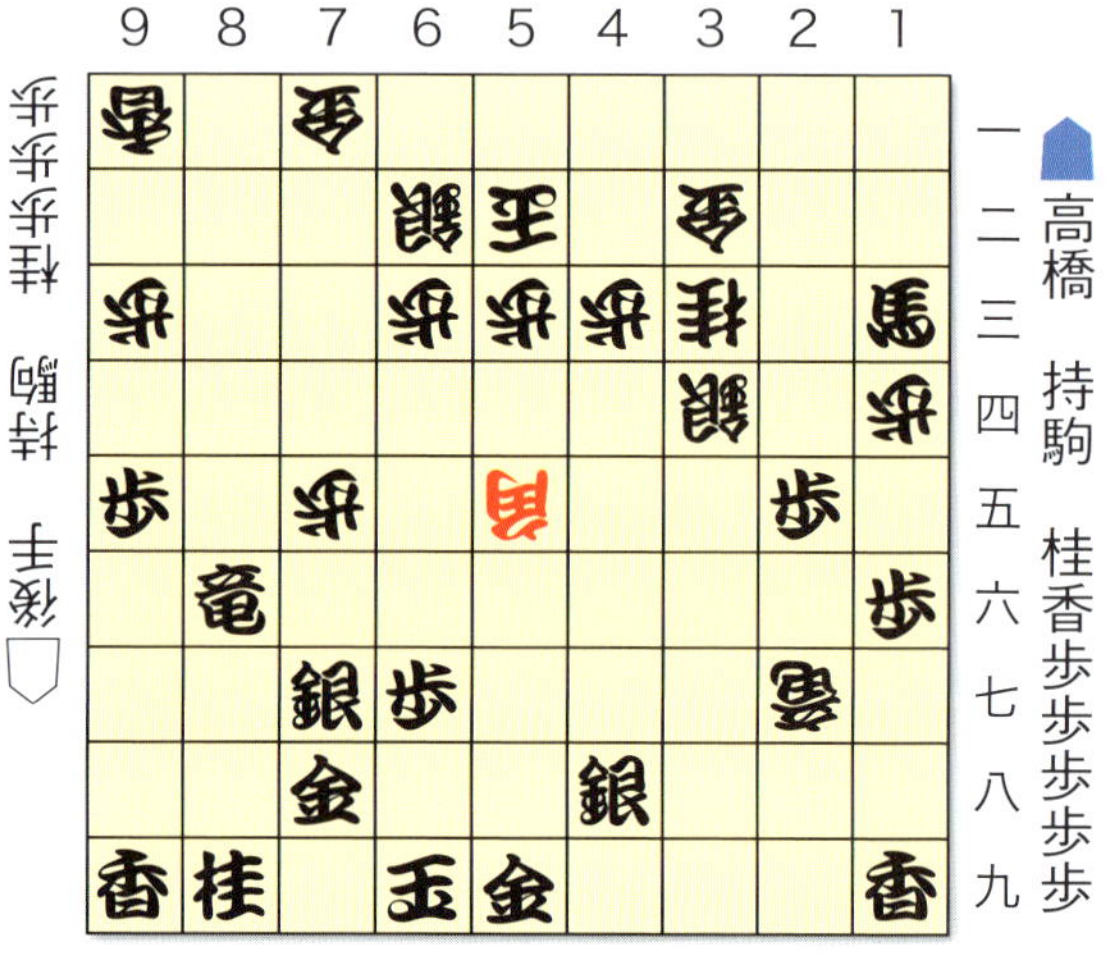

ANSWER 34 一方から迫るだけでは逃してしまいます！ はさみ打ちでいくのがいいでしょう

両側から絞るように迫る 玉を逃さないコツ

▲8一竜から、△7六歩▲6六銀△1九角成▲2四桂△4二金▲3一馬（第2図）と進みました。

第2図は▲3一馬まで

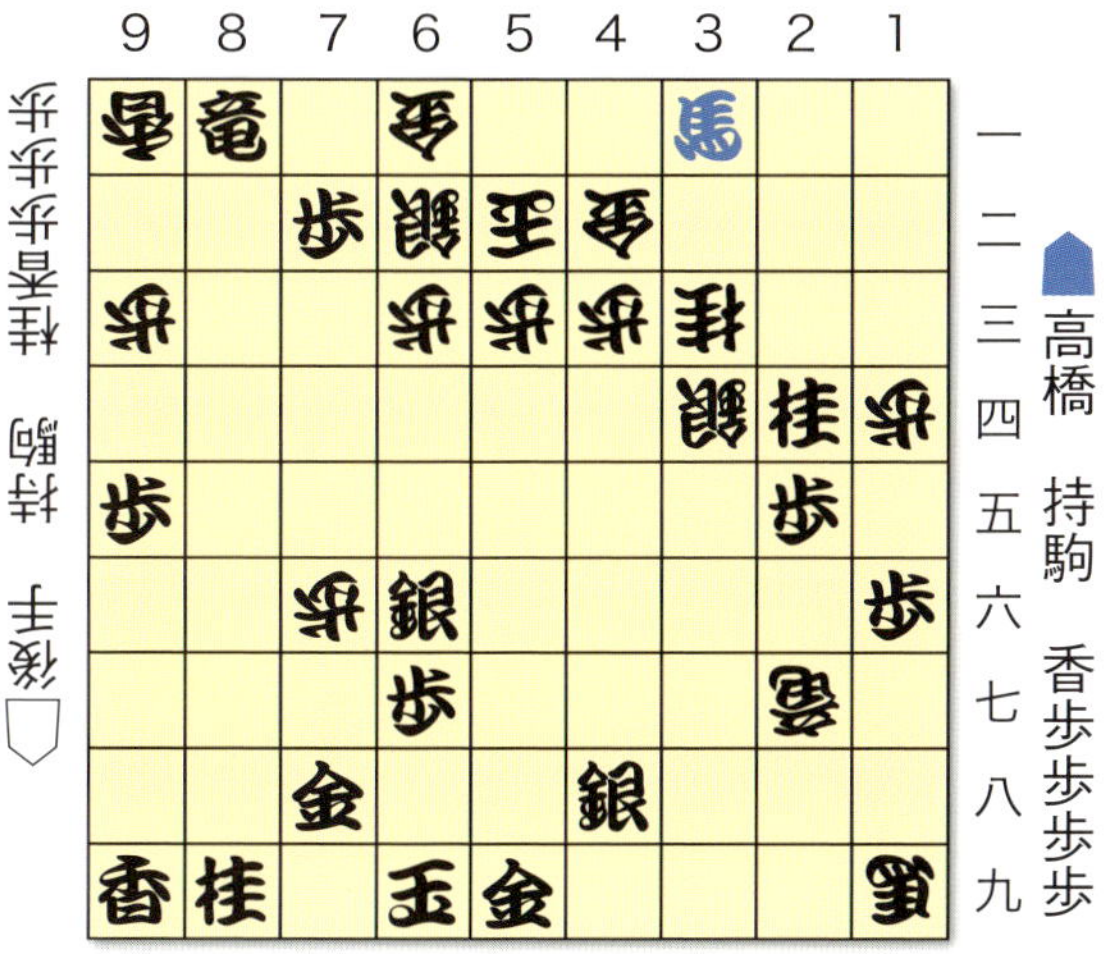
▲高橋 持駒 香歩歩歩歩
△後手 持駒 桂歩歩歩

第2図では、次は▲4二馬△同玉▲6一竜の順があり、△5一金と守っても、▲3二桂成して、休まずに攻め手が続きます。**厳しいはさみ打ちの寄せに、第2図でたまらず後手投了**です。

このように両側から絞るように迫ると寄せがうまくいきます。

試してみよう！

詰将棋 NO.5　5手詰

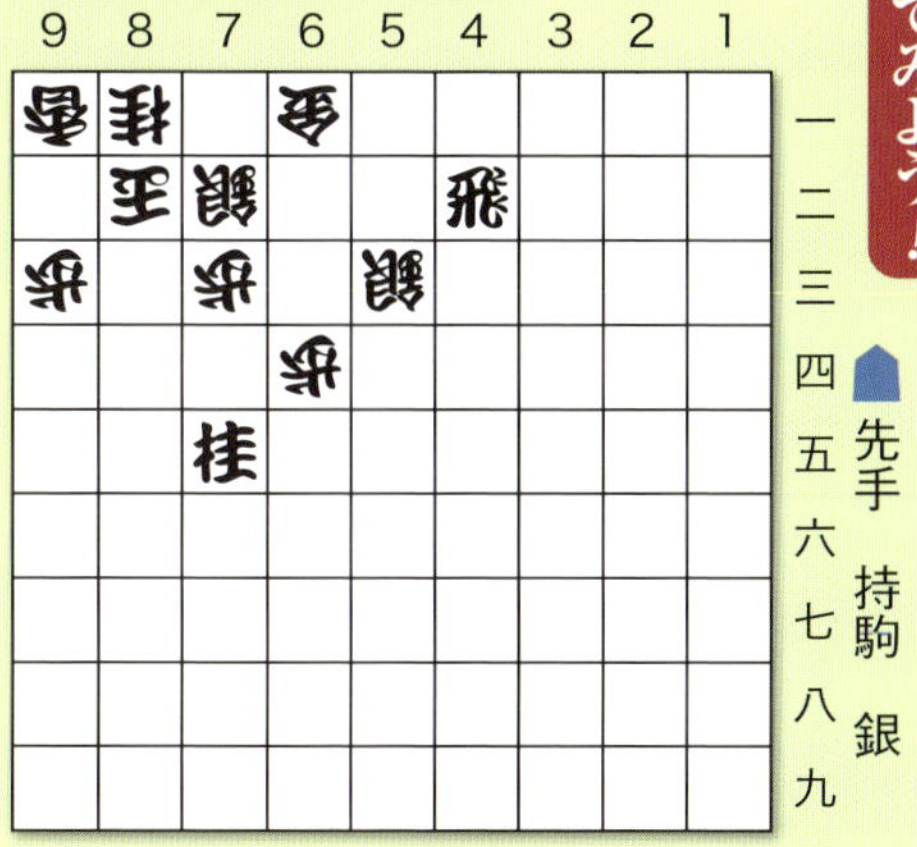
▲先手 持駒 銀

解答は126ページの解答欄にて

玉を目指して直接攻めるのが一番いい寄せ方なのでしょうか?

QUESTION 35

守備駒をはがすほどに寄せがとても容易になる

玉に迫っていくひとつの方法として、守備駒をはがすのが、効果的になるケースも多いものです。

裸玉の状態にまで持ち込めば、捕まえるのが、とても容易になります。

玉を捕まえるのが苦手な人は、玉に直接迫ろうとしすぎているかもしれません。守備駒が健在では、攻略も大変。

ターゲットを、玉から守りの金や銀に変えてみるといいでしょう。

第1図の両軍に注目してください。

守備駒の数が歴然としており、それだけで先手優勢と分かります。

後手玉は、元は金銀三枚△2二玉形の堅固な矢倉城でしたが、攻めに攻めて大きく崩すことに成功しました。

第1図は△6四銀まで

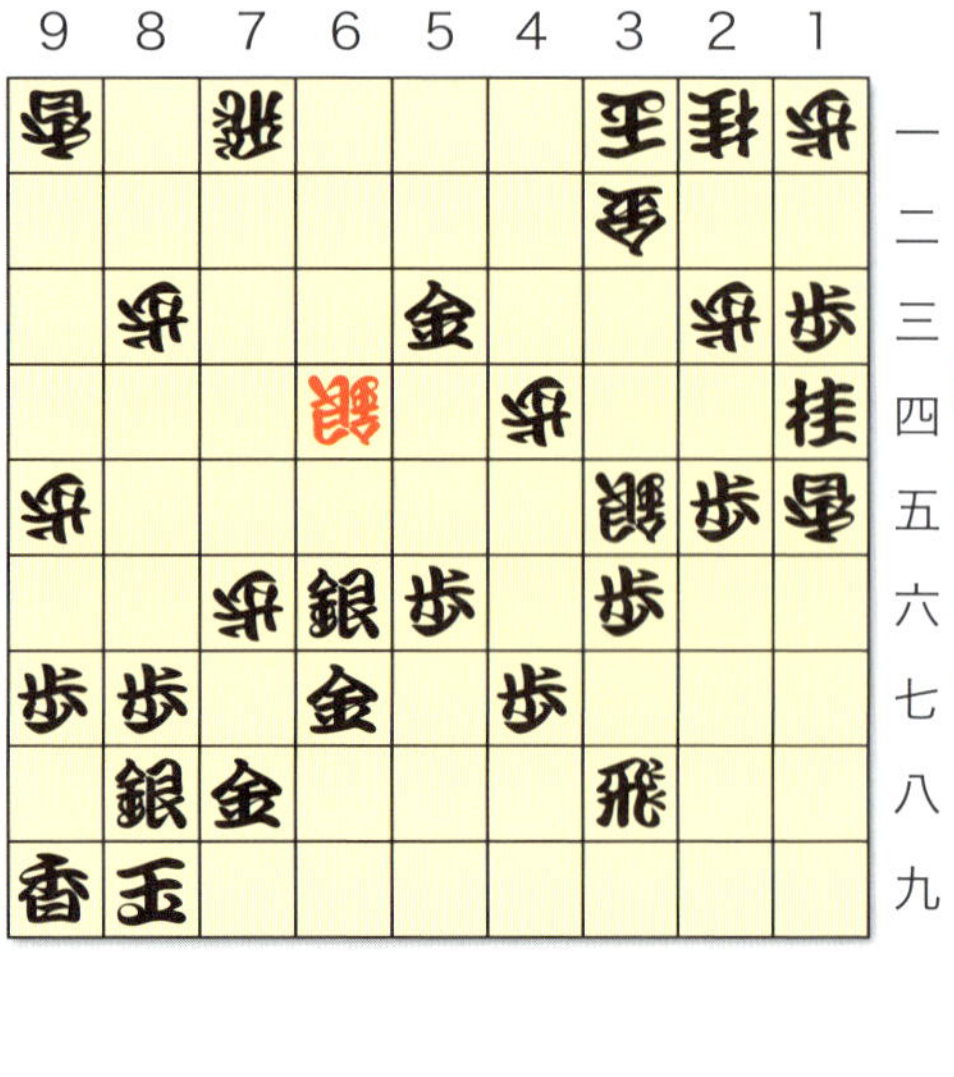

後は、後手玉をどう寄せるか。

▲6二金や▲6三金などの手が見えますが、後手玉に近い▲5三金形が好位置なので、なるべくこの金は動かさずに攻めたいところです。

実戦は第1図から、▲8二角△7四飛▲6四角成△同飛▲4三銀(第2図)。

ANSWER 35

ターゲットは玉から守りの金や銀へ
守りの力を弱めれば、寄せは簡単

好位置の金の形をキープして後手の裸玉を寄せ切る

飛銀両取りの▲8二角から、角銀交換もいとわずに▲6四角成と切って、▲4三銀と打ちこみます。

第2図は▲4三銀まで

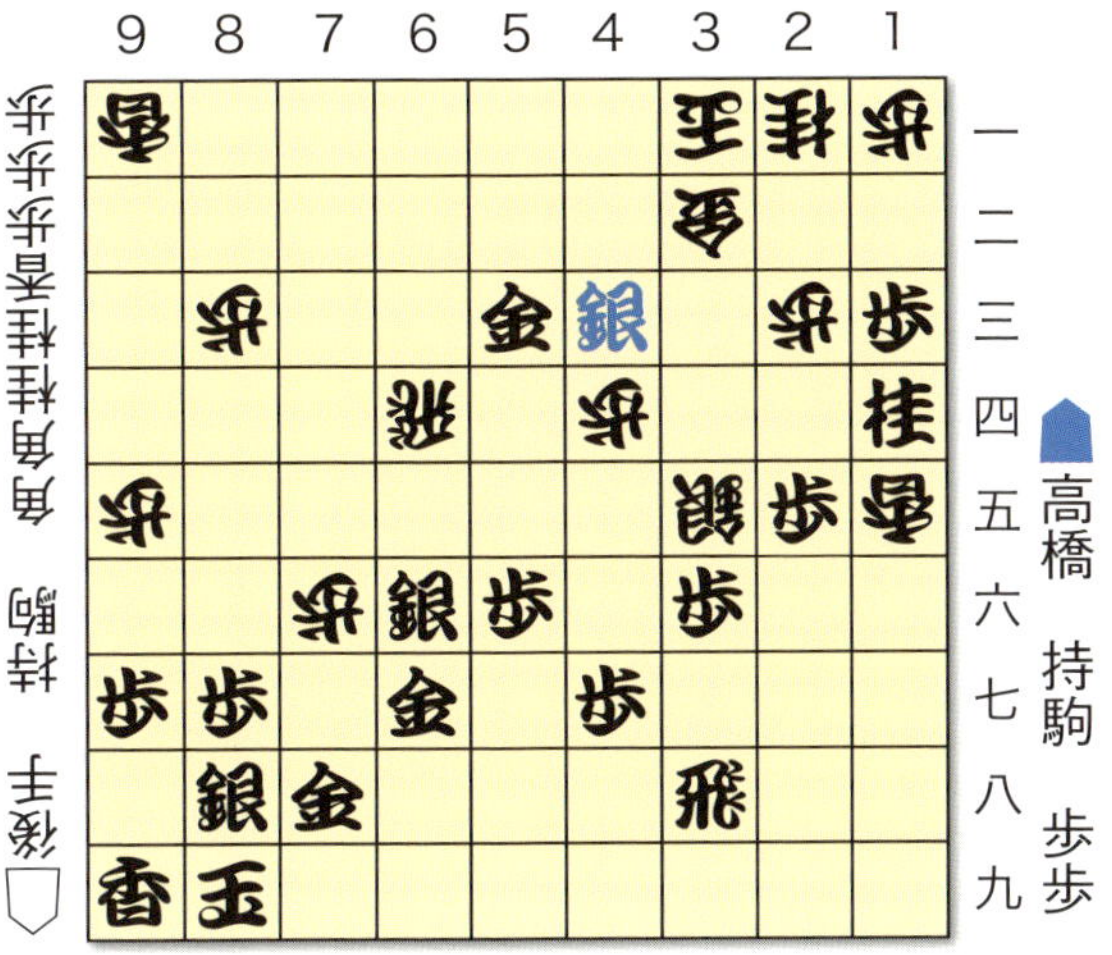

第2図となって、寄せの態勢に入りました。この場合、**△3二金に対して働きかけるのが、いい指し方になります。**

第2図以下、△6一角▲3二銀成△同玉▲3五歩△2五角▲3四歩（**第3図**）と進んで後手投了。守りの駒が盤上から消えてしまった後手に受けはありません。

第3図は▲3四歩まで

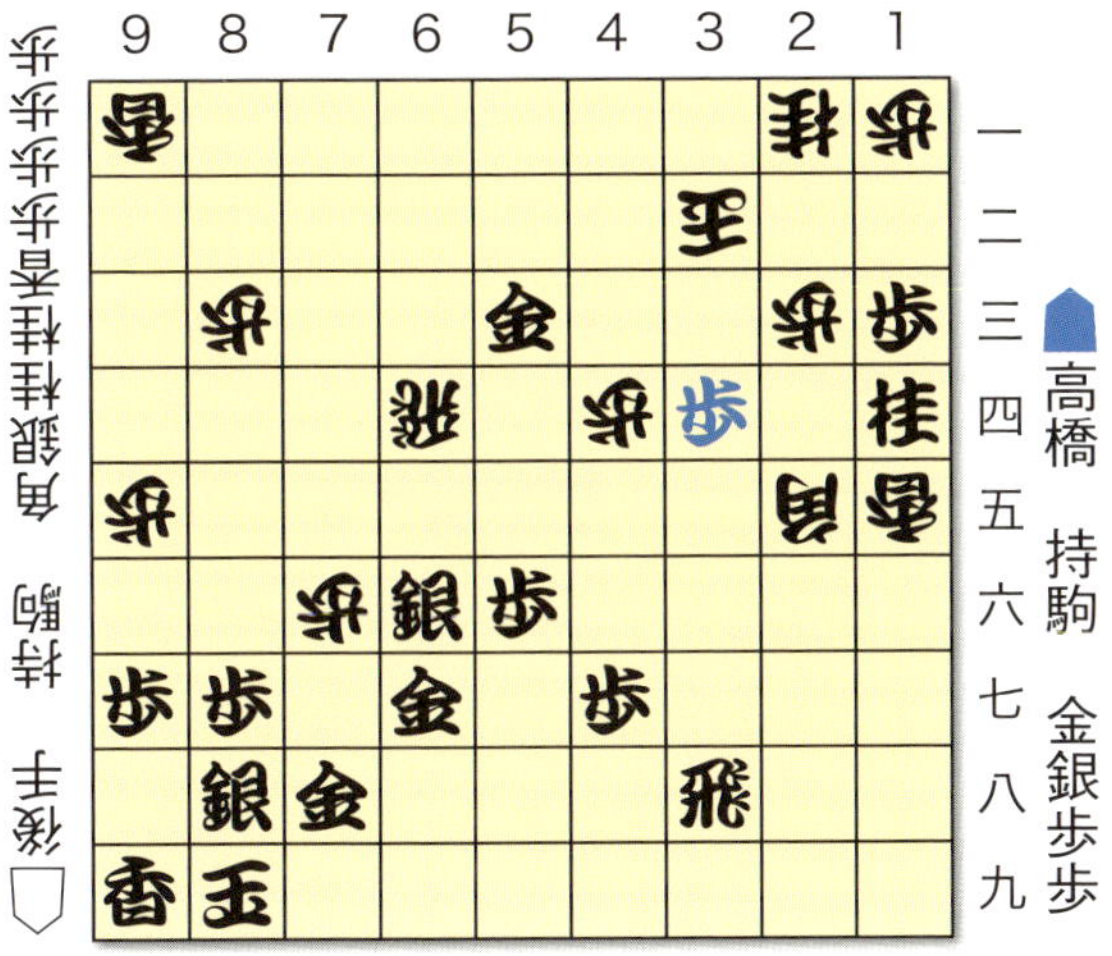

自分の玉と相手の玉、どちらの詰みを先に読んだらいいでしょうか？

QUESTION 36-1

相手の玉だけ見るのが級位者
両方の玉が見えたら有段者

級位者のうちは、相手の玉の詰みを考えるので精一杯と思います。

初段ともなれば、やはり自玉の詰みもしっかり読めるようになりたいものです。両方の玉の詰み筋を把握した上で、**速度計算ができるようになると、さらに高いレベルになります。**

横歩取りから、激しい寄せ合いに突入したのが第1図です。

ここでまずは、自玉の状態を確かめます。次に△3九飛成と銀を取った手が、詰めろになるかどうか。

△5九竜▲同玉の形が、後手に金金の持駒なら詰みですが、金銀では詰みません。よって先手は、一手指しておいて、△3九飛成ときたときに、詰めろを掛ければ勝ちになる。

これが速度計算です。

なお、第1図で弱気に▲4九金と受けるのは、△4八桂成の好手であって、後手の攻めが逆に速くなってしまいます。

ここでは受けの手を考えている場合ではありません。

第1図は△2九飛まで

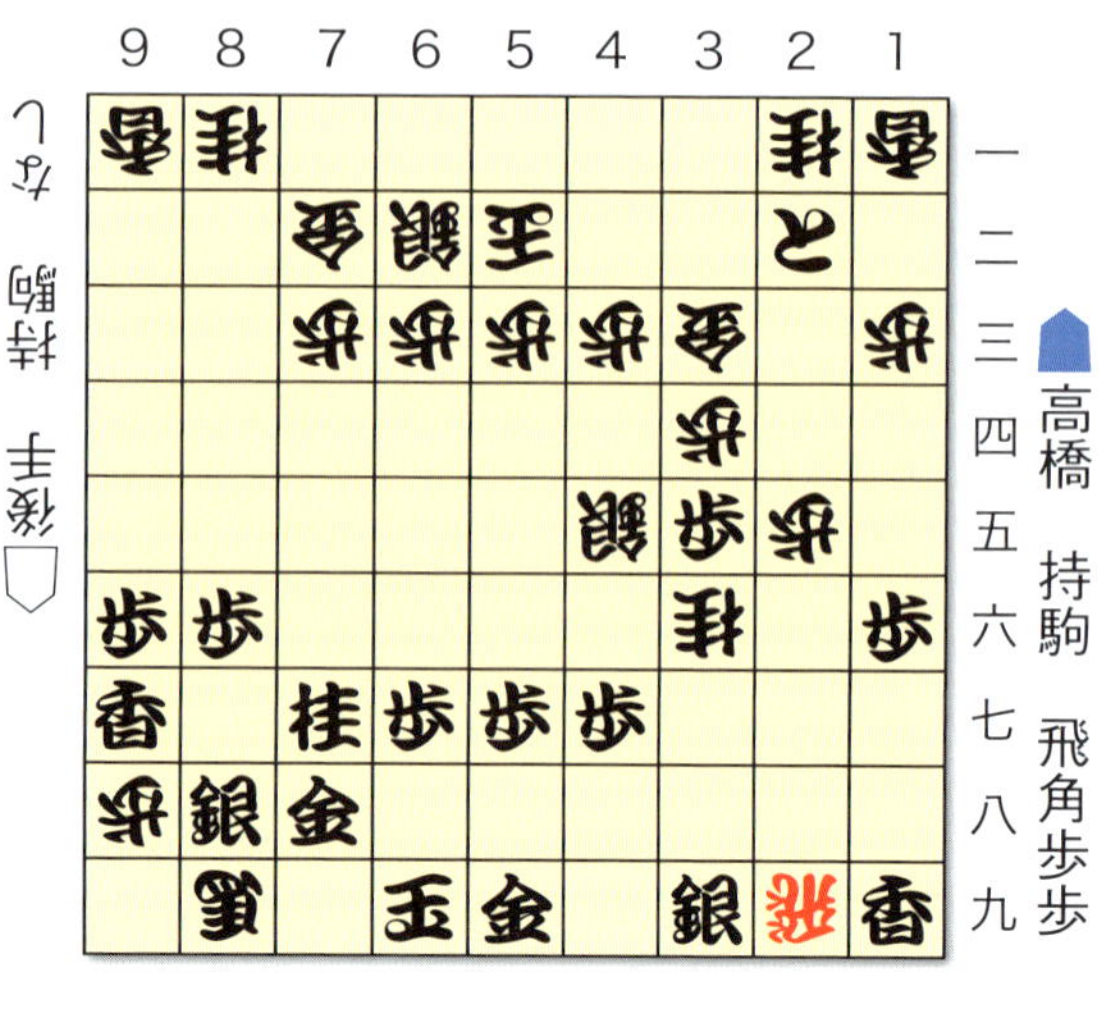

ANSWER 36-1 まず自玉の詰み筋を考えよう! それに相手玉への寄せ筋を合わせます

正確な速度計算によって明快な一手勝ちを得る

第1図以下、▲3一飛△5一銀▲3四歩△同銀▲6五桂△6二金▲3二と△3九飛成▲4二角（第2図）と進みました。

第2図は▲4二角まで

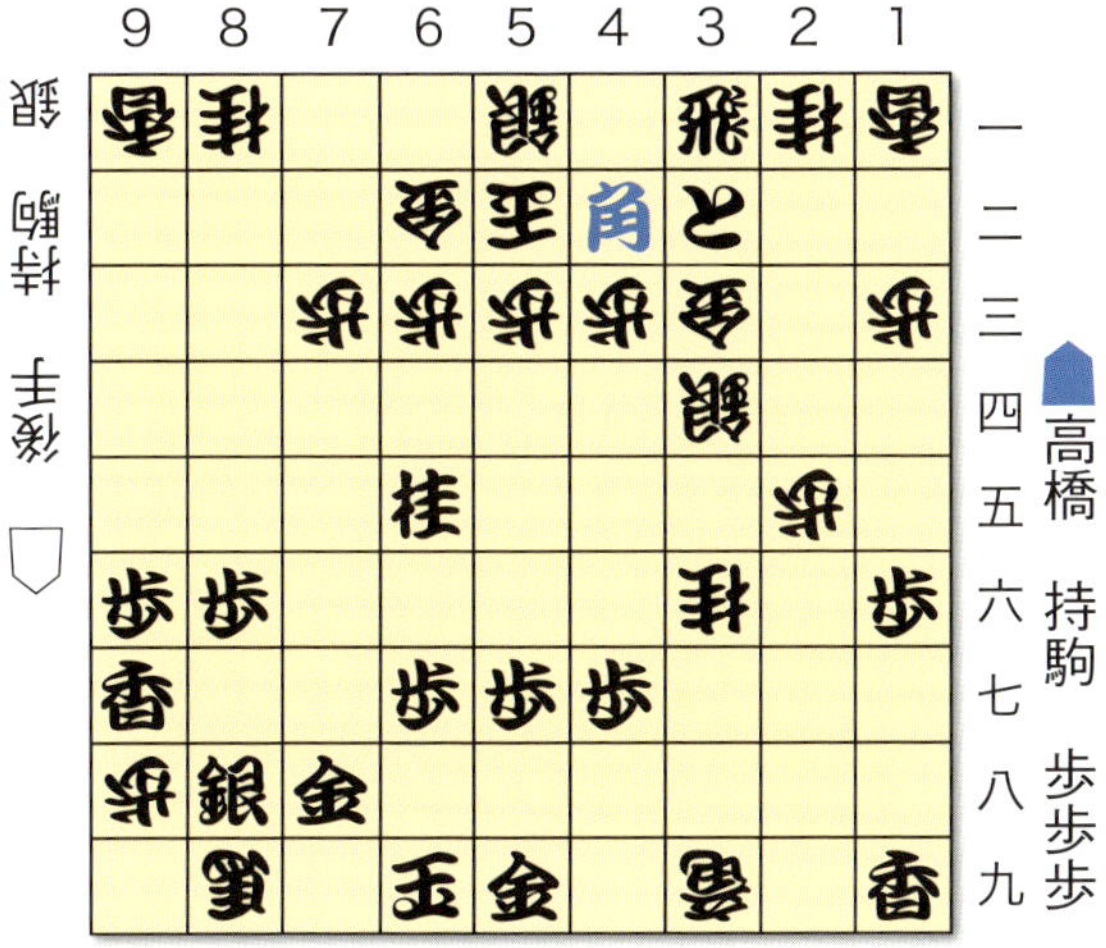

9 8 7 6 5 4 3 2 1
一 二 三 四 五 六 七 八 九
後手 持駒 銀
▲高橋 持駒 歩歩歩

▲3一飛に△3九飛成は、▲6一角△4二玉▲7二角成で先手勝ち。第2図へと進み、△4二同銀は▲4一飛成まで。後手は受けなしです。△3九飛成の瞬間に詰めろでいく。自玉の詰みの有無をしっかり見据えた上での勝利でした。

試してみよう!

詰将棋 NO.6 7手詰

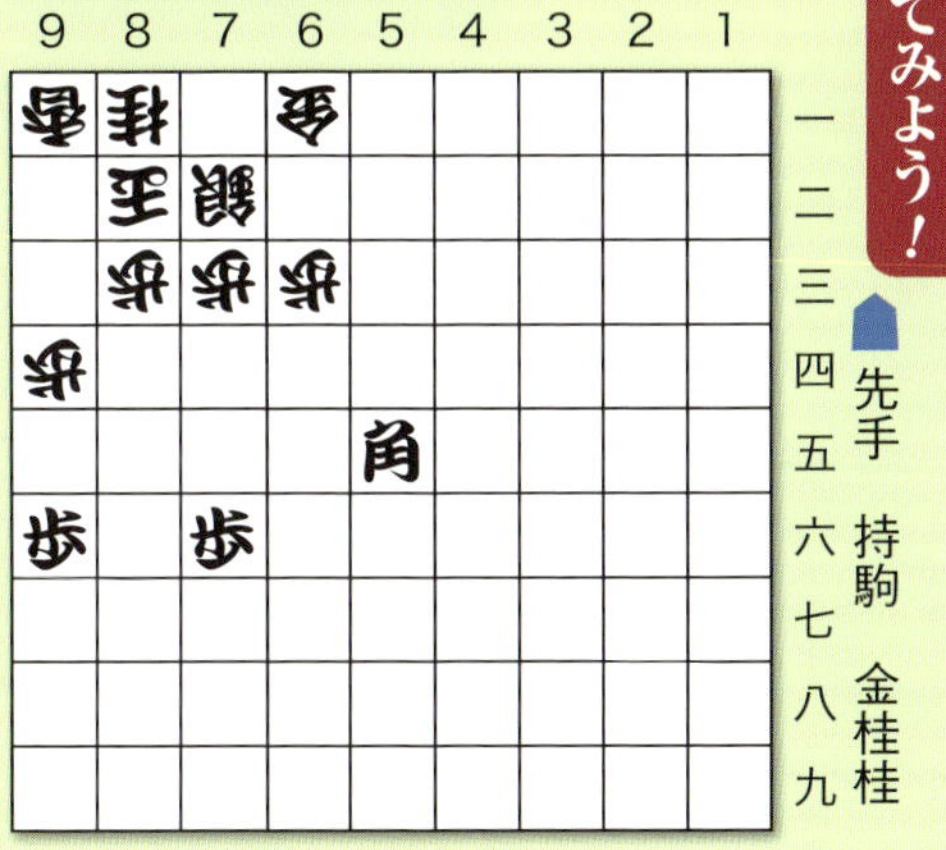

9 8 7 6 5 4 3 2 1
一 二 三 四 五 六 七 八 九
▲先手 持駒 金桂桂

解答は126ページの解答欄にて

自玉が少しでも攻められると すぐに詰まされそうでこわいです

QUESTION 36-2

詰むや詰まざるやの先手玉
勇気を持っての決断が必要

急所の△5六桂を打たれた第1図は、前ページまでの①よりも、先手玉はさらに厳しい状況です。

第1図は△5六桂まで

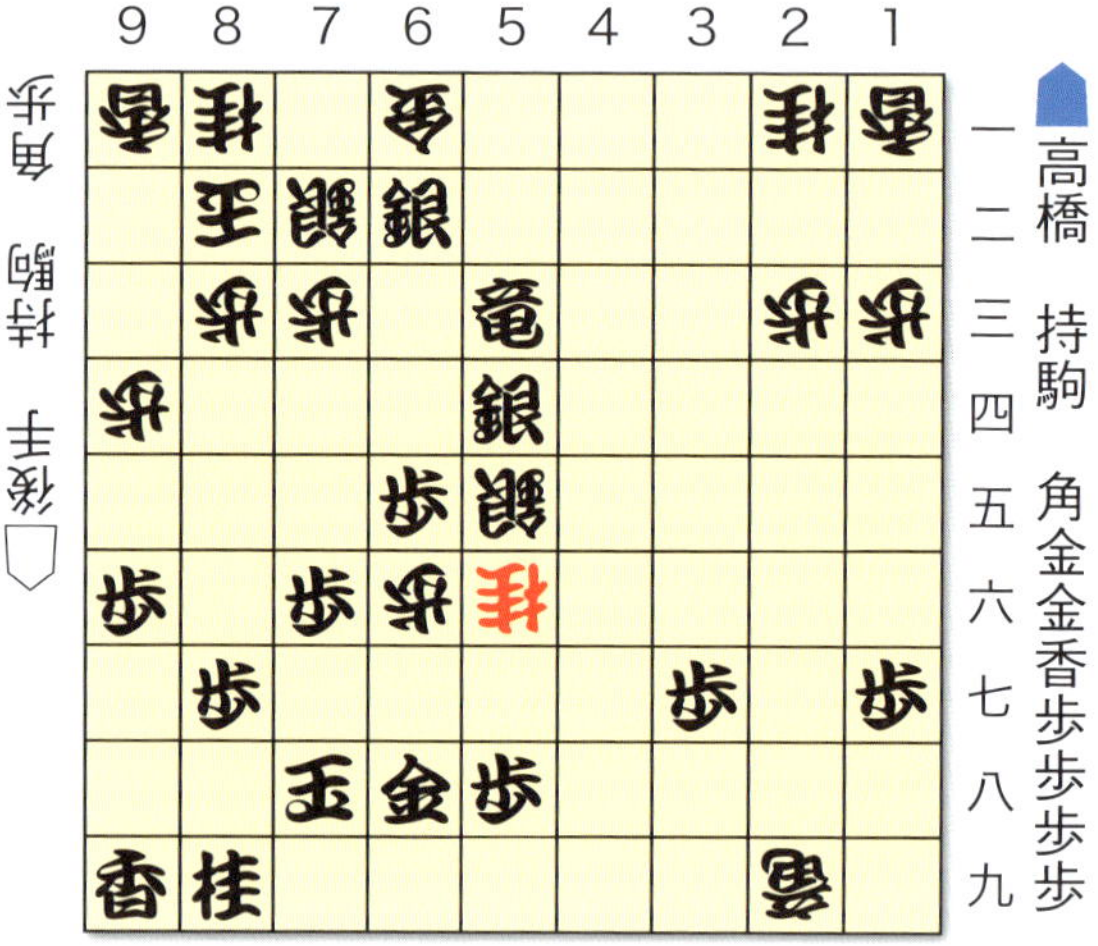

A図は▲7二金まで

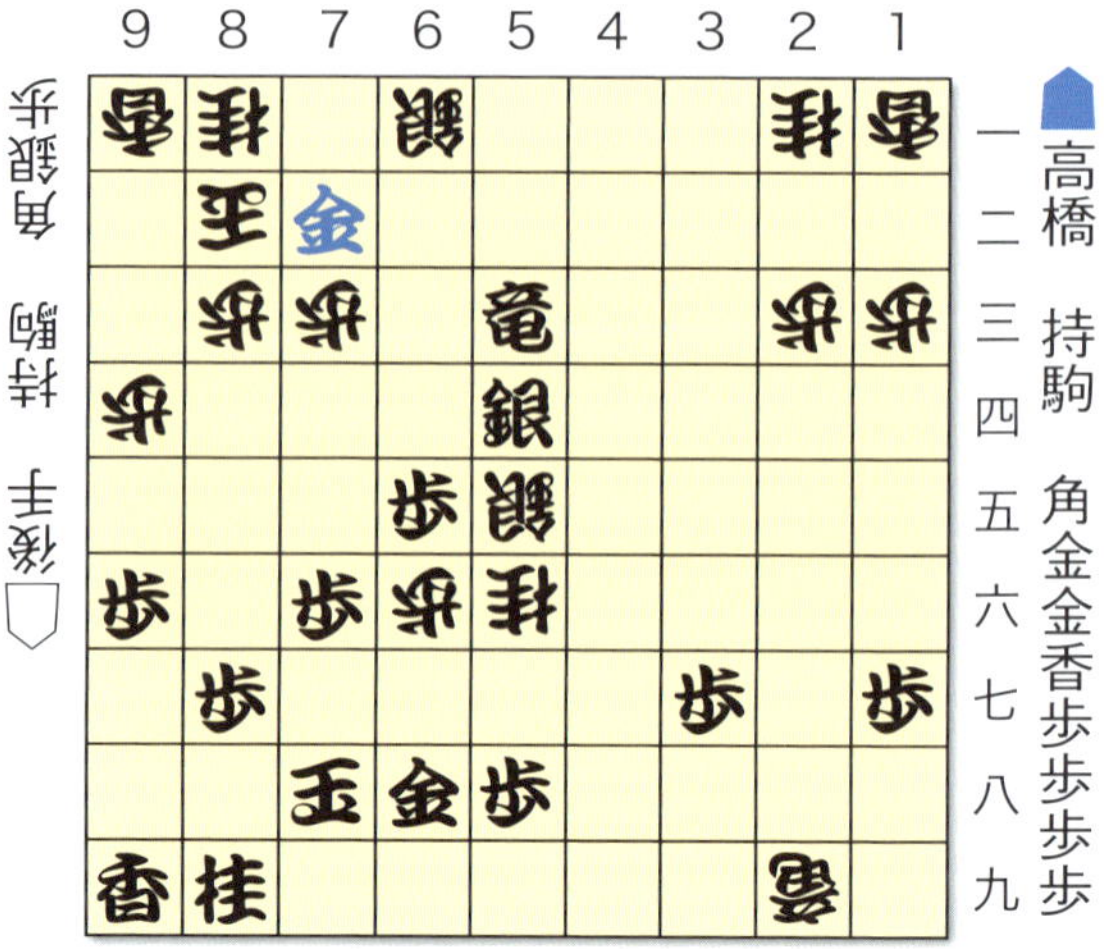

先手玉はまさに詰むや詰まざるや。

この対局時は、両者30秒の秒読みになっていて迷っている暇はありません。

意を決して指した一手は▲6一銀不成。対して△同銀と取れば、▲7二金（A図）の好手があって、後手玉は詰みになります。問題は先手が詰むかどうか。

恐れを捨てて自玉の詰みを読もう!
しっかり読めば意外と詰まないときも

王手の嵐をかいくぐり うまく玉を捌いて逃げ切る

第1図以下、△6八桂成▲7七玉△7九竜▲8六玉△8五金▲同玉△8四歩▲8六玉△8五歩▲7五玉△7四歩▲8五玉（第2図）と進んで、どうやら逃げ切りました。やや長手数ですが、プロはこれくらいの手順であれば、**30秒将棋でも十分に読み切れます。**

第1図で王手のラッシュが恐いからと▲7一角と打っては、△同金▲同銀不成△9三玉でダメ。余計な王手は禁物です。

第2図は▲8五玉まで

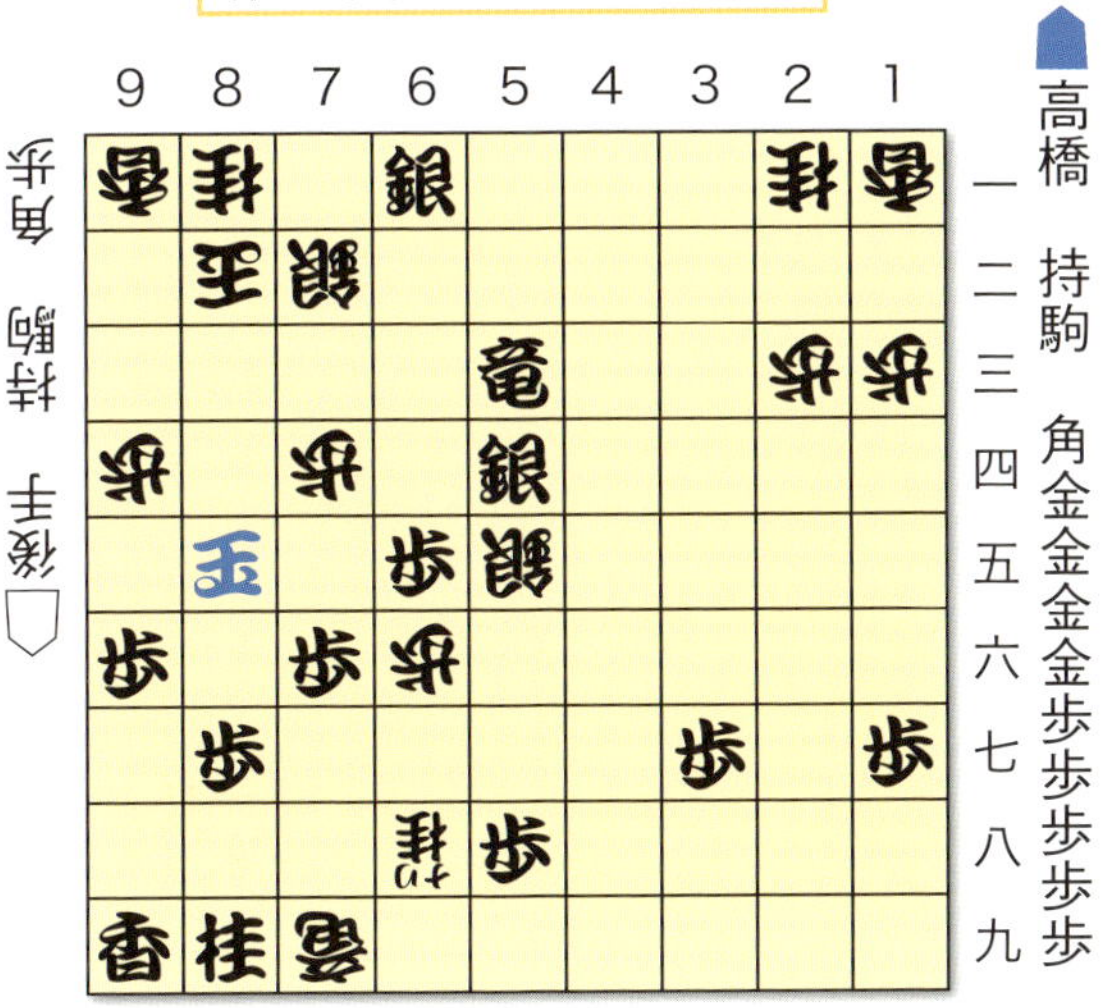
▲高橋 持駒 角金金金歩歩歩歩歩
△後手 持駒 角歩

しっかり読めば道はある!
読んだぞ! 相手の攻めに詰みはない!

将棋の醍醐味はどのようなところにあるのでしょうか？

QUESTION 37

詰めろ逃がれ詰めろの角上がりで逆転勝利

詰めろの手に対し、それを防ぎながら逆に詰めろを掛けるのが、詰めろ逃がれ詰めろ。スリル満点で、将棋の一番面白い場面でもあります。

第1図は▲2三竜まで

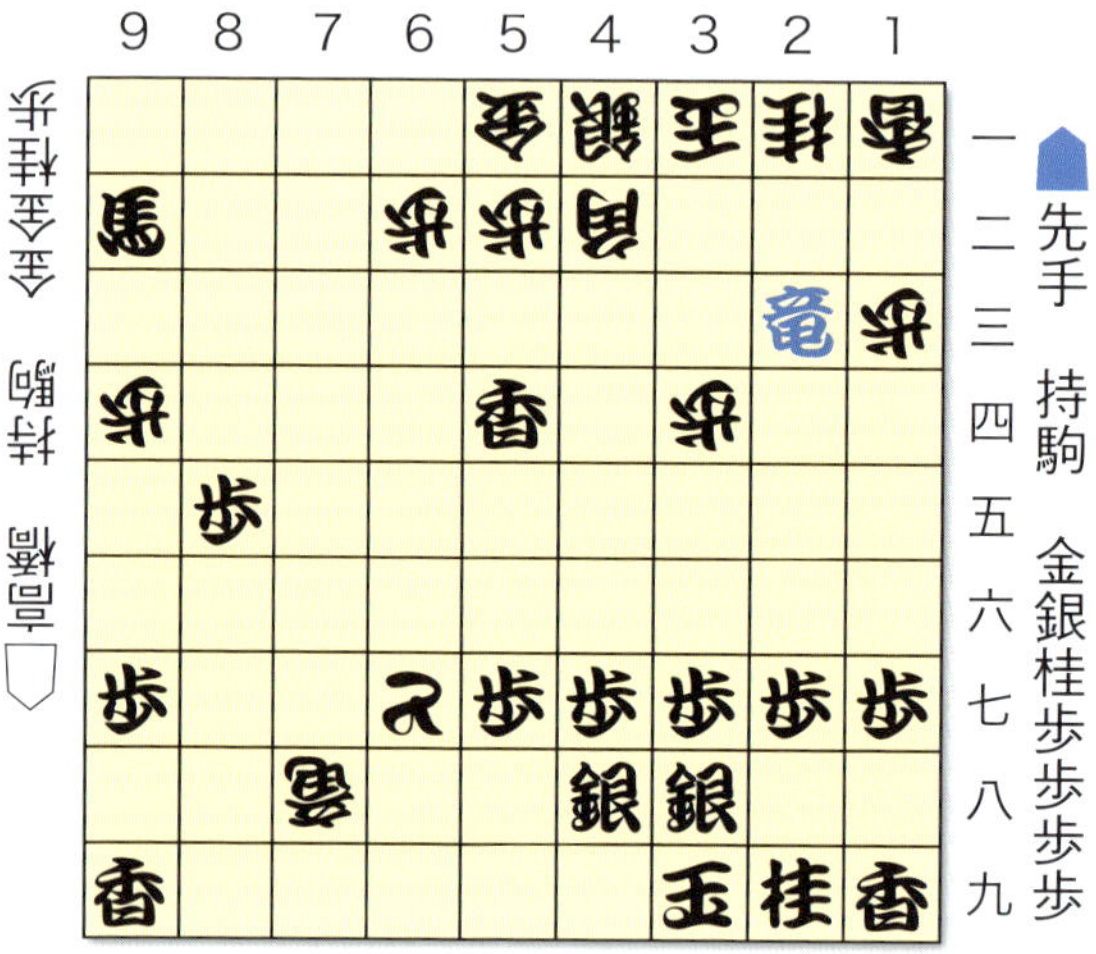

第1図は、私の練習将棋でのひとコマで、後手の私は大ピンチ！

以下△3三角▲4三桂△4二玉▲5一桂成△4八竜▲同玉△5七と▲同玉△4五桂（第2図）と進んで、後手逆転勝ちになりました。

第2図は△4五桂まで

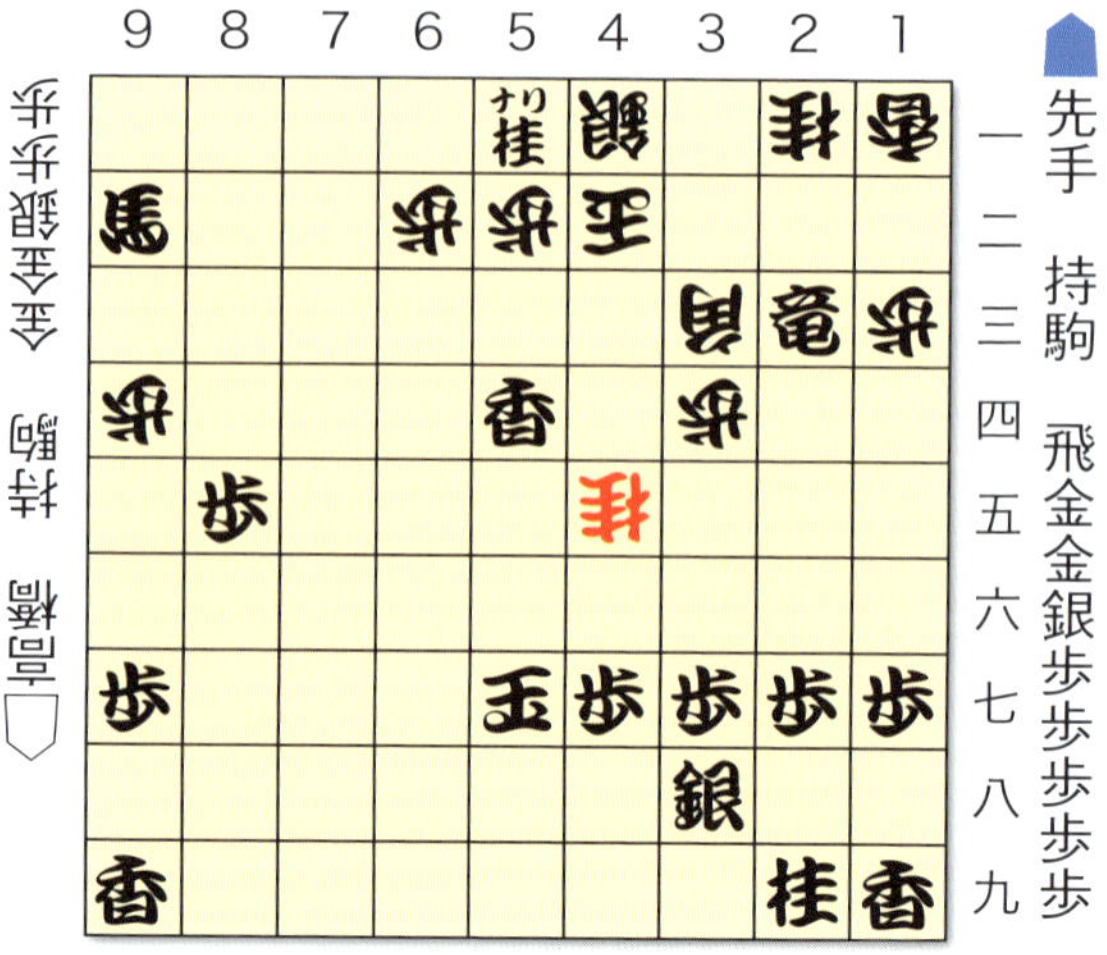

ANSWER 37 詰めろ逃がれ詰めろの必殺技で勝つ!

スリル満点の終盤戦を楽しみましょう

A図は▲4四金まで

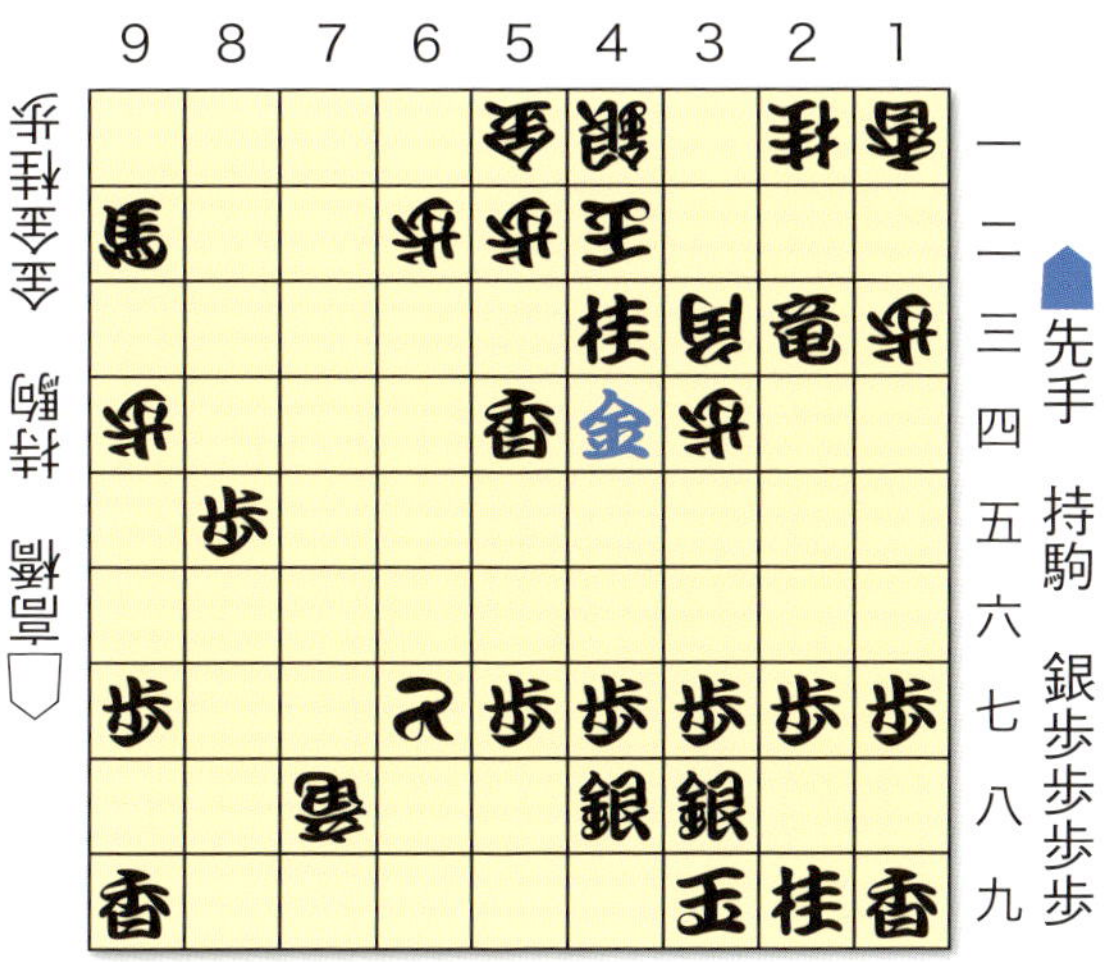
▲先手 持駒 銀歩歩歩

将棋の一番の醍醐味 詰めろ逃れ詰めろ合戦!

ひょいと上がった△3三角が詰めろ逃れ詰めろだったのです。

これで後手の勝ち筋かと思いきや、局後の感想戦で先手の妙手順が判明！ **第1図**での△3三角には、▲4三桂△4二玉に▲4四金（A図）の絶妙手があったのでした。

角筋を止めれば、先手玉への詰めろが消え、後手玉は何と必死に。

▲4四金は、**詰めろ逃れ詰めろ返しの詰めろ逃れ詰めろだったわけです。**

詰めろ 逃れ 詰めろ
これが将棋の醍醐味ですね
この一手こそ!

終盤戦を乗り切る

大事な考え方を教えてください

QUESTION 38

王手が掛からないと薄い玉形でも相手は安心

終盤戦のひとつの大事な戦い方を伝授しておきましょう。第1図は、角と銀二枚の交換で、先手が十分に指せる形勢です。

第1図は△5六馬まで

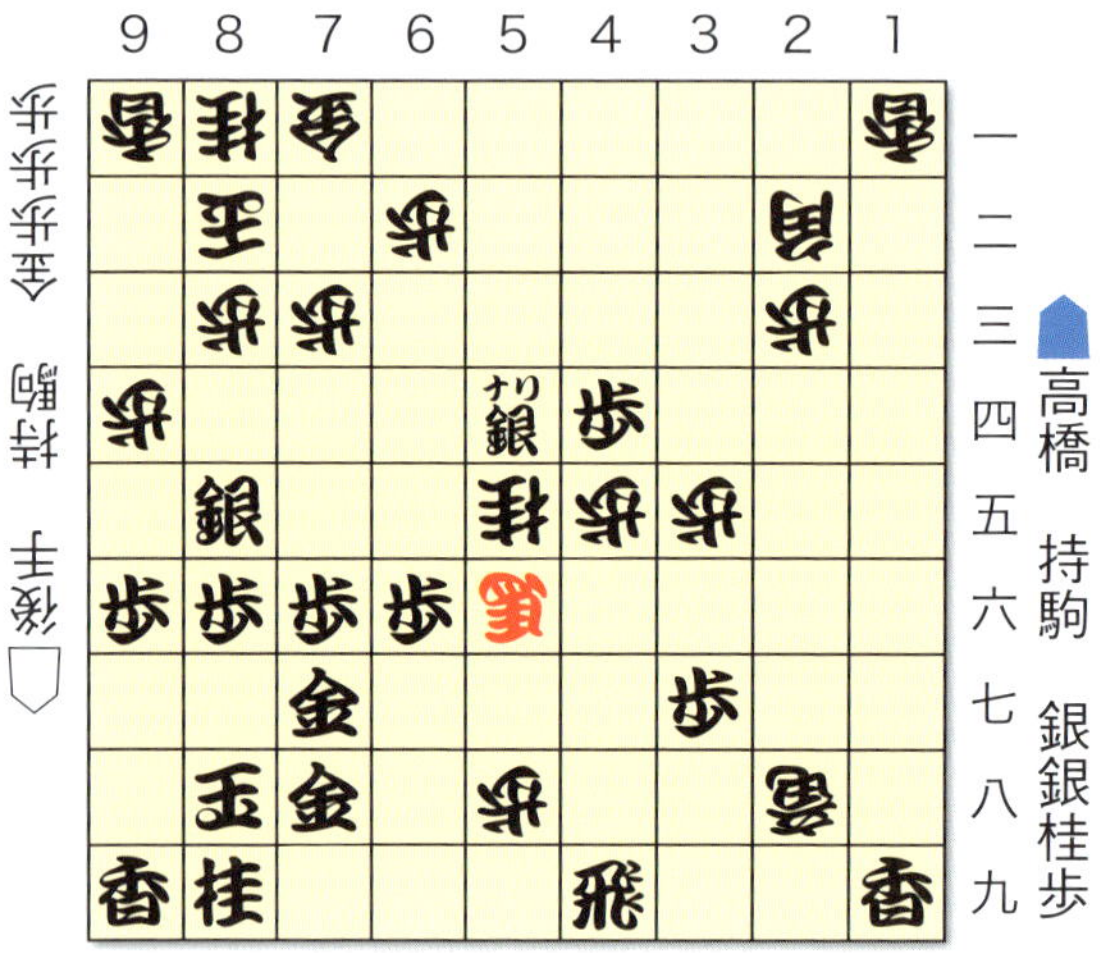

第2図は▲7五桂まで

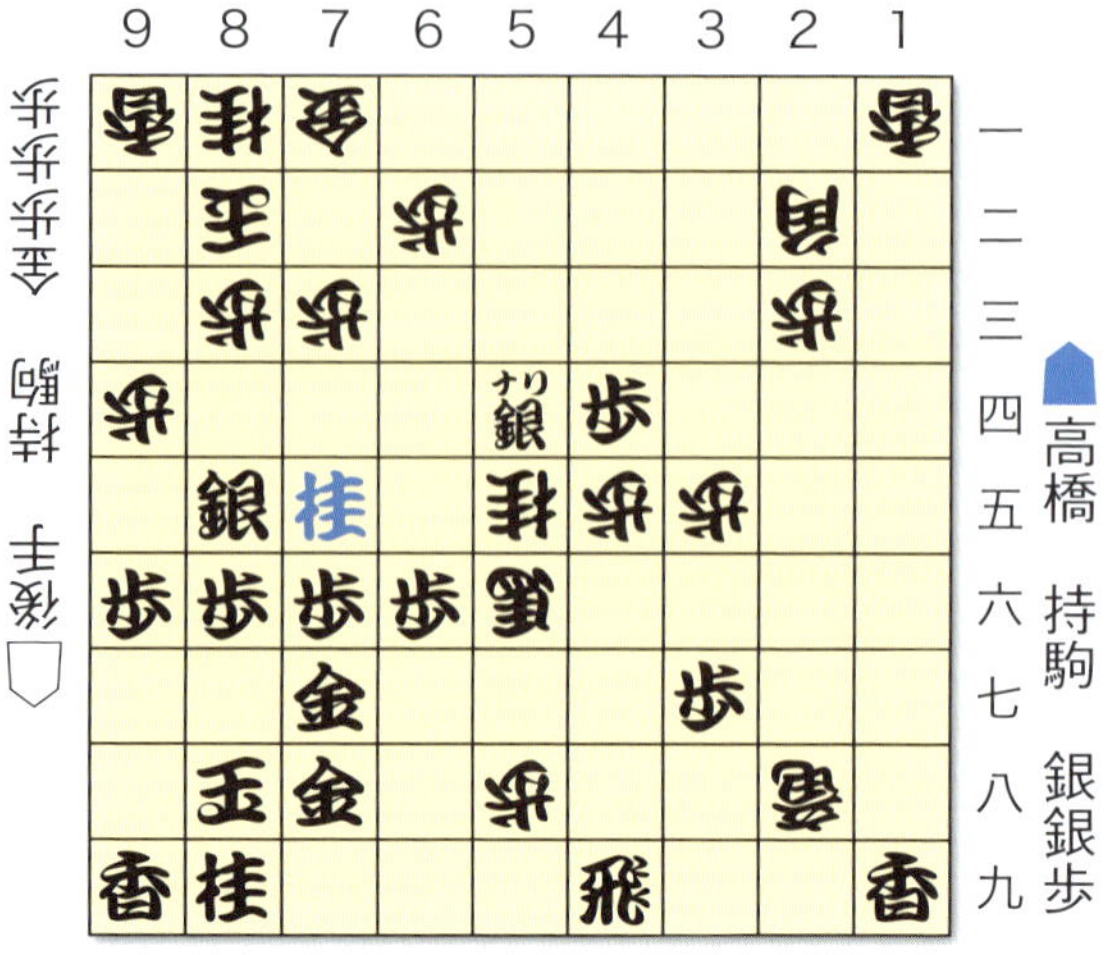

後手陣は薄い玉形ながらも、王手がかからないことを生かして、思い切った攻めをやってきそうです。

ここでの一手は▲7五桂(第2図)。

こうして、いざとなったら▲8三桂成と突っ込むぞ、と見せて、プレッシャーをかけるのです。

ANSWER 38

いざというときに王手ができるようにしておくといいでしょう

王手がかかる＝玉が見える状態にして勝ち切る

第2図以下、△7二金打▲1一香成△5九歩成▲同飛△7八馬▲同金△6七桂成▲5八歩△7八桂成▲同玉△3七竜▲5七銀△5六歩▲8四香（第3図）と進んで、先手勝ちになりました。

ポイントは、第2図での▲7五桂です。機を見て、いつでも▲8三桂成と王手を掛けられる＝**相手の玉を見える状態にしておくのが急所の一手**でした。

第3図は▲8五香まで

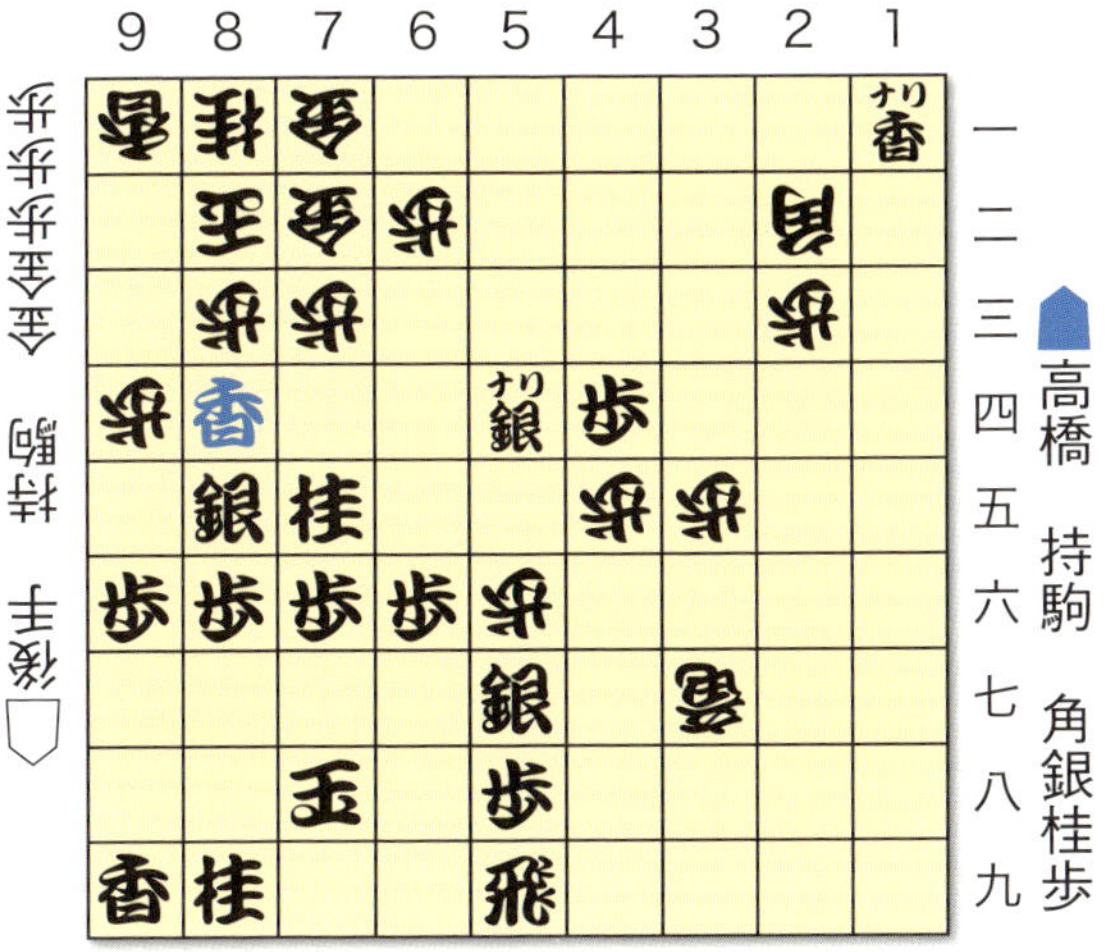

9 8 7 6 5 4 3 2 1
一 二 三 四 五 六 七 八 九
▲高橋 持駒 角銀桂歩
▽後手 持駒 金金歩歩歩歩

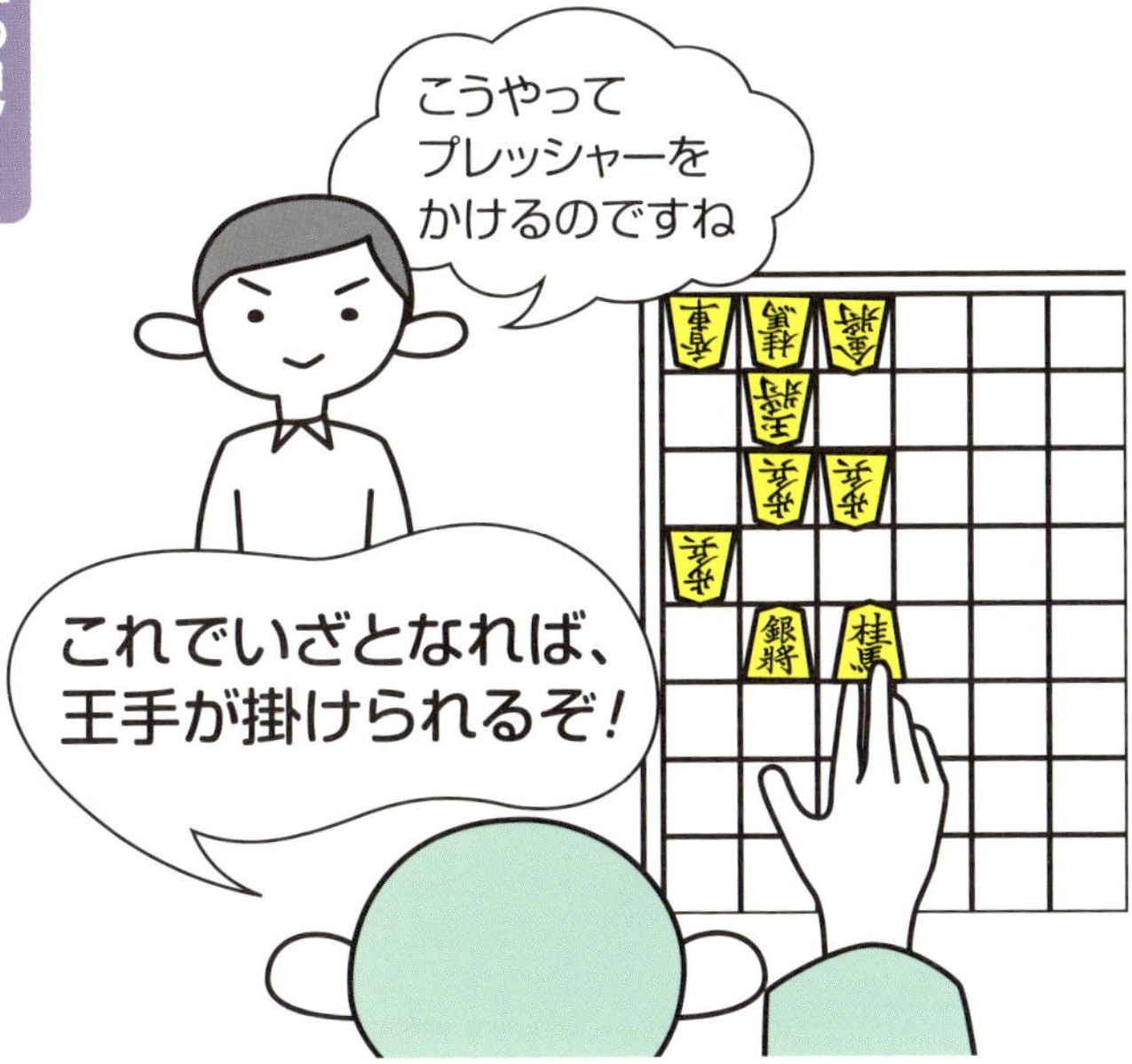

こうやってプレッシャーをかけるのですね
これでいざとなれば、王手が掛けられるぞ！

取れそうな駒があったら まず取ってから次を考えています!

QUESTION 39

あっさり駒を取らず ひと呼吸おけるのが初段

〝駒を取れるときは、取りあえず取ってから考えよう〟

いつでもそのようなつもりでいると、せっかくの勝ち筋を逃す羽目になりかねません。

第1図は、元は8二にいた玉を隅に追い詰めて、ここが決めどころです。▲8二とと、金を取れる形になってはいますが、△同玉で局面がさっぱりしてしまい、かえって寄せがむずかしくなってしまいます。

実戦はここで、▲4四角△同角▲9四飛（第2図）と指しました。

こうして、盤上に攻める駒を残しつつ迫るのが、いい寄せです。

第2図で△9三金は▲同飛成で、典型的な一間竜の形になって詰み。

第1図は△8二金まで

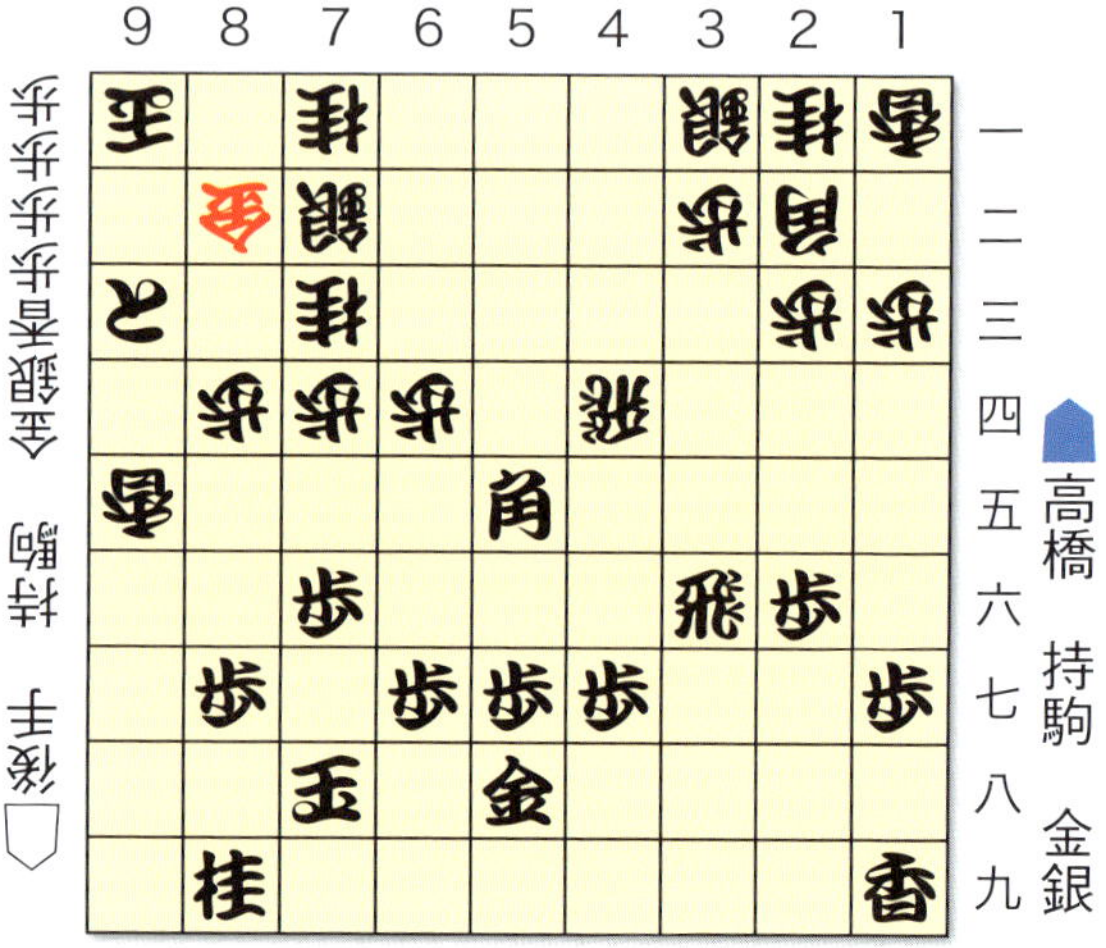

後手は△9二歩と打って頑張ってきますが、ここでもまた金は取りません。

▲9二同と△同金▲9三歩と攻めるのが、好手順です。

実戦は▲9三歩以下、△8三銀▲9二歩成△同銀▲7二金△7七香▲6九玉と進んで、後手投了になりました。

ANSWER 39

取れる駒をすぐに取らずに、よりいい手がないか考えたら**初段以上**です

盤上に攻め駒を残しつつ気持ちよく寄せ切る

この後、△8二金に▲9三銀（第3図）として、後手玉は必至になります。

第3図で、△9三同銀は、▲同飛成△同金▲8二金で詰みです。

盤上（この場合9筋）に攻め駒を残しつつ、また玉を二段目に上げず、隅に押し込めたまま勝負を決着する呼吸を、ぜひ会得してください。

こうすれば、**気持ちよく寄せて勝つことができます。**

第2図は▲9四飛まで

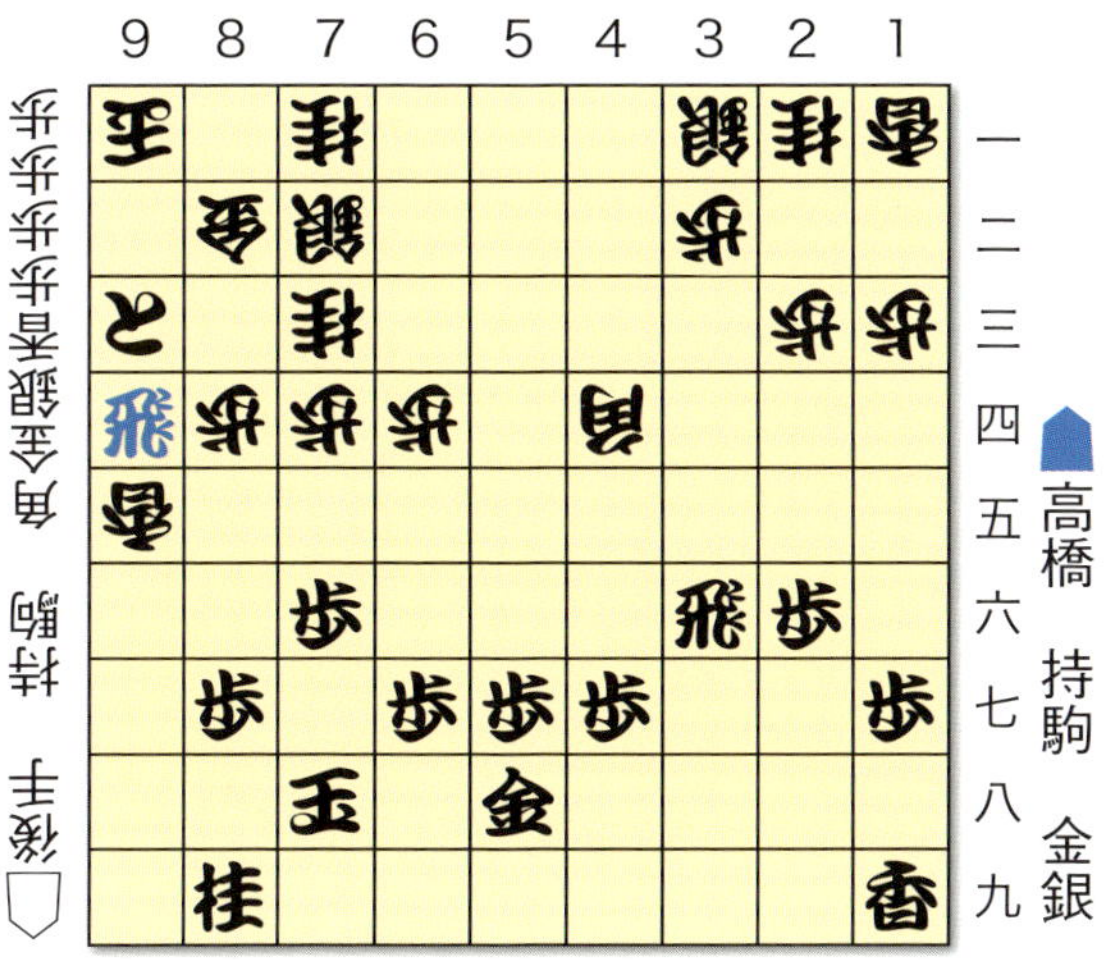

第3図は▲9三銀まで

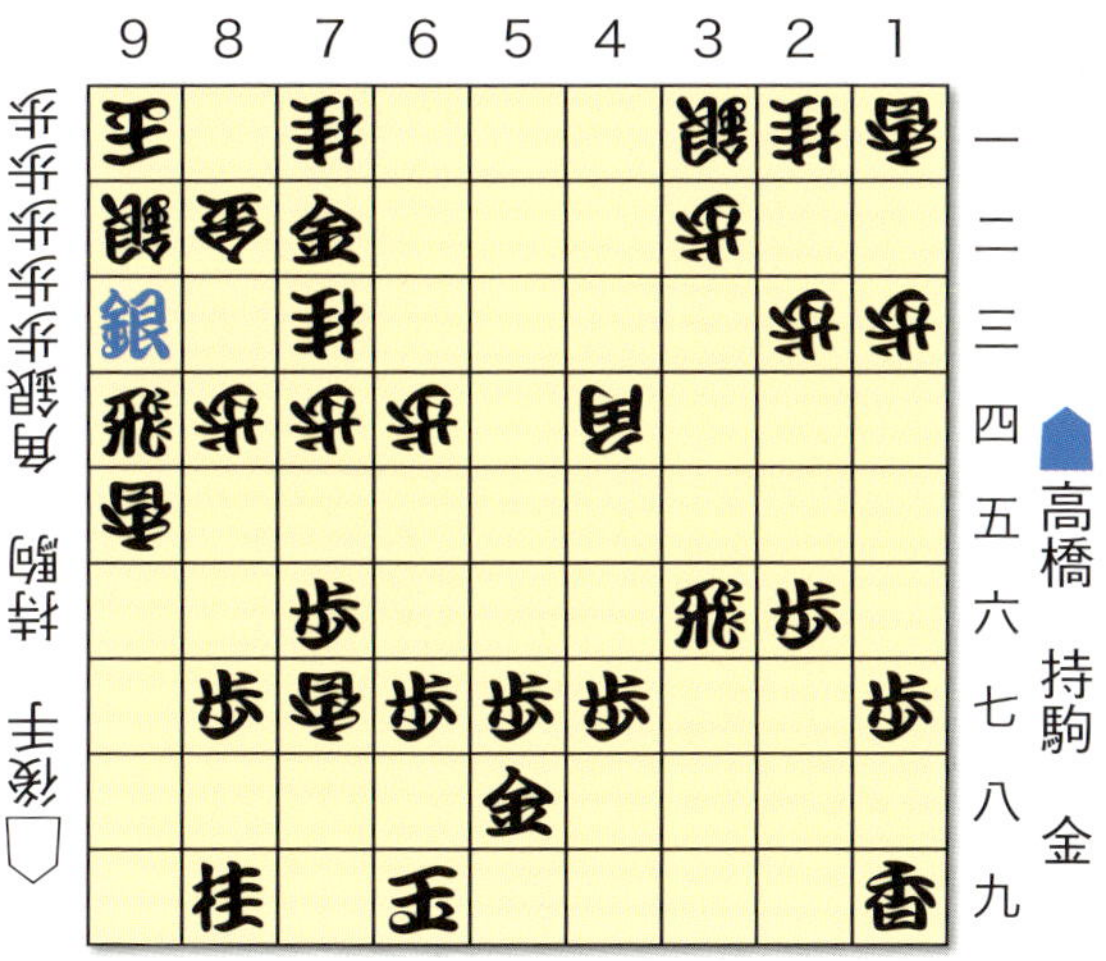

質駒についてはどのような見方をすればいいのでしょう？

QUESTION 40

質駒はタイミングよく取ればたちまち心強い味方に

質駒とは、いつでも取れる状態にある駒をいいます。

いいタイミングで補充できれば、**相手の駒が一瞬にして頼りがいのある味方の持駒に転化**します。

なお、歩については質駒にはカウントしません。

第1図に注目です。

ガッチリと△5一金打と打ちつけられ、ここで竜を逃げているようでは、元気がありません。

ここから質駒を取る手を含みにしつつ、一気に寄せに入ります。

実戦は、▲6一馬△同銀▲9三香成△同香▲同香成△同玉▲9四歩△8二玉▲9三金（**第2図**）で後手投了。

第1図は△5一金打まで

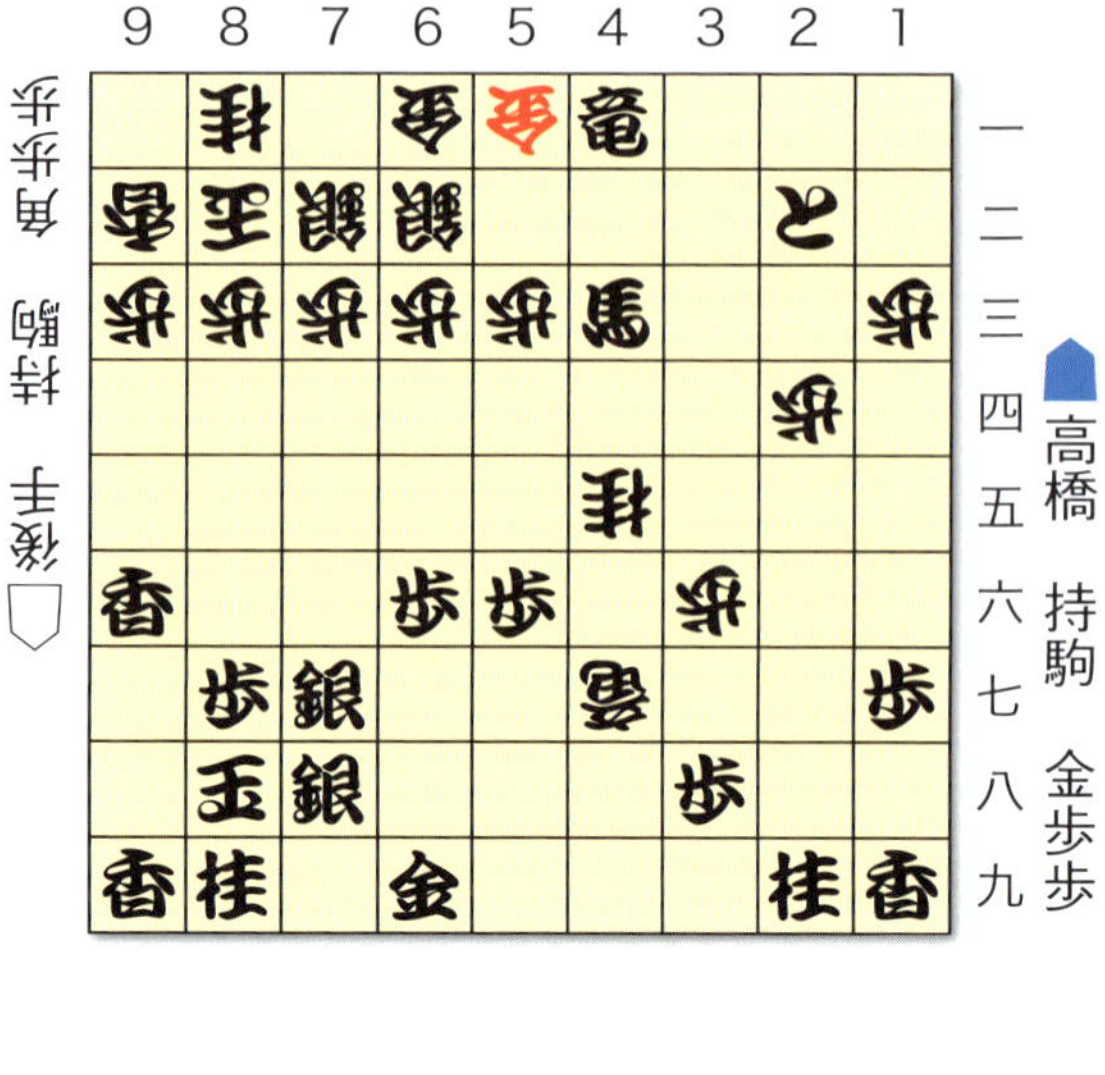

第2図は、実にプロらしい終了図です。

以下、△9三同桂▲同歩成△同玉▲8五桂△8四玉▲8六銀で、さらに後手にもいろいろと指す手はあるものの、先手の勝ちになります。

このあたりは、プロ同士によるお互いの力量を信用しあってのことです。

ANSWER 40 質駒は持ち駒と同じ。持ち駒が足りないと思ったら質駒で補給です

質駒を取る手を隠し味に 端へ攻め込んで一気に寄せ

第1図で私が質駒として狙っていた駒は、4五の桂です。美濃囲い攻略には、桂が欠かせません。

▲6一馬と切ることによって、△4五桂が質駒の形になります。

実戦での手順中、▲9三香成に△同桂は、そこで▲4五竜（A図）と取ります。△同竜に▲9四桂で詰み。

この順が、実際に実戦では現れないながら、重要なスパイスになっています。

第２図は▲９三金まで

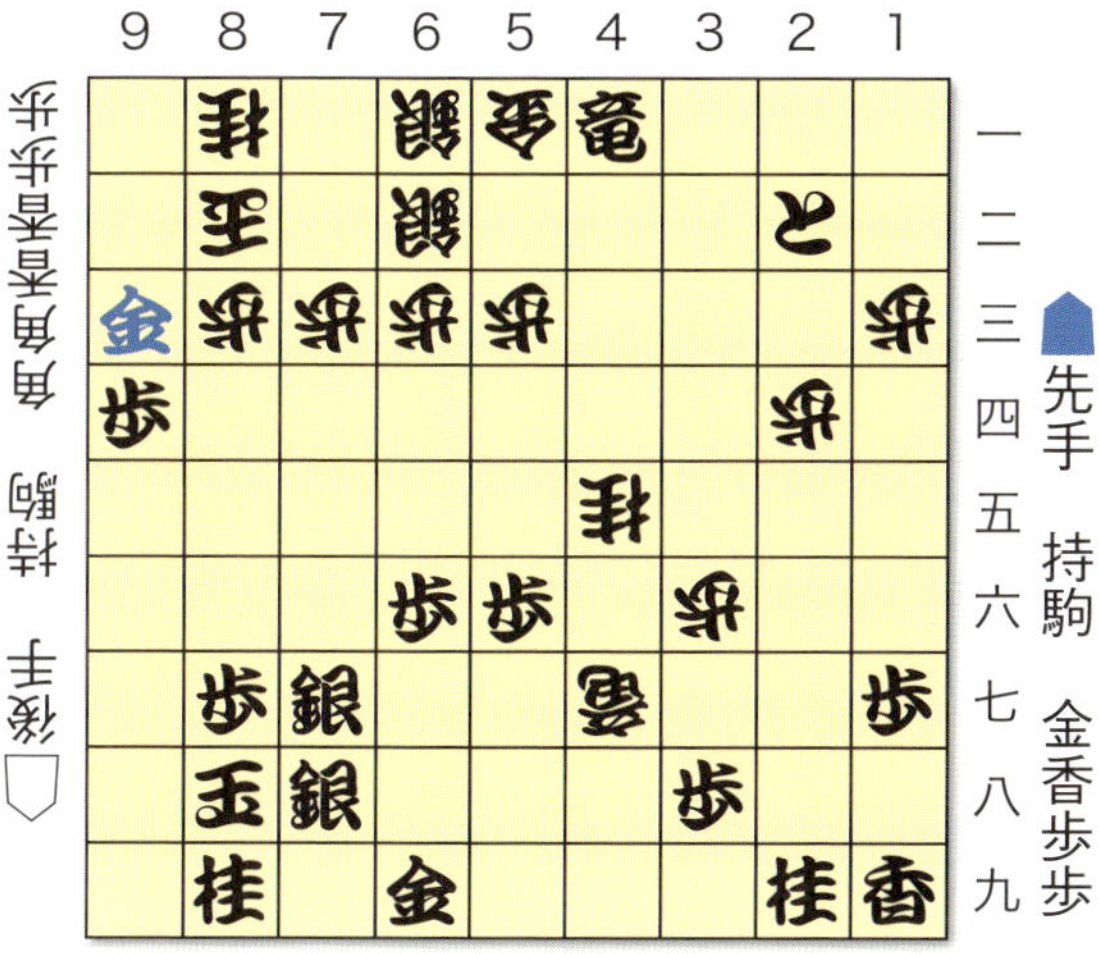

Ａ図は▲４五竜まで

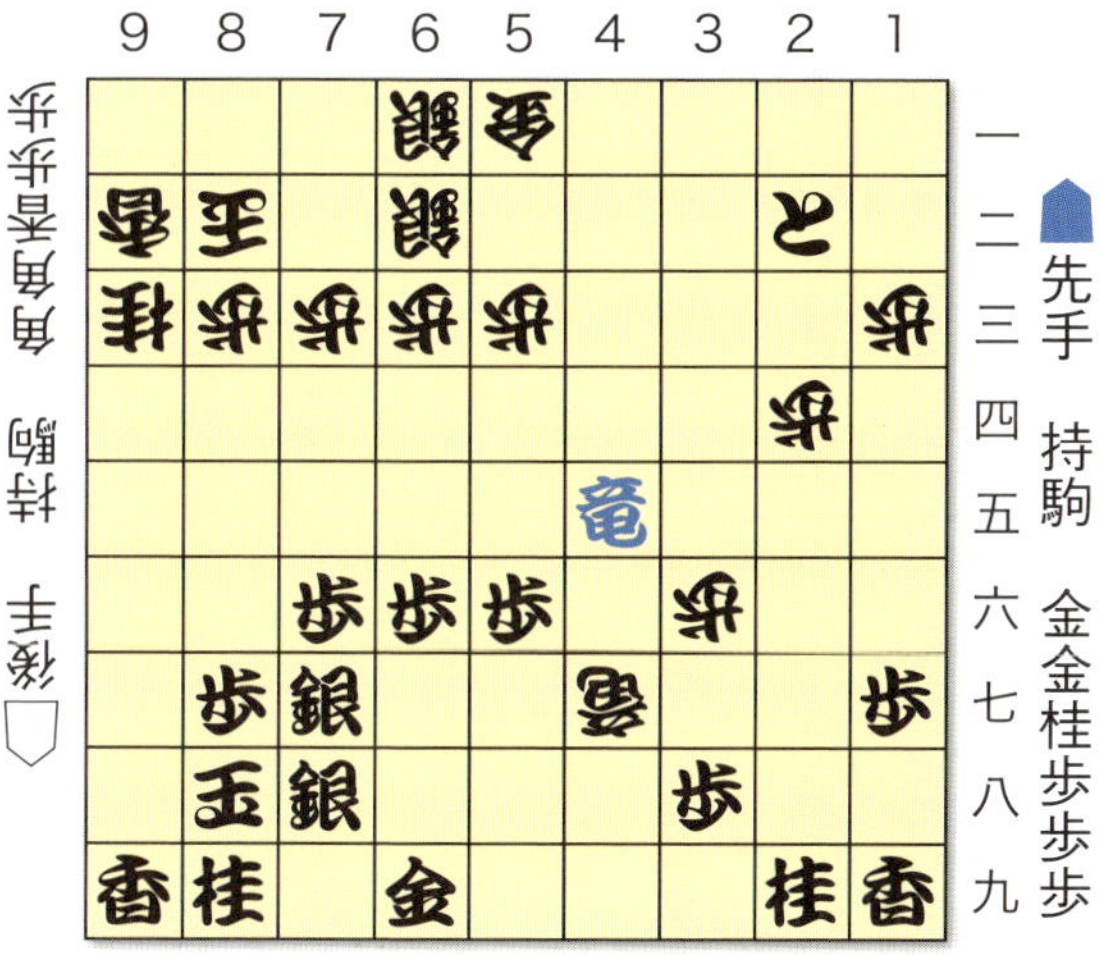

コラム3 本当に指したい将棋

いつも対局は、この一局こそ、自分の棋士人生の中でのベストの将棋にしたいと願って臨んでいます。

その結果については、現役を引退したときに、語ることにしましょう。

ベストというわけではありませんが、何局かは気に入っている将棋があります。

図もそのうちの一局。平成 19 年 10 月 26 日、B 級 1 組順位戦、杉本昌隆七段との一戦です。なんと王手竜取り!

こちらは豊富な持ち駒はあるものの、これは痛い。後手の穴熊が無キズで残っていることを思えば、諦めの早い人であれば投了も考えられる場面です。

ここから▲6 六角△7 六歩▲同玉△3 三角（▲同角成と取り返せない!）と進み、気分的には刃も折れて矢も尽きた感じになりましたが、それでも心の中にはわずかに残っていた勝負根性を頼りに、懸命に指し続けました。

終局時刻午前 1 時 32 分。総手数 221 手。

最後の最後になって、大逆転!

図では堅陣を誇った穴熊玉を、ついに詰まし上げて勝ったのでした。

短手数での快勝もいいですが、こうした両者が死力を尽くした大熱戦こそ、本当に指したい将棋です。

△5 五角まで

△杉本 持駒 歩

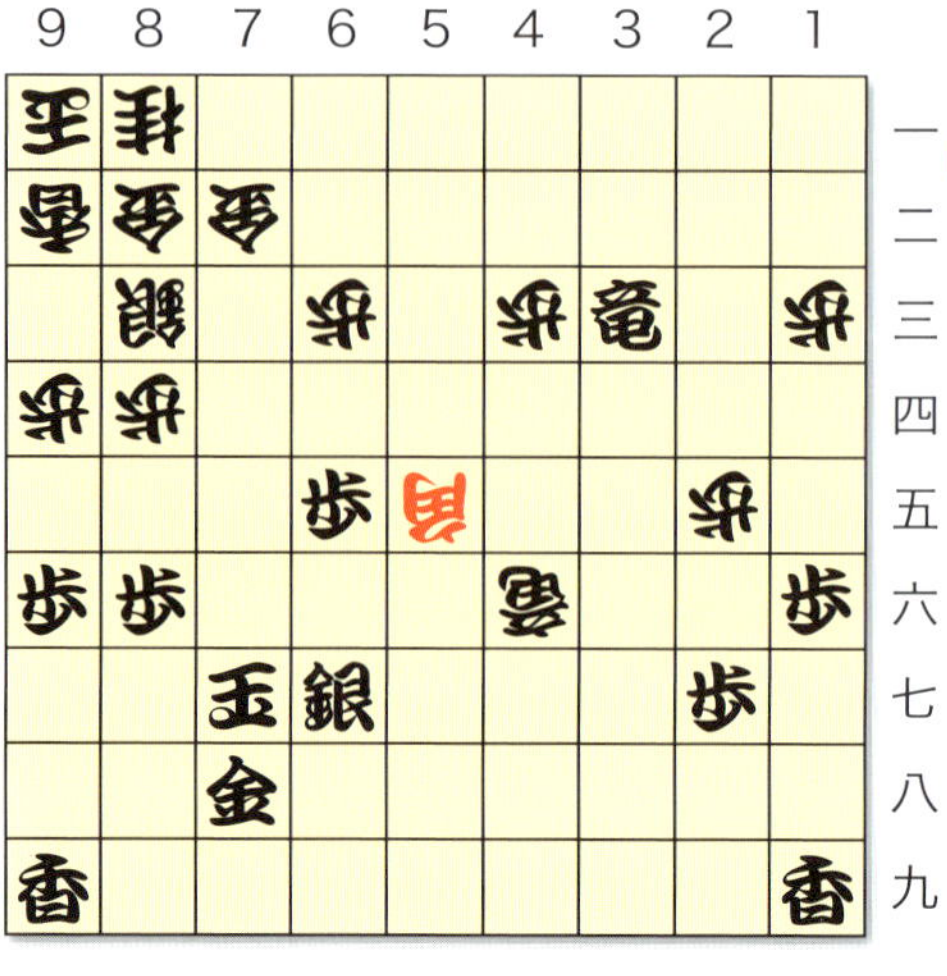

▲高橋 持駒 角金銀銀桂桂香歩歩歩歩歩歩

第4章

初段になるための
高橋流「格言」あれこれ

玉の固め方のコツがあったら教えてください！

QUESTION 41

玉をしっかり固めるのは受けではなく攻めのため

『いつも玉が固い』これは高橋将棋のひとつの大きな特徴です。

始めからカチンカチンに玉を固く囲うよりも、**むしろ戦いながらいつの間にか固くなっているという展開を理想としています。**

玉を固めるというと、受けをイメージしますが、そうではありません。

玉形がしっかりしていれば、飛車交換などでも、どんとこい！　固い構えは強い態度での攻めを可能にするためなのです。

低く△5二歩と受けた第1図の局面が今後の戦い方の決めどころ。

普通は▲5七銀～▲4六銀と繰り出しての攻めを狙うのですが、高橋流の感覚はちょっと違います。

第1図は△5二歩まで

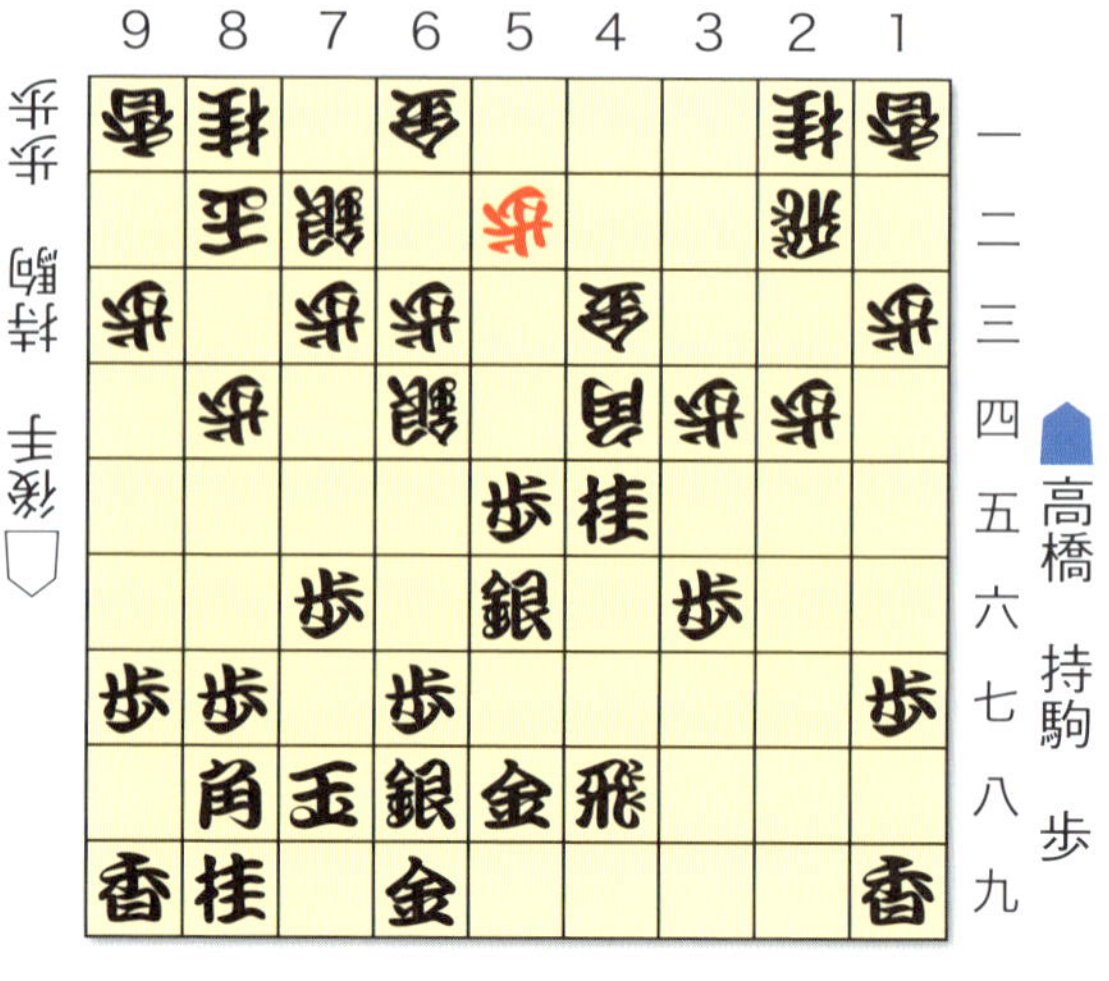

実戦は第1図から、▲6六歩△7四歩▲6五歩△7三銀引▲4七飛△9四歩▲9六歩△1二香▲6七銀引（第2図）と進みました。

これが高橋好みの組み方です。

金銀四枚の連結の具合が素晴しく、実に頼しい陣形になりました。

ANSWER 41

格言その一

駒をガッチリ連結、固さ倍増!

金銀四枚で固めたら 飛角桂を上手く駆使する

▲4七飛とひとつ浮いたのは、意味深長な一手。先手は金銀四枚を守備に回しているので、**残る攻め駒の飛角桂をいかに使うか**がポイントになります。**第2図**では、次に▲5七飛と寄って、▲5四歩と突き出すのが狙いです。

実戦は**第2図**から、△2五歩▲5七飛△3三桂に▲4七飛と戻したのがいい感じの手で、先手十分の将棋になりました。

第2図は▲6七銀引まで

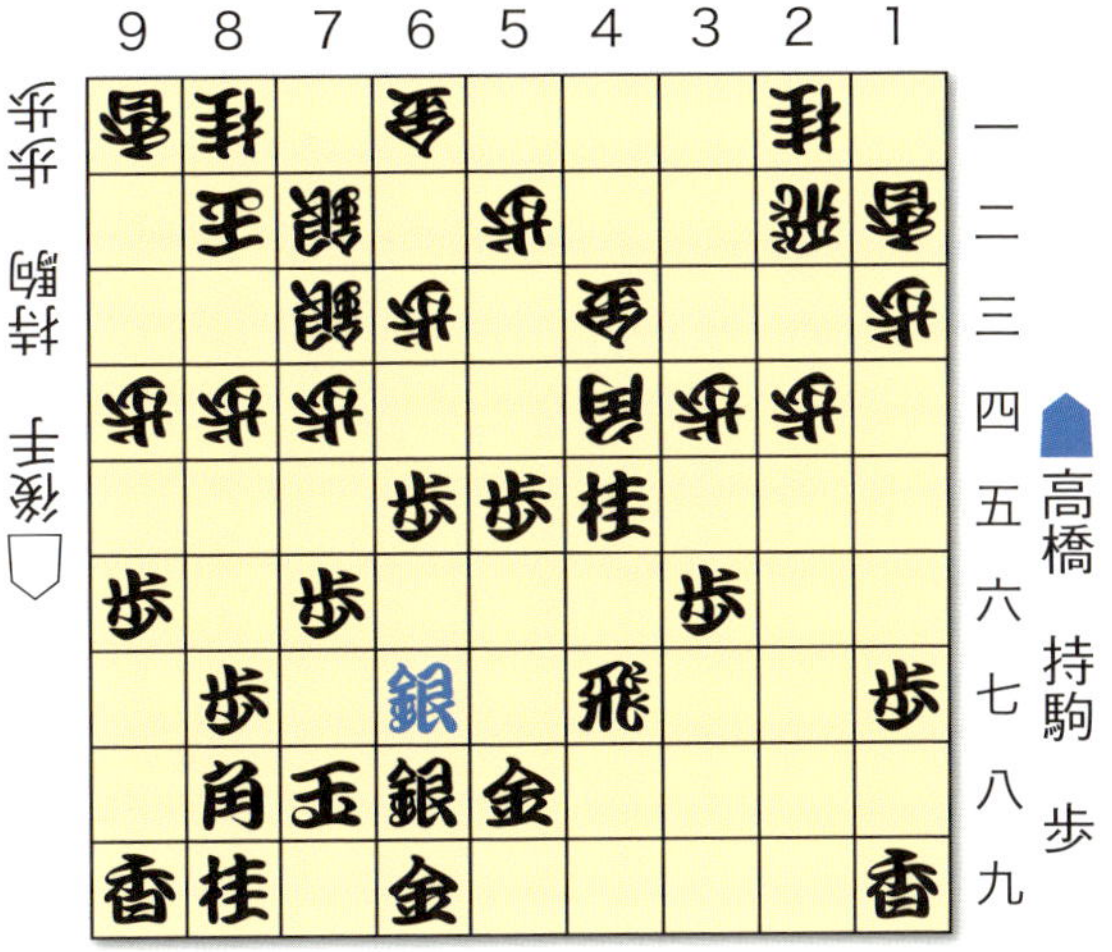
9 8 7 6 5 4 3 2 1
一 二 三 四 五 六 七 八 九
△後手 持駒 歩歩
▲高橋 持駒 歩

戦いながら固くするのが理想
金・銀の連結が大事なんですね
金
銀
銀
金

駒の動きを重視した、プロらしい戦い方を知っておきたいです

QUESTION 42

穴熊に入る前に仕掛けられ普通の応接では先手苦しい

中盤戦以降は、なるべく玉の近くへ近くへと駒を集結させて、固さや厚みで勝負するケースが多いのも、高橋将棋の大きな特徴です。穴熊に入る前にうまく仕掛けられて、第1図は先手がやや苦しそう。

第1図は△5七角まで

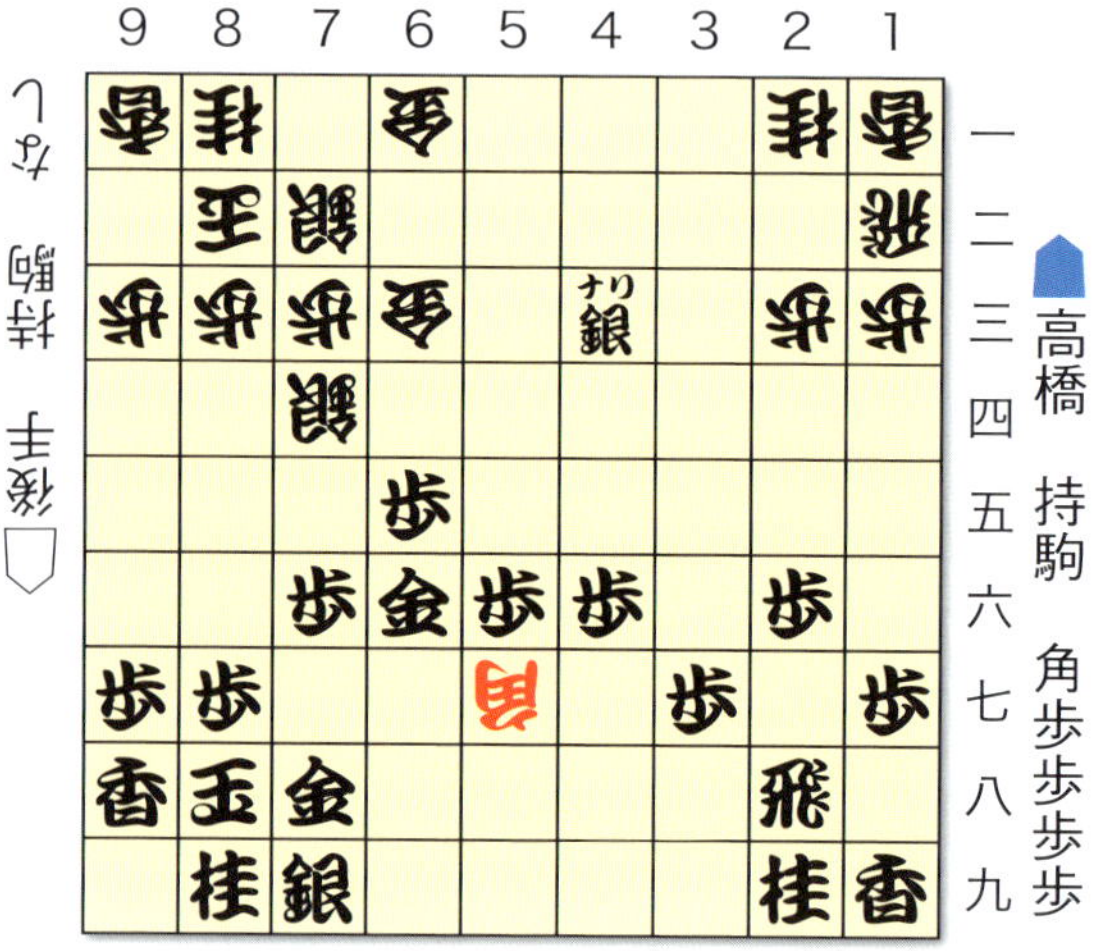

▲2五歩と突いてある形なら、▲6七金引△3九角成▲2六飛と軽くかわせますが、▲2六歩形ではそうもできません。▲6七金引△3九角成▲6八飛△2九馬（第2図）の順も、先手不満です。

A図は△2九馬まで

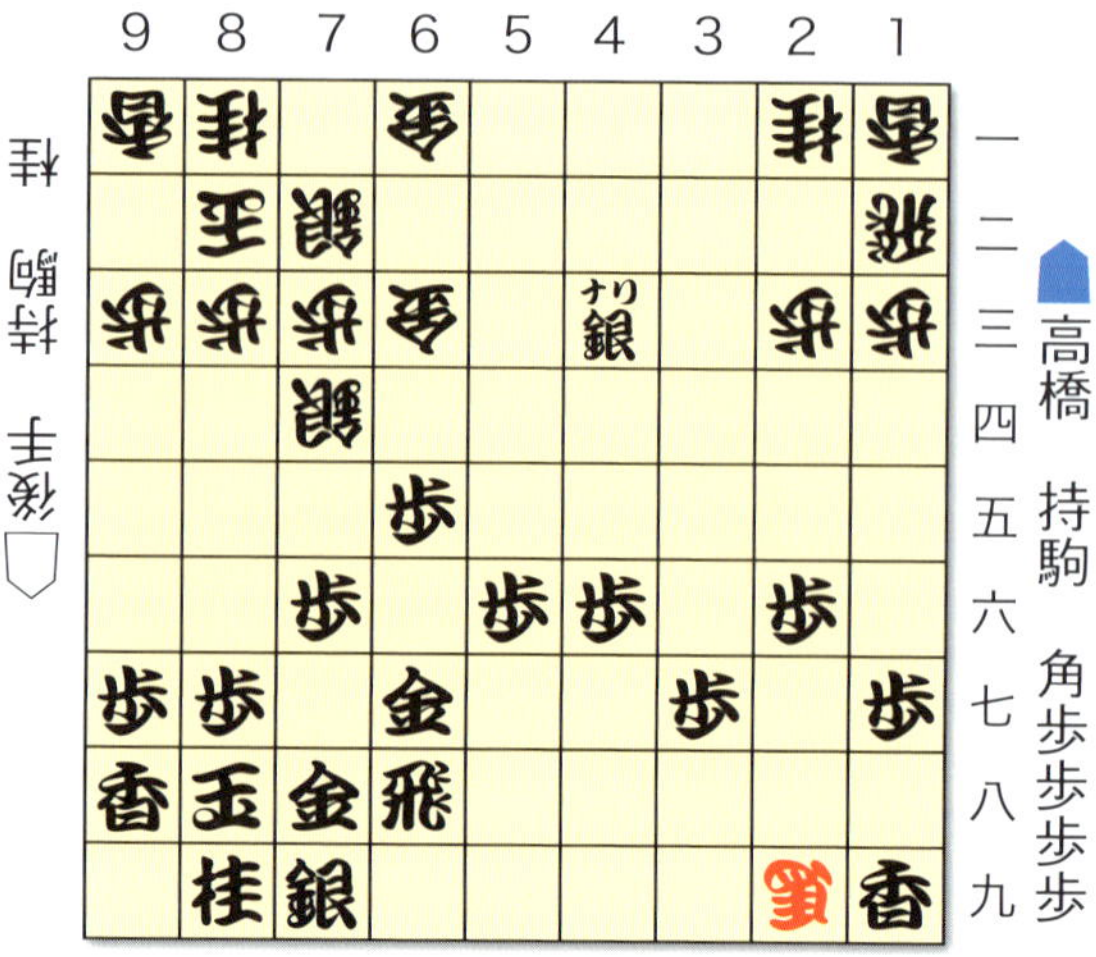

A NSWER 42

格言その二

玉の側に全軍を集結せよ!

多少の駒損もカバーできる玉形の固さと厚み

第1図での私の指し手は▲6七金上！以下、△3九角成▲7八飛△2九馬▲7五歩△8五銀▲4一角（第2図）と進みました。

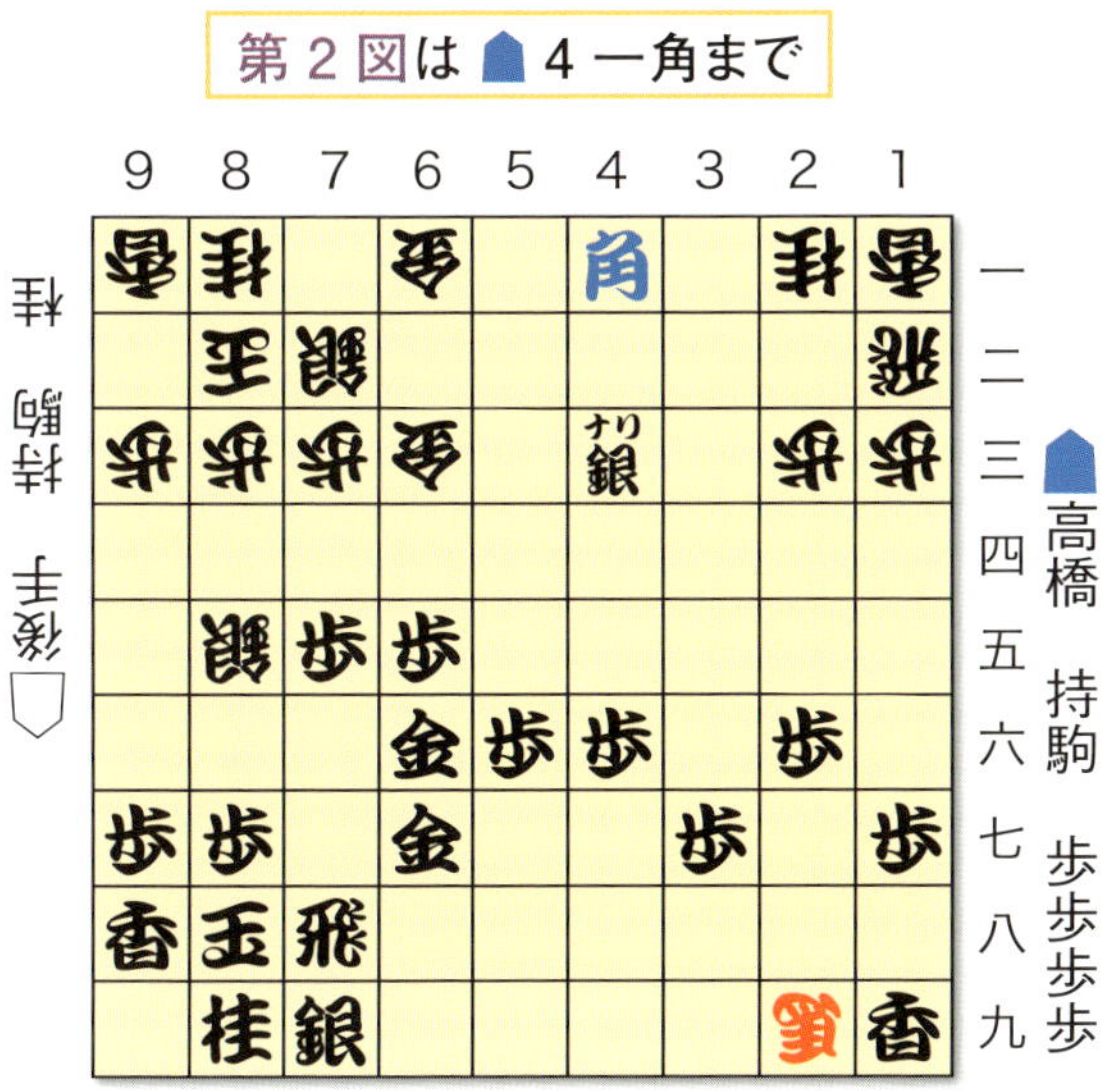

▲4一角は、次に▲6四歩△同金▲8五角成の狙いです。**A図と2図とでは、玉頭の厚みがまったく違います。**

以後もむずかしい戦いが続きますが、厚みを生かして勝つことができました。

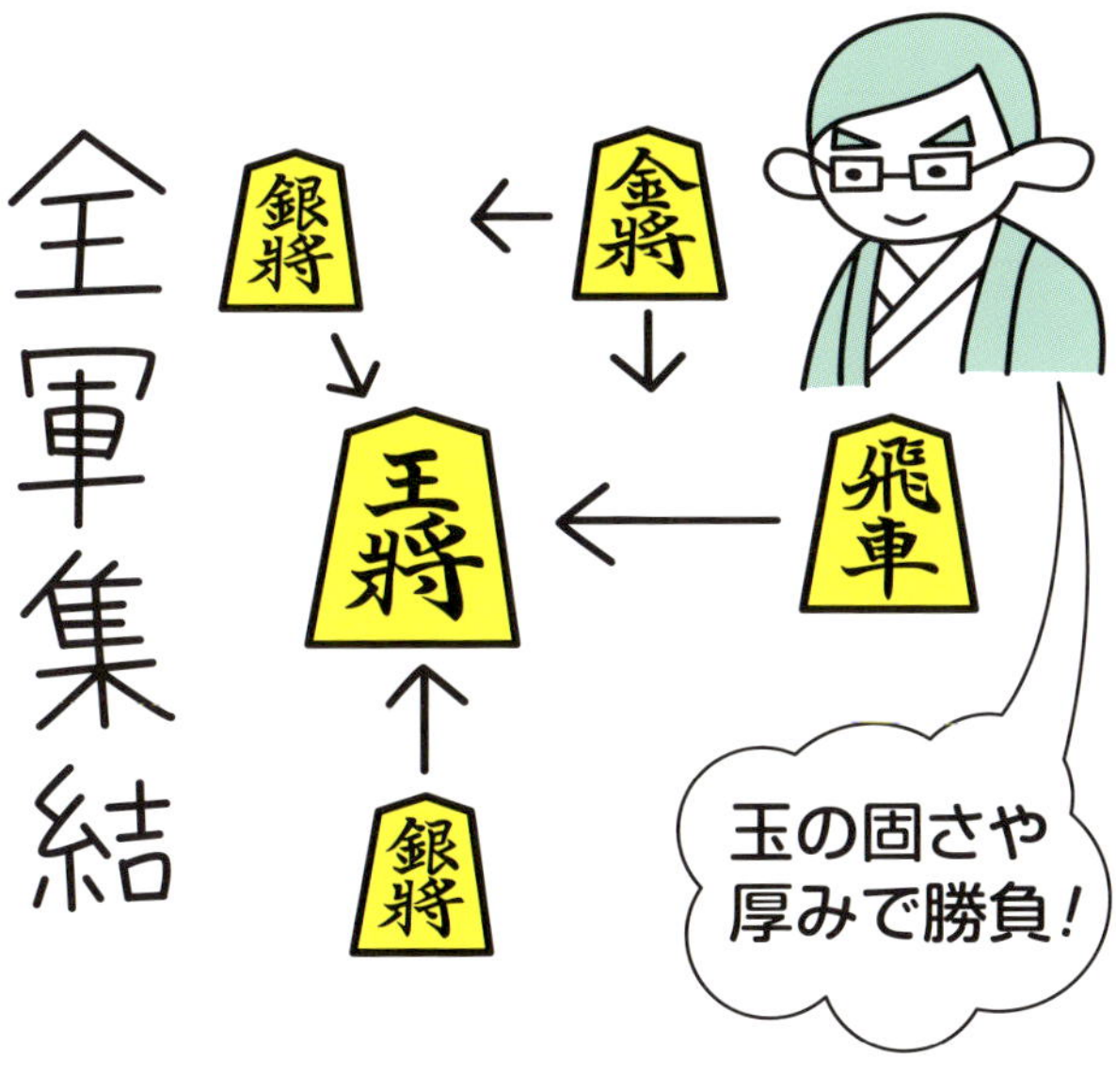

容易に負けない

粘り強い指し方を目指してみたい

QUESTION 43

ピンチの情勢も、端玉形へとチェンジして粘り強く戦う

攻めでも受けでも、いろいろなテクニックを知っておくと、実戦にとても役立ちます。本項目は、その中でも特に重要な受けの手筋です。

△8五歩と合わせ歩で攻められた第1図の先手玉は、とても危険！

ここでの受け方次第では、このままいっぺんに負かされてしまいそうです。

▲8五同歩と取れば△同桂で、後手の駒が勢いづいてきますし、かといって次に△8六歩と取り込まれるのも痛い。

先手がかなり悪そうに見えますが、このような早い段階で諦めるわけにはいきません。実戦はここで▲9八玉、そして△8六歩に▲8八歩と受けておきます。これがうまい受けの手筋です。

第1図は△8五歩まで

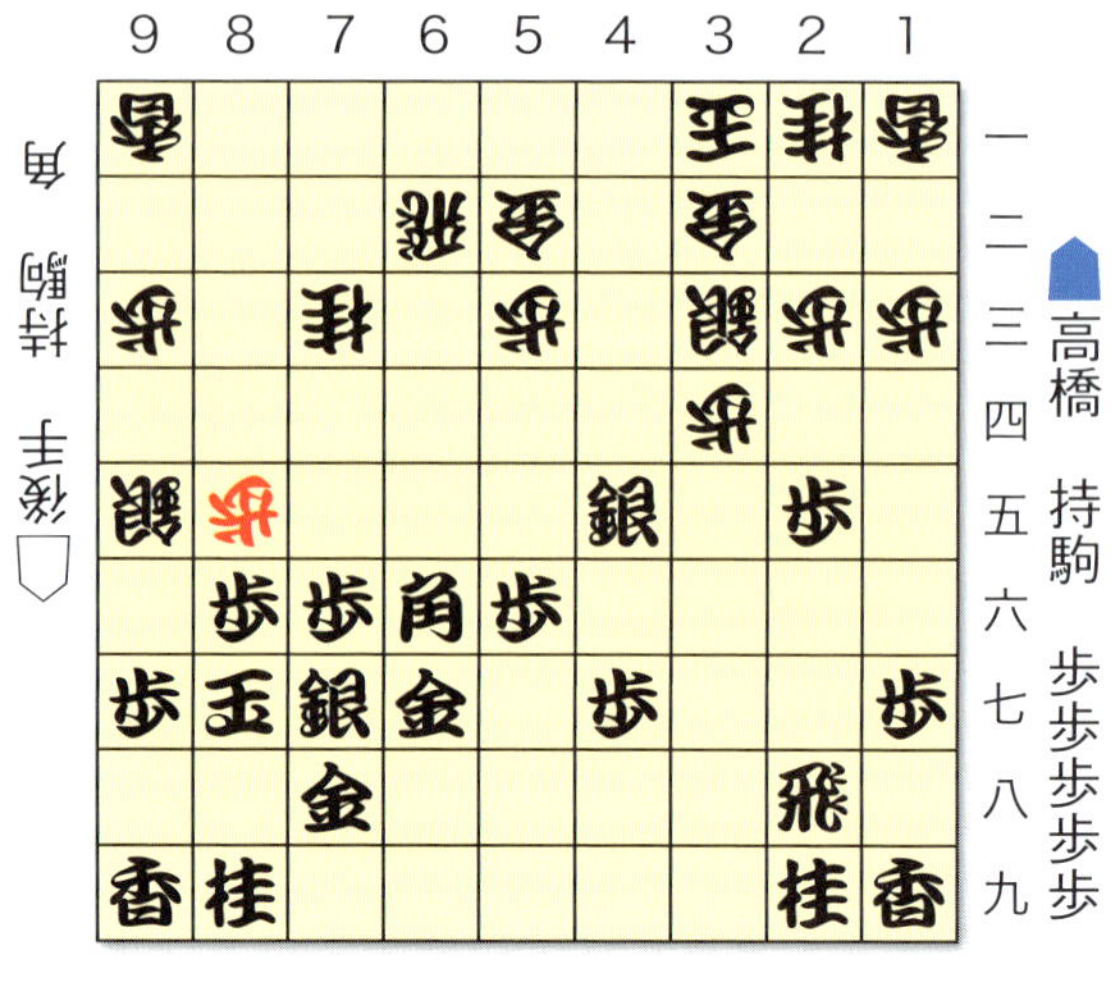

守りの金銀から、ぽつんと一人離れて何やら不安な玉形ですが、これがどうして非常に粘りのある形なのです。

▲8八歩から、△6九角▲6八金引△4七角成▲6三歩△同金▲2四歩△同歩▲2二歩△同金▲3五歩（第2図）と、実戦は進みました。

A NSWER 43

格言その三

見た目以上に粘り強い端玉形

叩き、突き捨て、合わせ歩
歩の手筋を駆使して反撃へ

手順中、△6九角が鋭い一手。▲9八玉の端玉形がいかに粘り強いといっても、次に△7八角成▲同飛△8二飛とされると、いっぺんに参ってしまいます。**▲6八金引とするのが手堅い手。**

こうして陣形を引き締めた後、▲6三歩の叩きから始まって、歩を上手く駆使しての反撃に出ます。

第2図はむずかしい形勢ながらも、先手も十分に戦える局面です。

第2図は▲3五歩まで

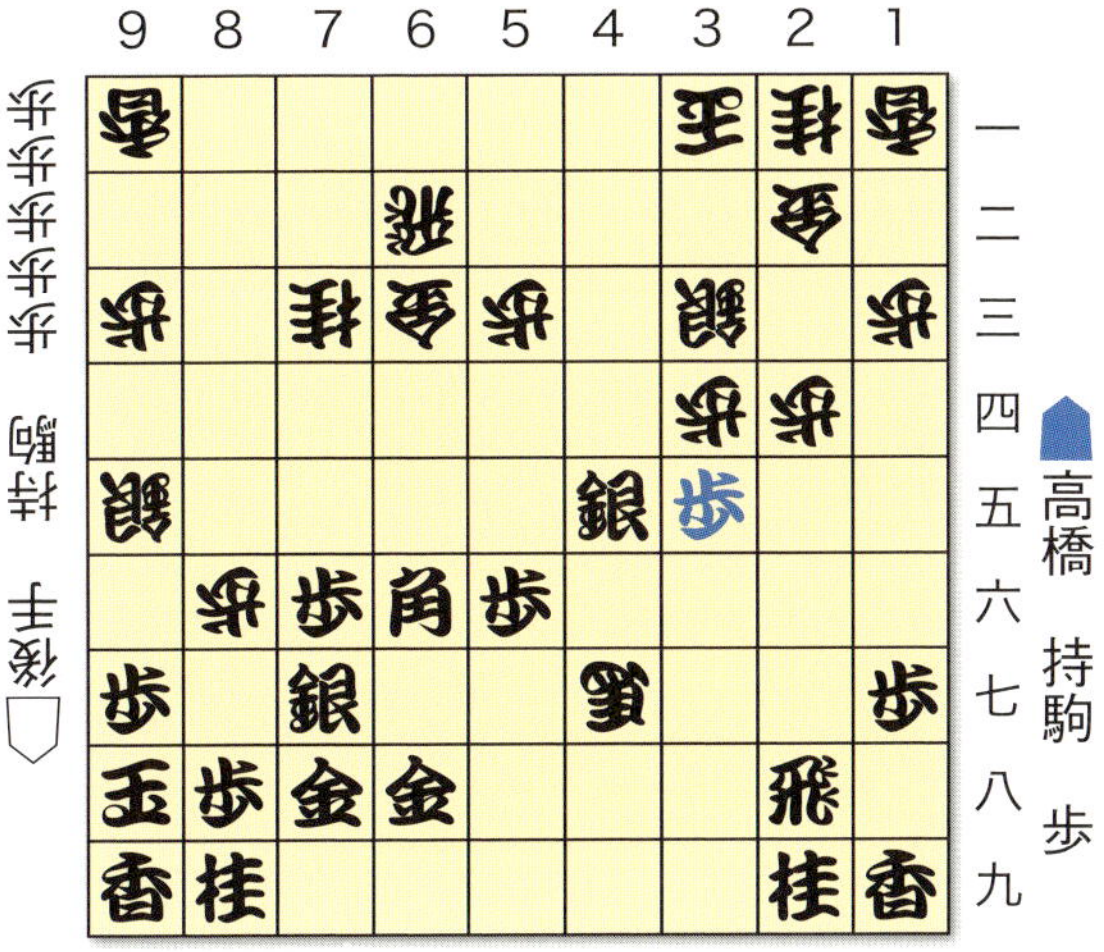

試してみよう！

詰将棋 NO.7 3手詰

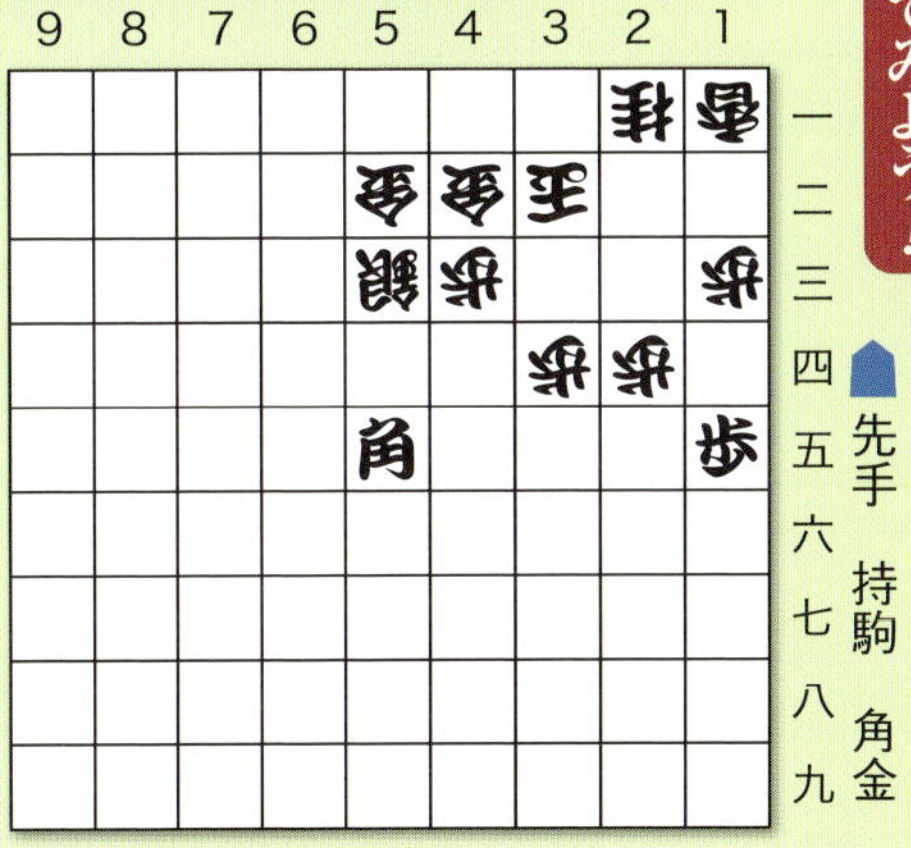

解答は127ページの解答欄にて

いつも焦って攻めすぎて 途中で息切れすることがあります

QUESTION 44

血気にはやって攻めに出ず じっと「桂跳ね」で力を充電

攻め込む前に、じっと一手待って力をためる。これはとても有効な戦術なのですが、実際に実戦で指すとなると、これがなかなかむずかしい。

第1図は、ここでの次の一手を教室の生徒さんに出題してみた将棋です。

▲2三角成や▲2三飛成、▲3四歩など、攻めの手を答えた人が多く、やはり先手の大駒の力が集中する2、3筋に、どうしても目が行ってしまうようです。

残念ながら、正解者はゼロでした。

第1図で私が指した一手は▲7七桂（第2図）。私の感覚では、この一手なのです。

なお、第1図ですぐに▲2三角成は、△同金▲同飛成△2二歩で、二の矢がありません。また、▲7七桂に△2二銀と2筋を守れば、▲8三角成として先手十分。その後に△5五角が香の両取りにならないのも、▲7七桂の効果です。

実戦は第2図から、△8六歩▲同銀△6四角▲2三飛成！ △同金▲同角成△3二銀▲同馬△同玉▲5六桂（第3図）と、ど派手な立ち回りになりました。

第1図は△4四飛まで

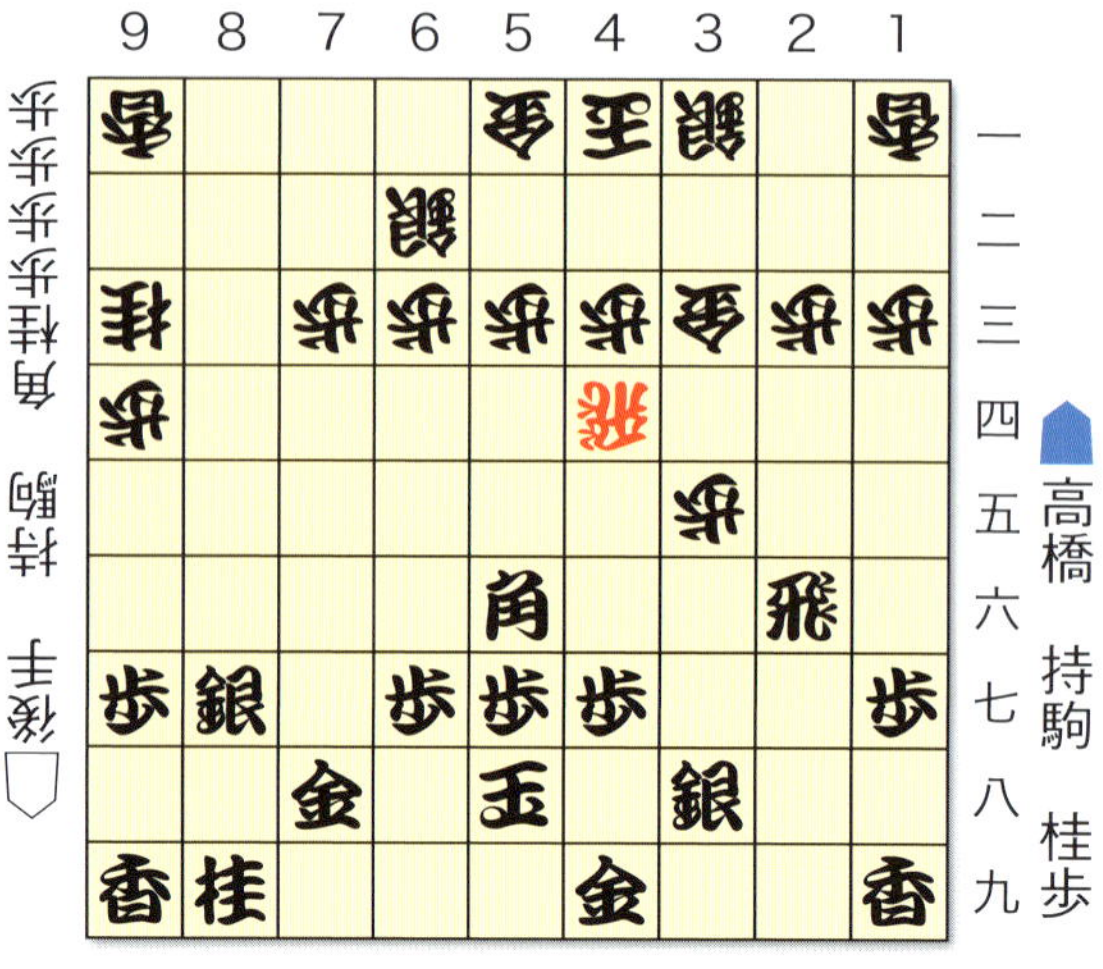

ANSWER 44

格言その四

一手の"ため"が勝ちにつながる

相手が攻めてきたところへ強烈なカウンターをお見舞い

後手の△8六歩～△6四角が厳しい攻め。しかし、これはこちらも承知の上です。▲2三飛成の強手に続き、▲3二同馬と

第2図は▲7七桂まで

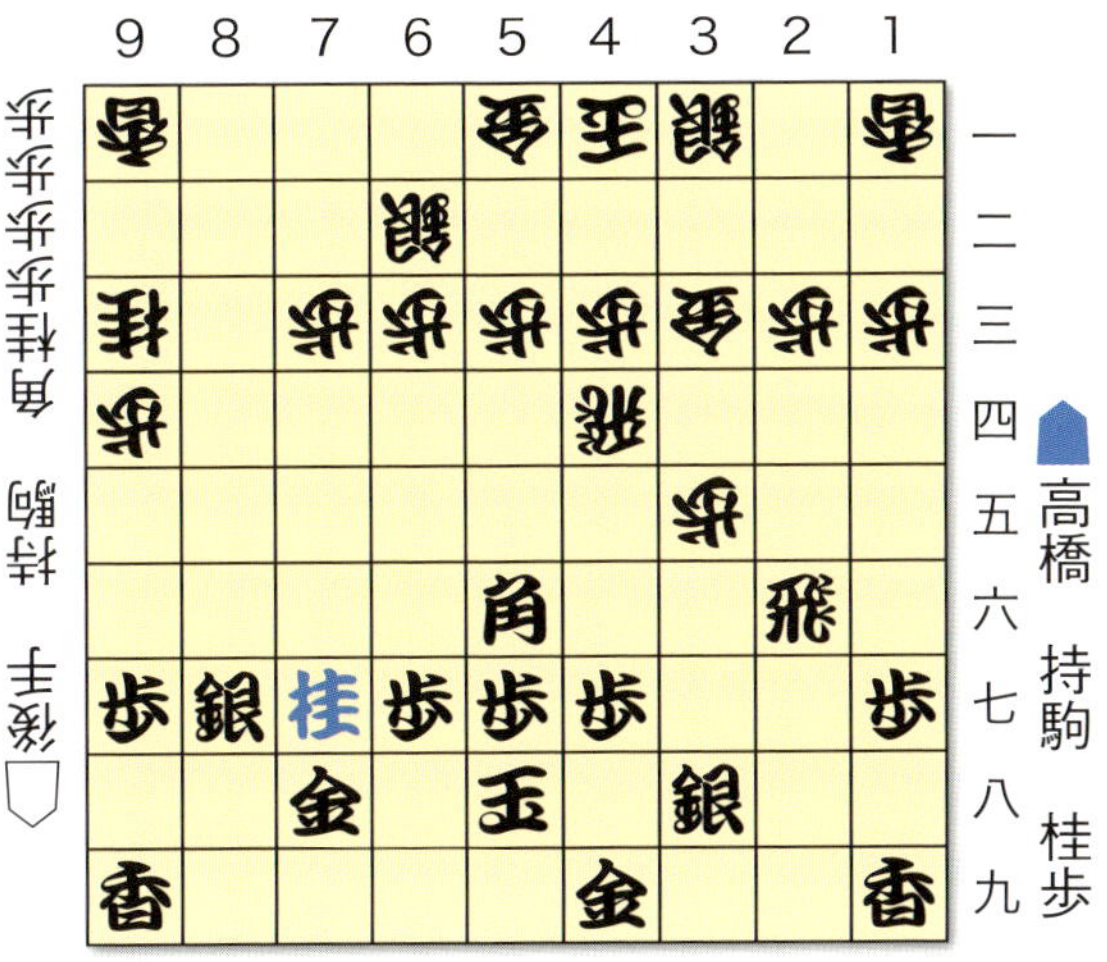

大駒二枚を立て続けに切って、▲5六桂と打ち返した第3図は、見事にカウンターを決めた形です。

第3図で、△8六角と銀を取れば、▲4四桂△同歩に▲3四銀と上部を押さえるのが好手で、寄せの態勢に入ります。

第3図は▲5六桂まで

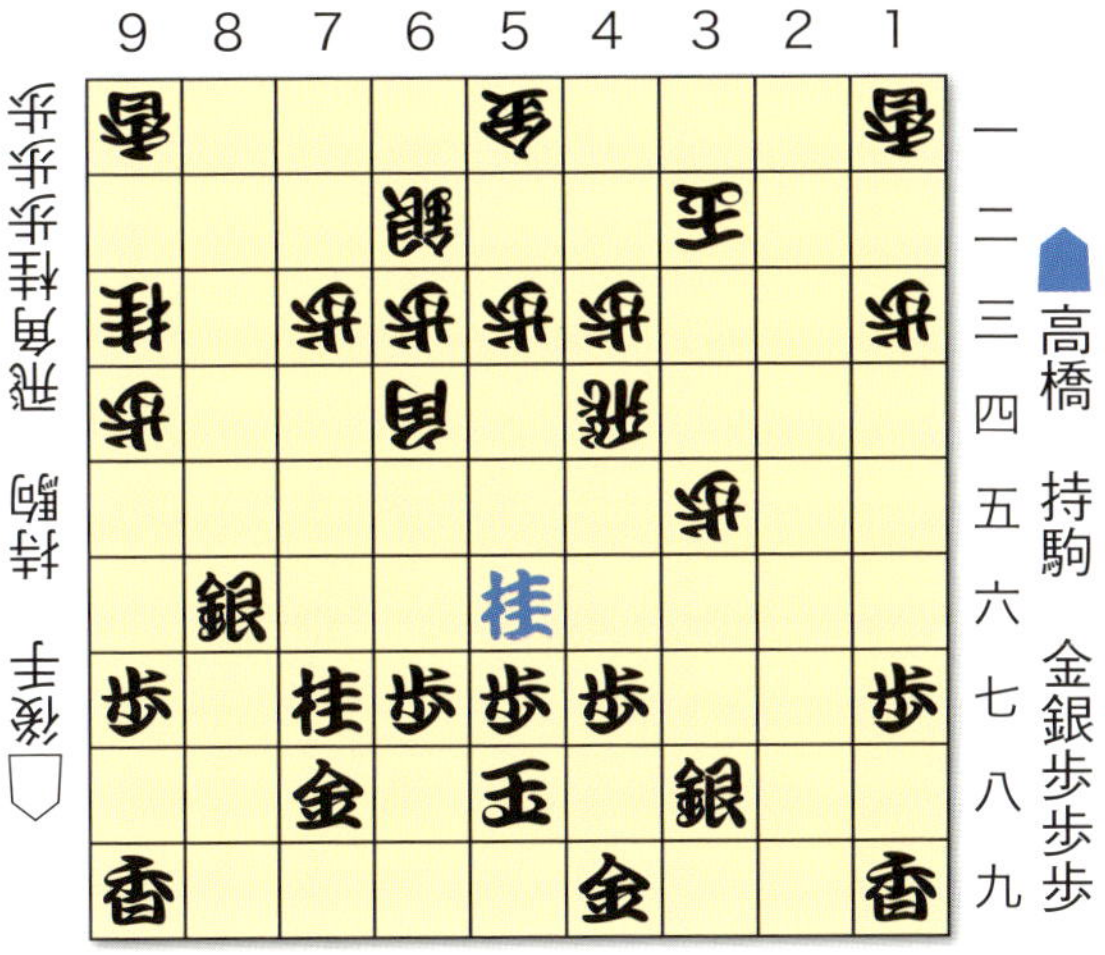

矢倉戦でこの形になったら“よし”というものはありますか?

QUESTION 45-1

弱気に飛車を逃げていては先手が勝てない形に

こうなれば優勢、もしくは勝ちとまで言える形が、将棋にはあります。

矢倉の場合は、▲6六角。これです。この位置にうまく角を据えられると、そのまま局面をリードできるのです。

第1図の局面は、この瞬間は角銀交換で先手駒得ですが、飛車取りに打たれた△2六桂が嫌な手です。

▲6八飛とかわすのは元気なし。△4六歩と突かれて、と金作りを見せられると、大駒二枚の姿が情けなさすぎて、先手が勝てません。

実戦は第1図から、次のように進みました。▲5七角△1八桂成▲6五歩△1九成桂▲6六角(第2図)。

待望の▲6六角形の実現です。

第1図は△2六桂まで

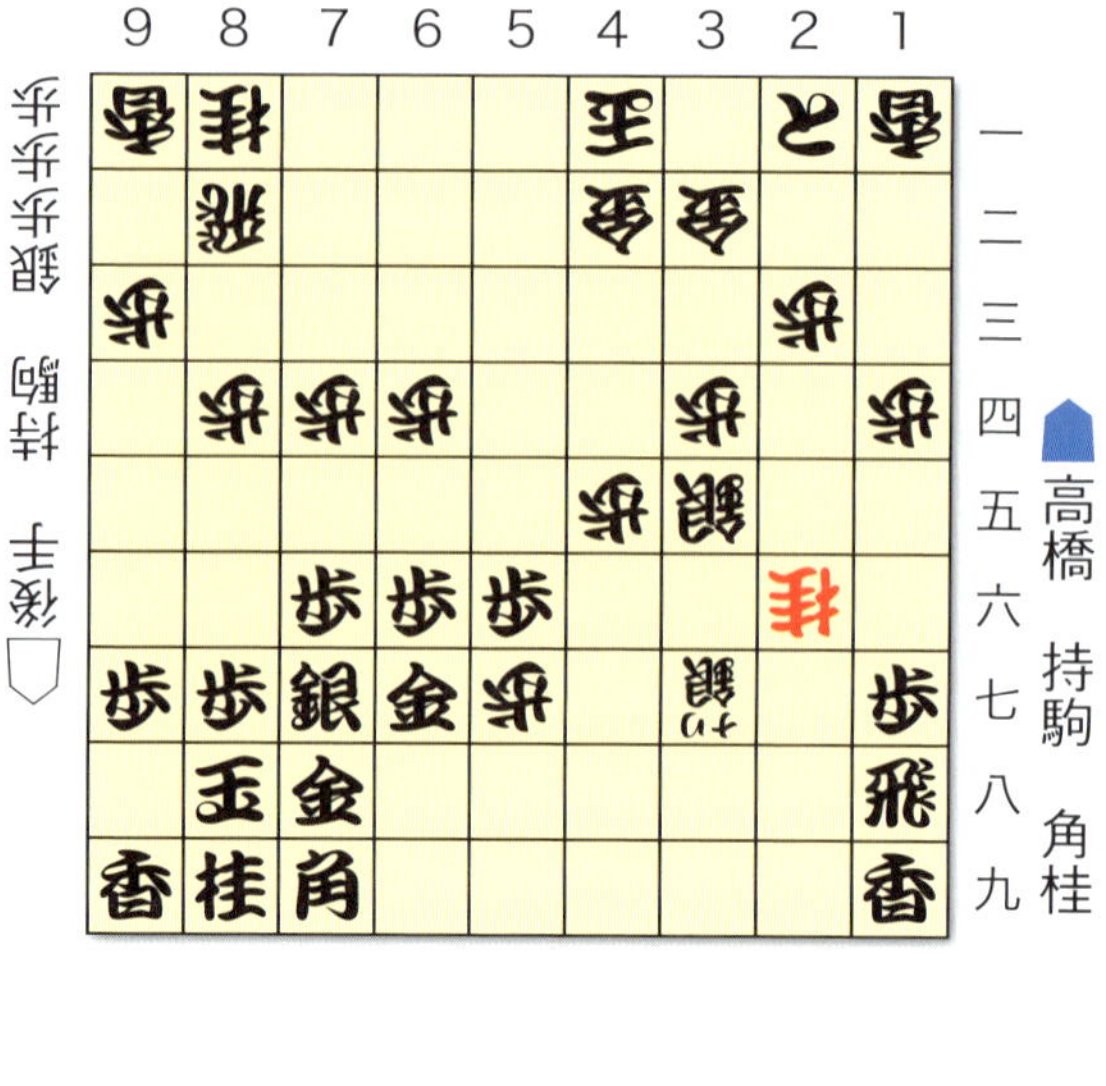

手順中、▲6五歩に△同歩と取るのは▲5五角と打つ手がぴったり。

第2図の先手陣は、第1図で▲6八飛と逃げる形よりも、はるかに生き生きとしています。**後手はこの角筋が、どうにも止め難い。**駒を打って受けては、攻撃の戦力不足になってしまいます。

格言その五

矢倉戦の▲6六角は絶好形!

駒の損得より、働きと陣形の差。総合的に見て先手よし

駒の損得だけを見ると、第2図は後手の銀香得になっています。しかし、将棋はそれがすべてではありません。

第2図は▲6六角まで

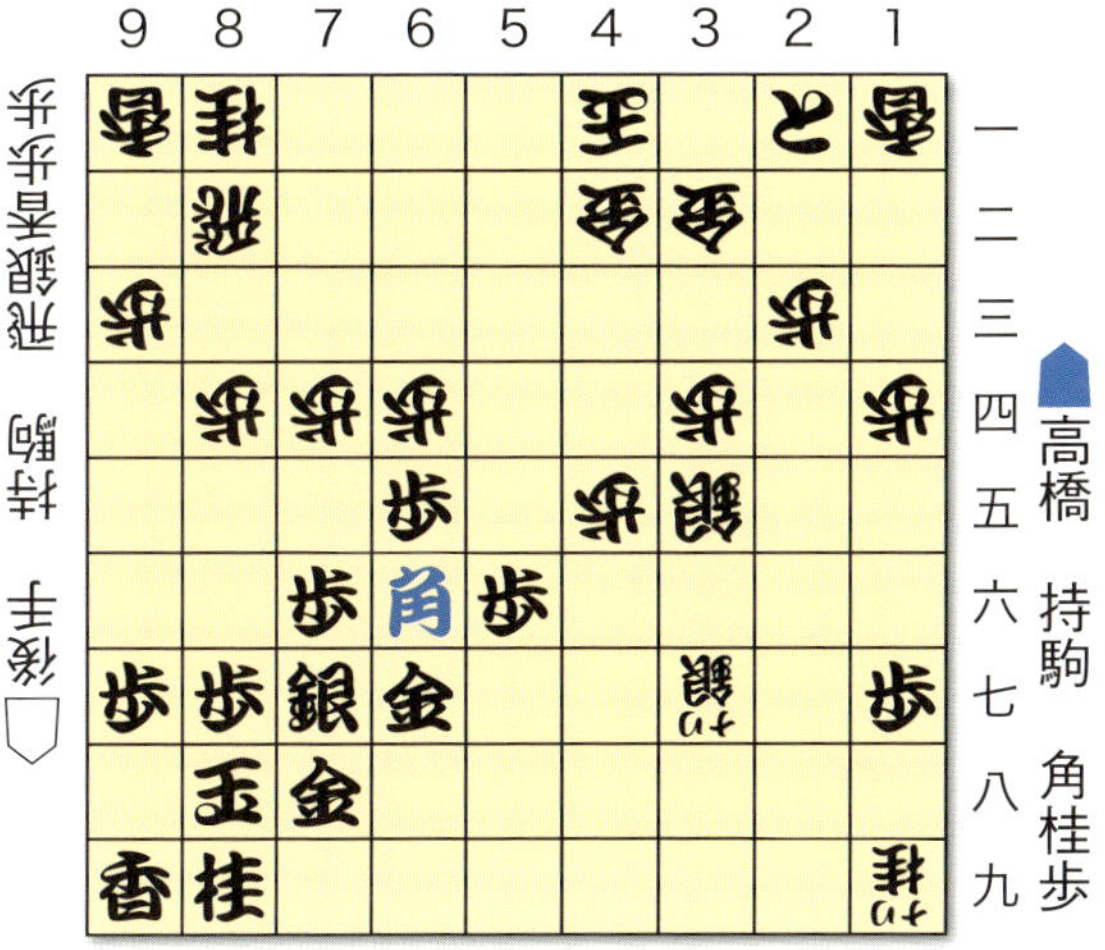

先手陣には、遊び駒がまったくないのに較べ、後手陣に働きのない駒が多く見られます。と金の存在も大きい。△8五歩と伸びていないのも、後手は痛く、攻め合いは玉形がしっかりしている先手に分があります。

総合的に先手よし。これが大局観です。

試してみよう!

詰将棋 NO.8 5手詰

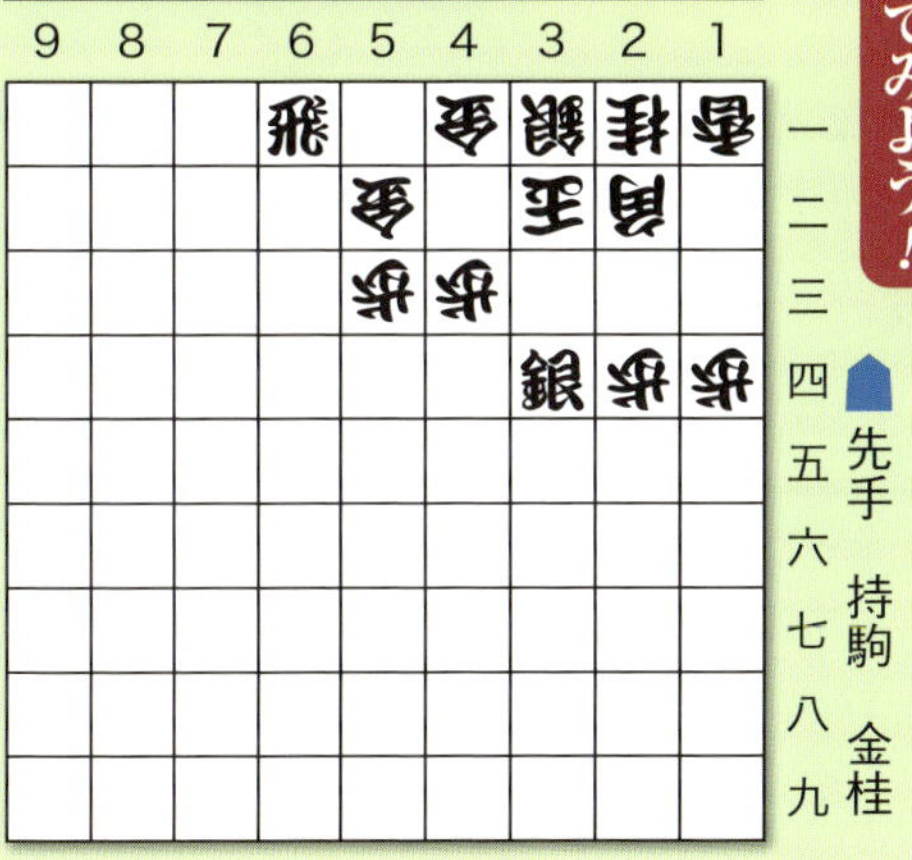

解答は127ページの解答欄にて

矢倉戦で攻めを成立させる、重要なポイントはなんでしょうか？

QUESTION 45-2

手筋の突き捨てで香を走る形を作っておく

攻めは飛角銀桂の協力によって。この攻めの基本をしっかり踏んでいるのが矢倉の特徴です。この４枚の駒をうまく操れると、攻めが成立するとしたものですが、やや目立たないながらも、とても大事なのが香の活用です。といっても、スズメ刺しなどで、香をそのまま攻め駒として使う形ではありません。

歩が欲しいとき、または相手の香を釣り上げて、陣形に隙を作る時に、**捨て駒として働かせる香のことです。**

激しい寄せ合いになっているのが、第１図。仲良く５段目に並んだ後手の１、２筋の歩に注目してください。

１筋は突き捨て、２筋は継ぎ歩によって、攻め易い形を作っています。

第１図は△５八銀まで

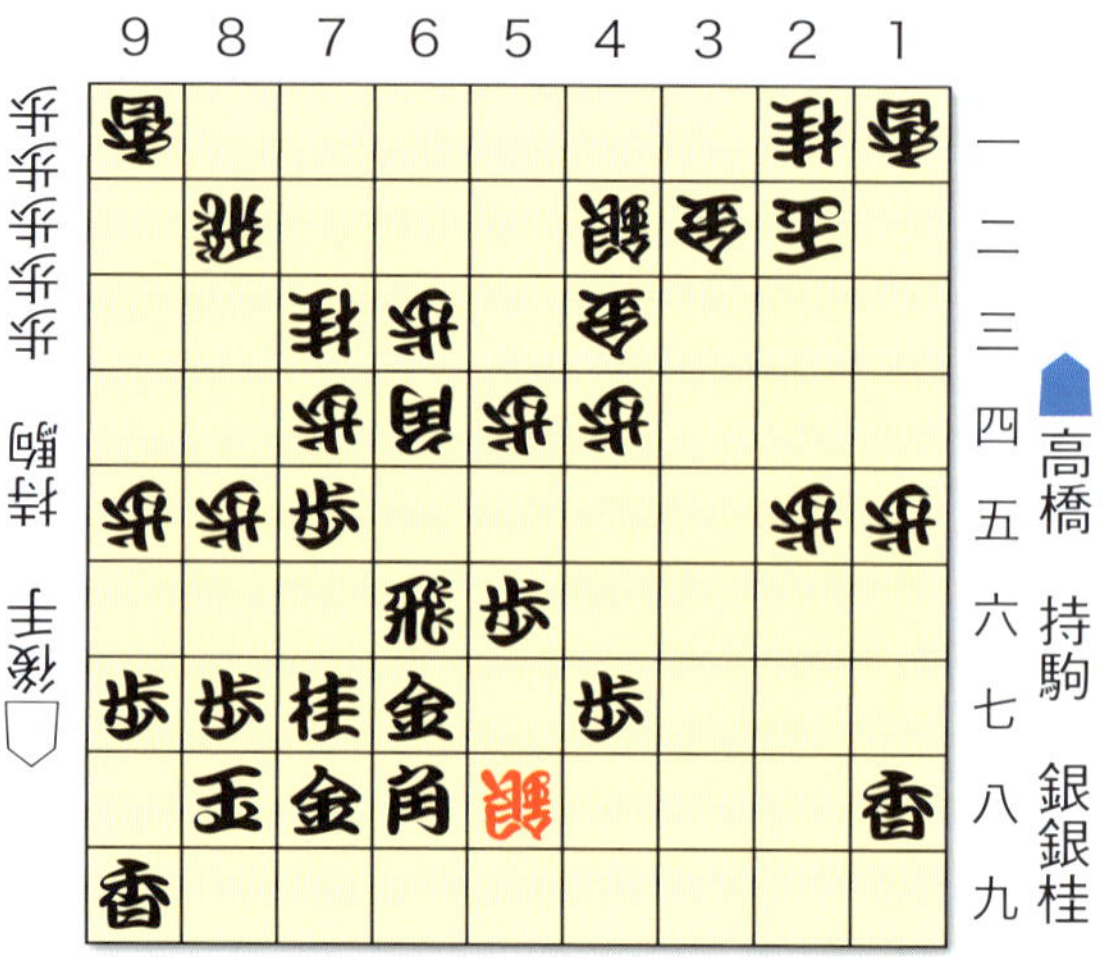

歩ぎれの先手としては、なんとか歩が欲しい。そこで、第１図では、▲１五香と走りました。△同香と取れば、▲１四桂と打つ手が非常に厳しい。

また△１四歩を受ければ、▲２四歩（A図）と垂らすのが、いい感じの攻めになります。

ANSWER 45-2

格言その六

矢倉戦、攻めの成否は香が握る!

厳しい叩きや垂らしの歩
玉頭にうまく打てたら大優勢

A図の▲2四歩では、▲2三歩の叩きの歩で攻めてもよし。**いずれにしてもいいタイミングでの▲1五香でした。**

A図は▲2四歩まで

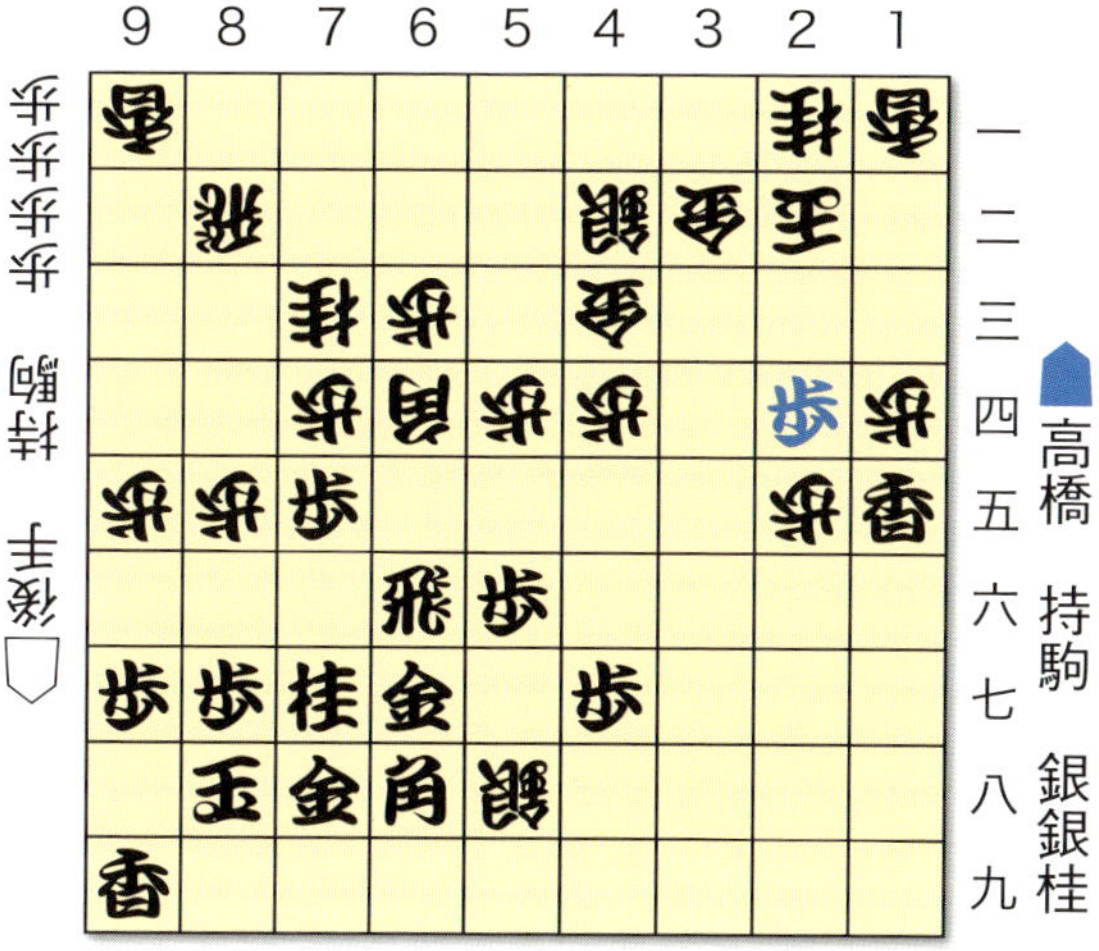

実戦は▲1五香から、△6七銀成▲同金△7五角▲6三飛成（第2図）と進みました。先手陣もかなり薄くはなりましたが、次の▲2三歩から攻めが強烈で、先手の一手勝ちが望める形勢です。

なお本局での香は、捨て駒にはならず後に▲1一香成と成り込んだのでした。

第2図は▲6三飛成まで

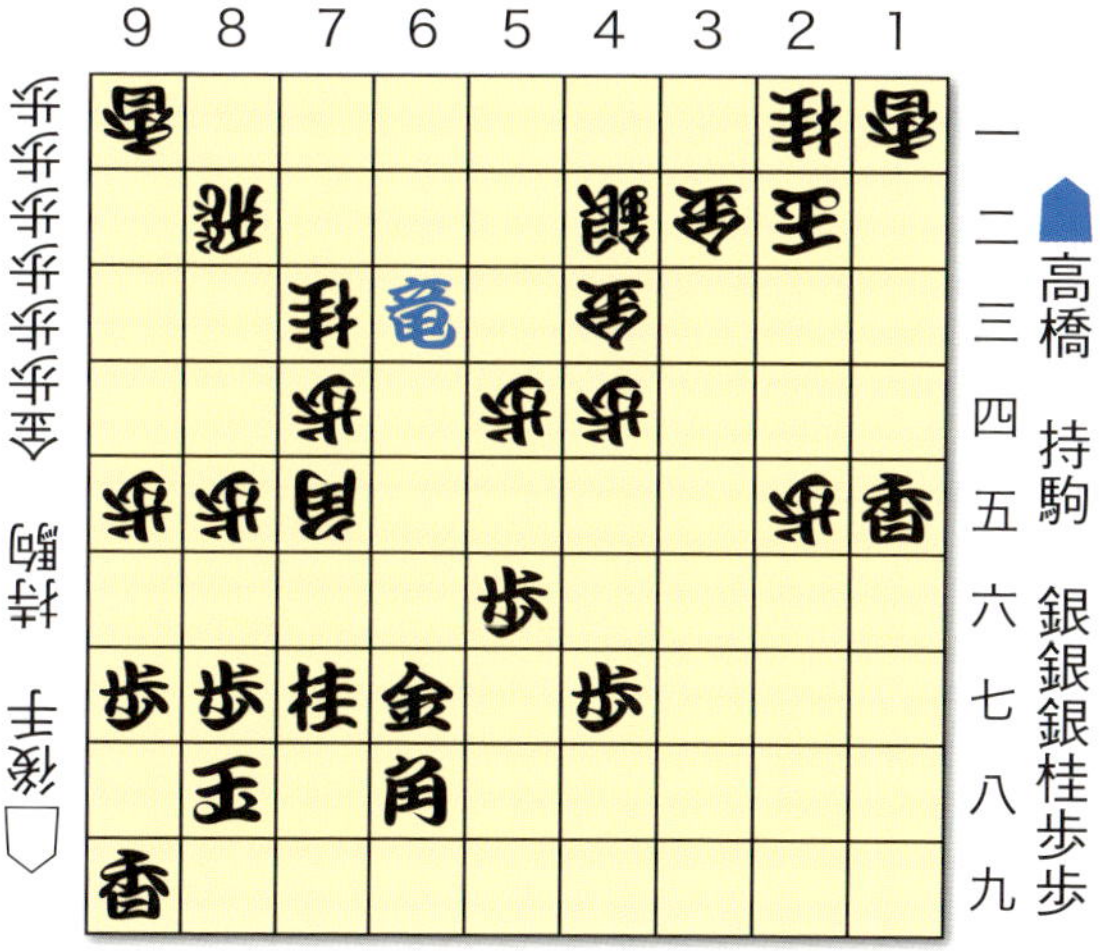

盤面のマス目は多く押さえると、有利なのでしょうか？

QUESTION 46

位を張っているときは 玉は上にかわすのが安全

将棋は、玉を詰ますという絶対の目的があります。囲碁のように、盤面をより多く占拠した方が勝つわけではありませんが、**大きく位を張って指せれば、局面を有利に運ぶことができます。**第1図では、先手の▲5五歩、▲6五歩が位取りの歩です。

並んだ二枚の歩を、角銀が内側からしっかりと支えて、後手陣に圧力をかけています。▲8五歩は、相手からの突き捨てによって進んだ歩なので、純粋な位とはいえませんが、この歩を金か銀で支える形になれば、立派な位取りになります。

なお、両方の端歩、及び飛先を伸ばした▲2五歩は、位とは言いません。

△9六桂の王手に対し、▲同香は△同歩と進められて、先手は嫌な形です。

第1図は△9六桂まで

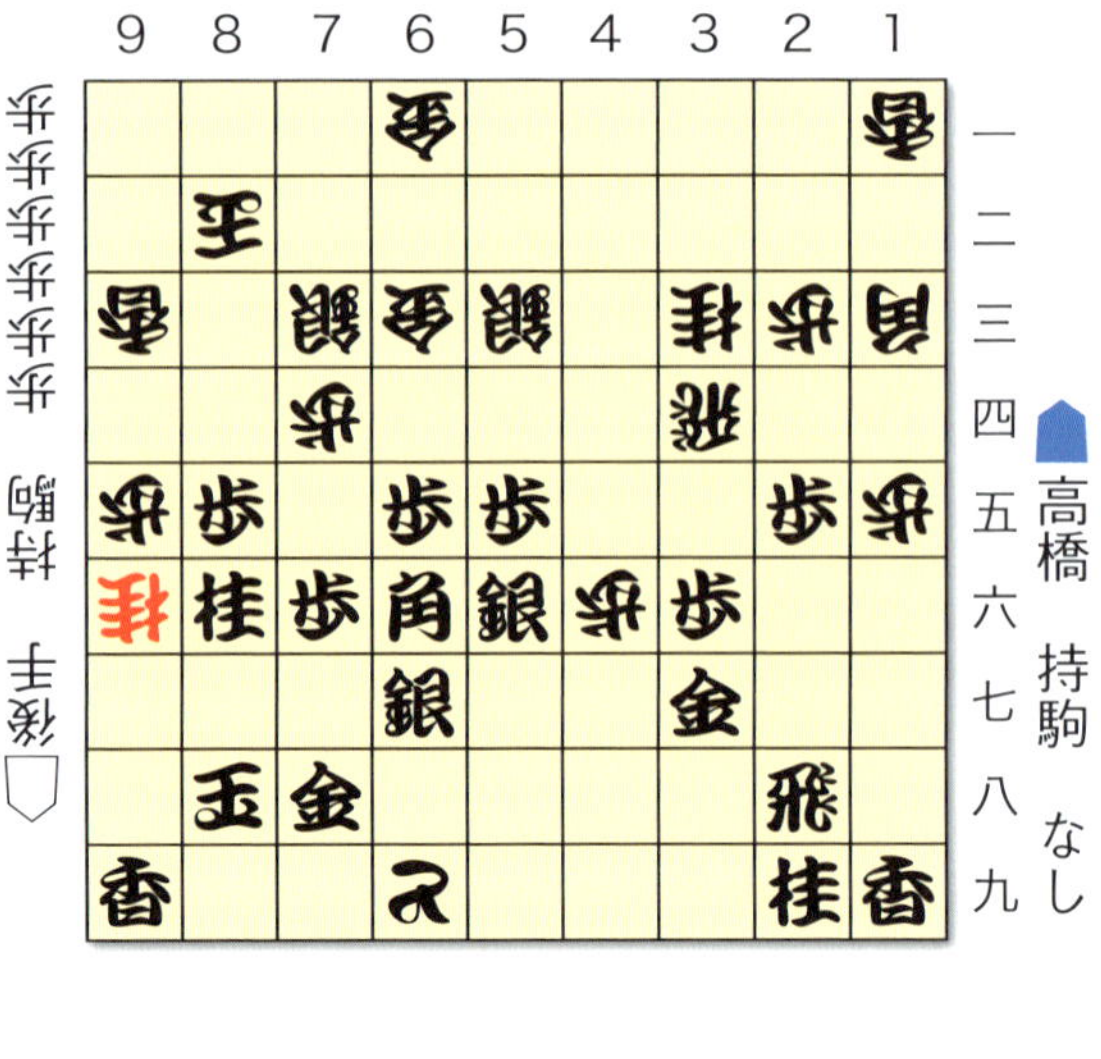

△9六桂に対して実戦は、▲7七玉とかわしました。位取りによって上部がしっかりしているときは、玉は上にいくのが、見た目以上に安全です。

▲7七玉から、△7九と▲8七金△8九と▲1五香△1四歩▲9四歩…と進んで、第2図に至ります。

ANSWER 46

格言その七

盤面を占拠して押さえ込み一本!

盤面を広く占拠して目指したい大きな将棋

ズラリと並んだ4～8筋の、広大かつ強大な位取りの陣が素晴しい。**第2図**くらいに玉頭が制圧できたら、相手はもうお手上げです。**第2図**は▲5四桂などの攻め手のほかに、▲2六桂△1三飛▲1四歩の、飛車の詰めろにもなっています。**盤面の占拠を心掛けて、大きな将棋を目指しましょう。**

第2図は☗4三成香まで

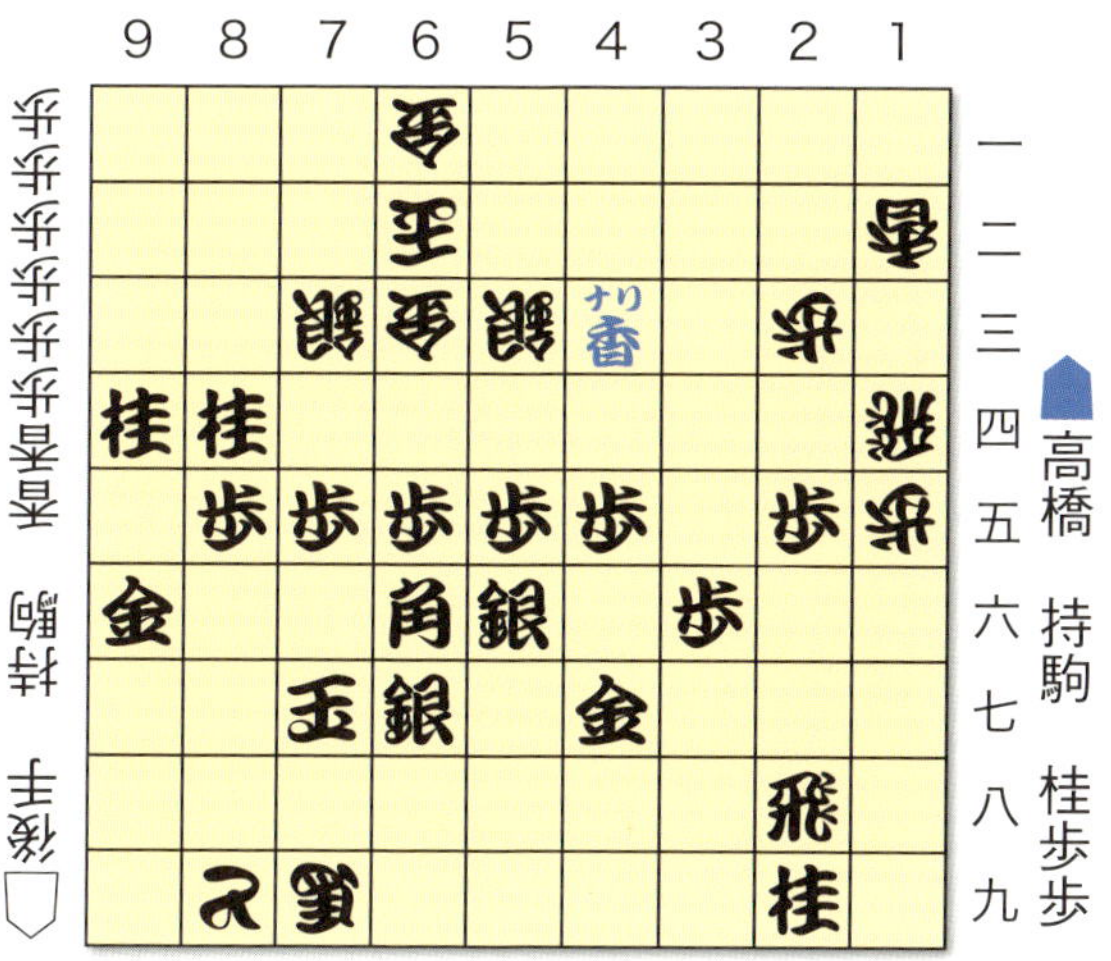
☗高橋 持駒 桂歩歩
△後手 持駒

押さえ込まれてまいりました!
こうなればお手上げだね!

遠くにいる成り駒はいつも最後まで残ってしまいます

QUESTION 47

桂香を取ったとしても「と金が遊ぶぞ」！これがプロ感覚

と金を作り、それを実際の金銀に換えるように指せるのが、初段のひとつの目安と言っていいでしょう。

第1図は△4四歩まで

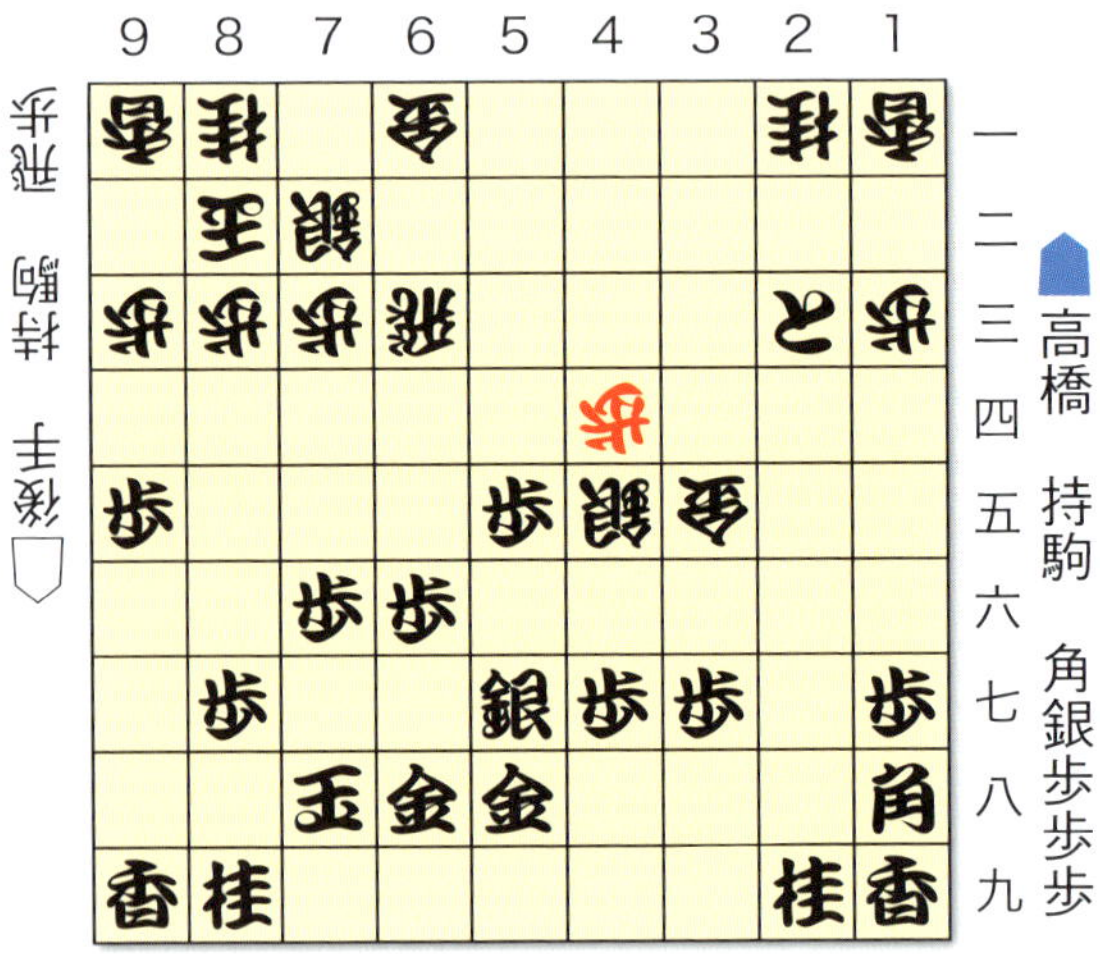

第2図は▲9六角成まで

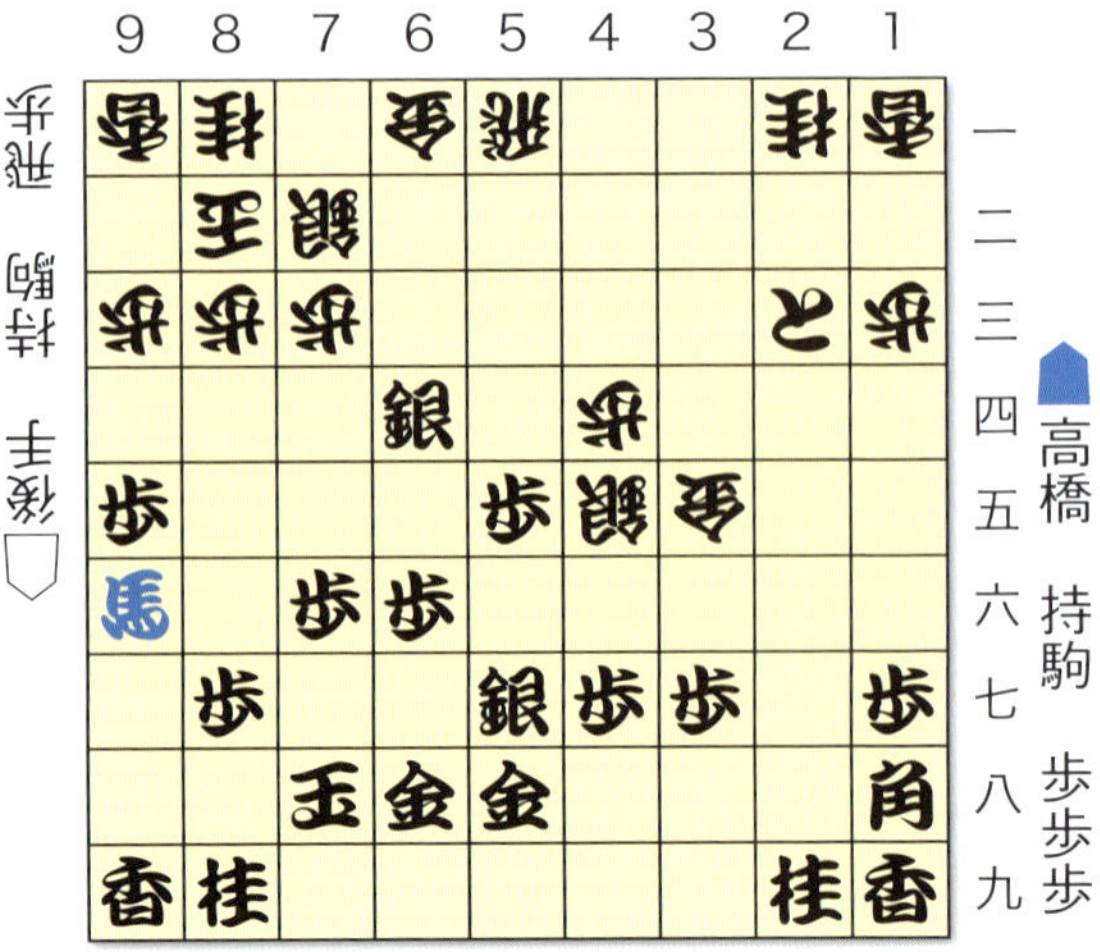

プロ感覚は、さらに上をいきます。**遠くのと金でも、じっくり寄せていって、攻めの主役になるように使っていく**のです。第1図は、△4四歩と突いてと金を取るぞ、と見せた局面。

先手としても、ここが勝負どころです。どう指すかがまさに勝負の分かれ目です。

A NSWER 47

格言その八

全力で遠くのと金を引きつけろ!

5筋までと金を持っていき 美濃囲い攻略に役立てる

▲2二とから桂香を拾うのは、駒得にはなるも、少し面白くありません。

実戦は第1図から、▲4一角△5三飛▲6四銀△5一飛▲9六角成(第2図)と進めて、と金の活用のためのセット完了です。第2図以下、△2八飛▲3二と△7一金▲4二と△6一飛▲6五歩△2六飛成▲5二と△3一飛▲4五角!△同金▲6二銀(第3図)で寄せの態勢に。見事なと金の大躍進でした。

第3図は▲6二銀まで

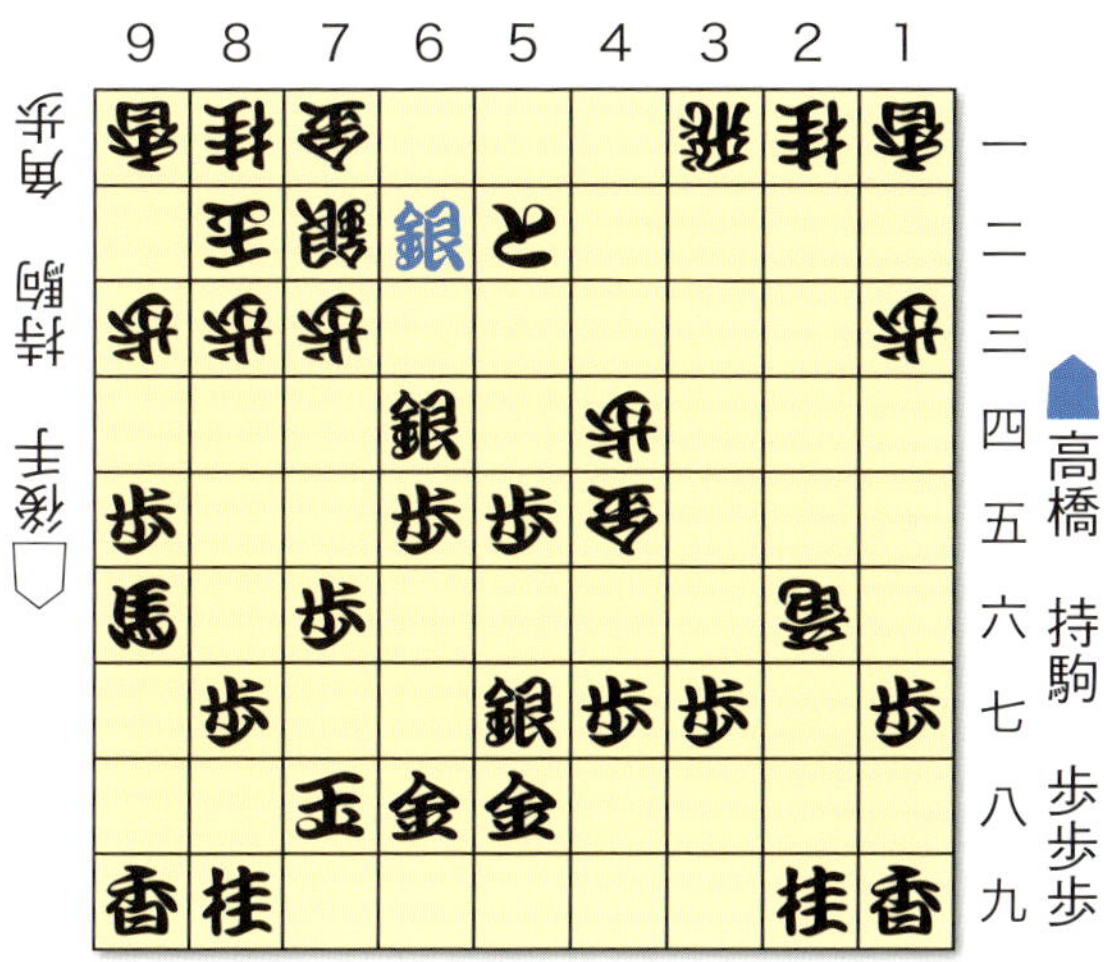

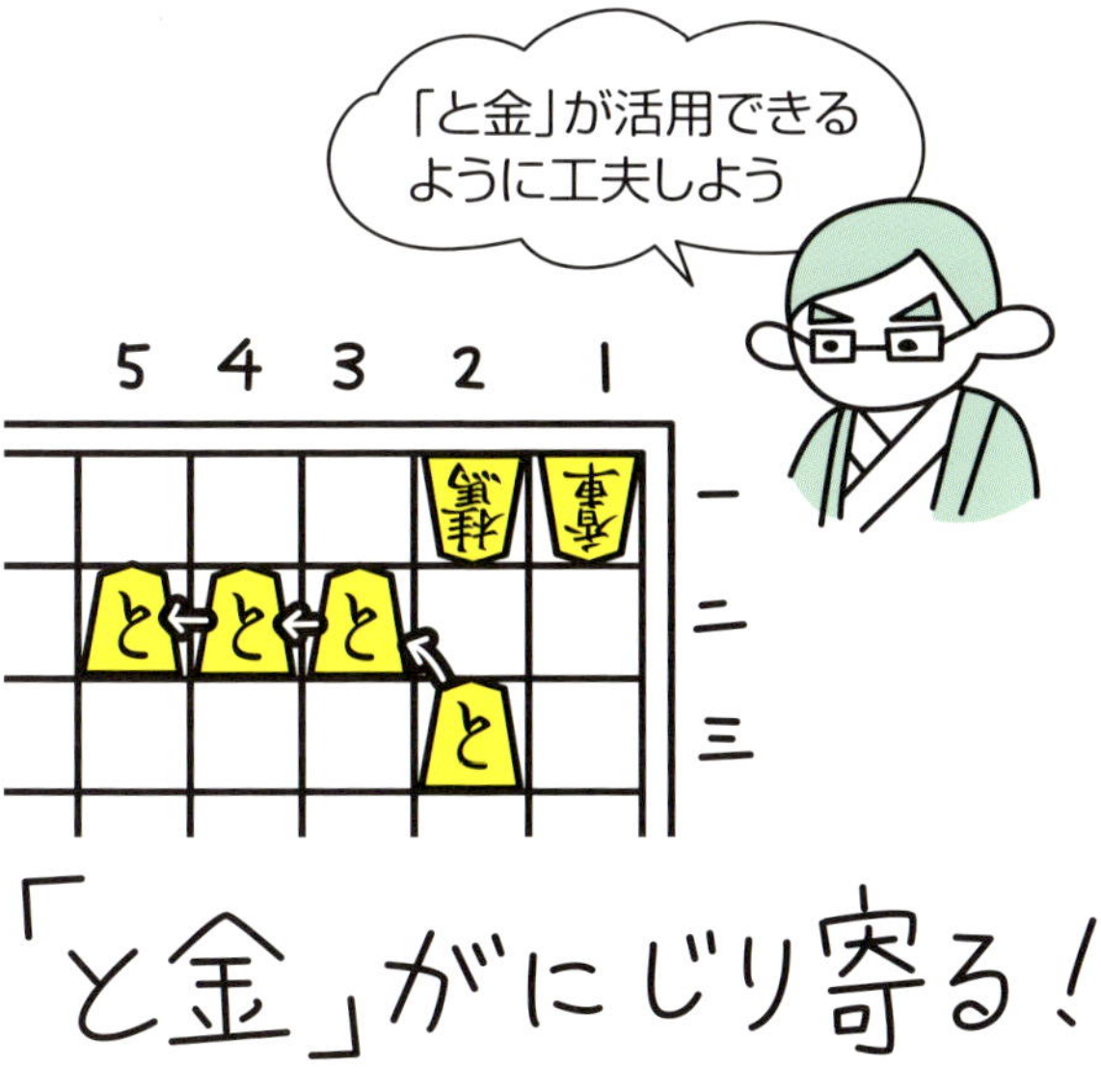

勝ちを掴むための大事な感覚ってありますか？

QUESTION 48

簡素な形でも絶対詰まない
ひとマス違いで天国と地獄

言うまでもなく、玉は王手が掛からなければ、詰まされることはありません。

そうした玉形のことを、**現代では略して「ゼ」または「Z」と呼ぶようになりました。**

王手が掛からずに詰まないというと、穴熊を連想しますが、状況によっていろいろな形があります。

第1図の先手玉も「Z」の状態であることが、お分りでしょうか。

△8八金は▲同金、△8六桂は▲同銀と2手進んだところで、王手が途切れます。

これが▲8八玉形では、次の△7八銀成や△5五角などで、すぐに王手が掛かってしまいます。

ひとマス違いが、大きな違いです。

この一瞬の余裕を生かして、寄せに入ります。**第1図**のような局面では、つい▲2二銀と打ちたくなりますが、これはNGです。

△同金とは取ってくれず、△4一玉とかわされて、攻めが重くなります。

第1図での次の一手は、▲4二歩。

△同金寄に▲2二歩成と成ります。

第1図は☖6九銀まで

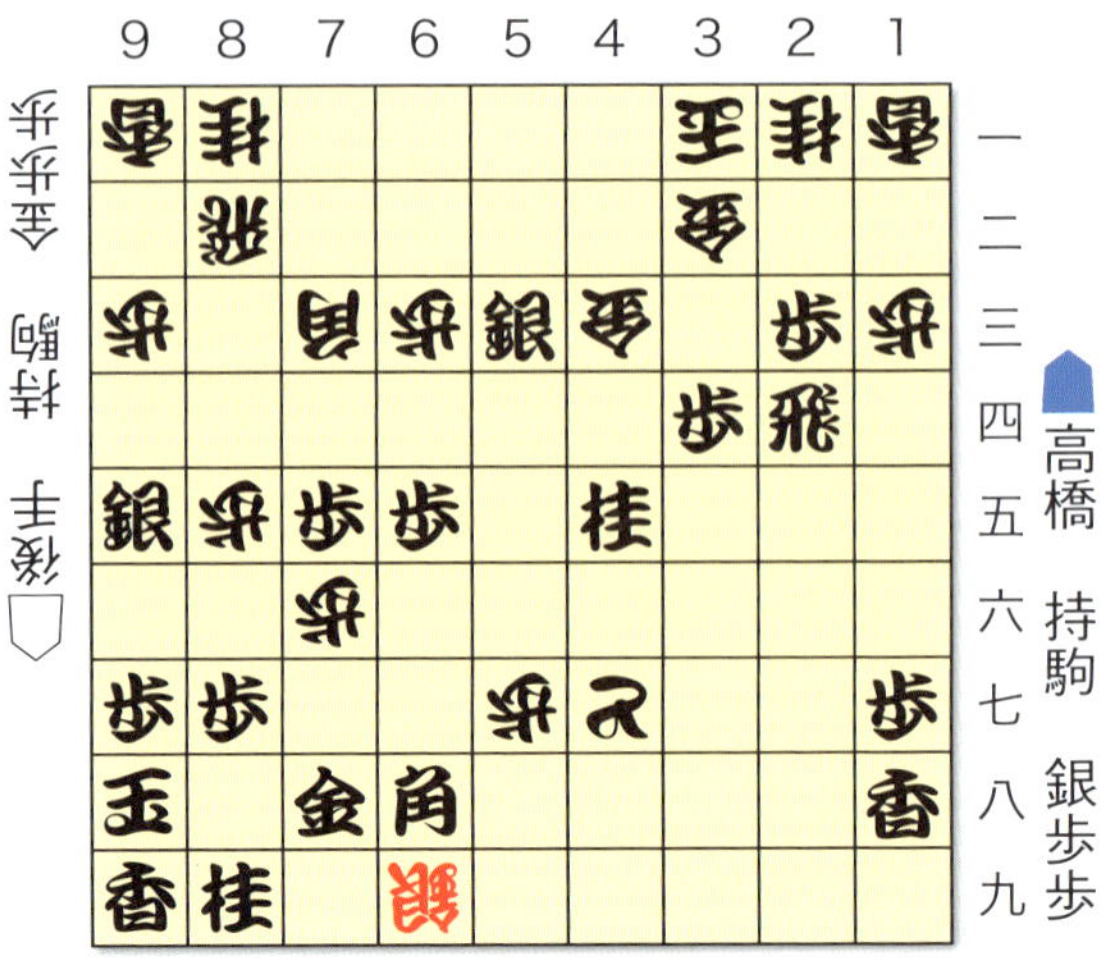

ANSWER 48

格言その九

“Z”形の一瞬に全てを賭けろ!

歩の手筋によって崩し ほかの駒の力で決める

▲2二歩成の後、△4一玉▲3二と△同玉▲4二銀成△同金▲3三銀（第2図）と、ガンガン攻めて、以下勝ち切ることができました。

第1図での▲4二歩、そして数手後の▲3二とが軽妙手です。

どんな場合でも、**攻めや寄せを成功させるには、まずは歩の手筋から入るのがいいでしょう。**歩で崩しておいて、ほかの駒で決めるのです。

第2図は△3三銀まで

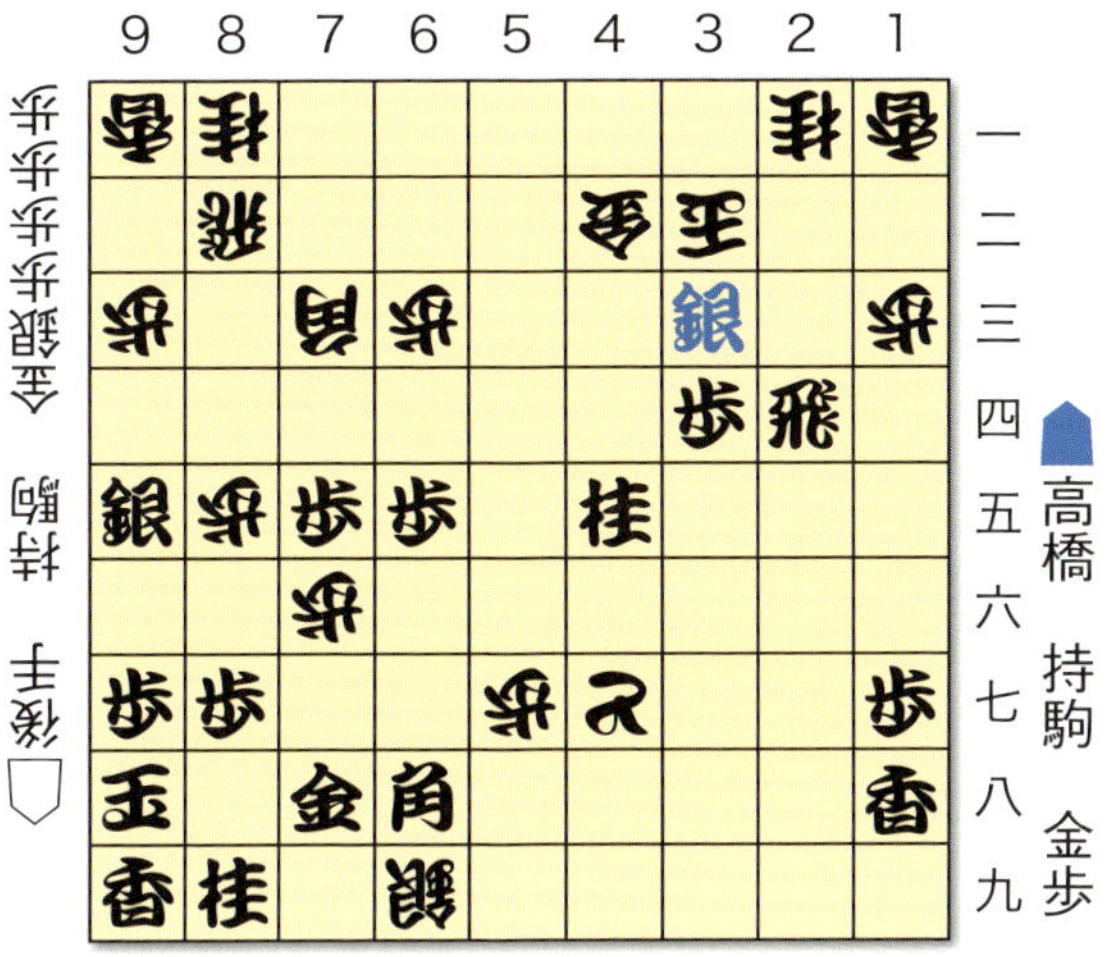

試してみよう!

詰将棋 NO.9 7手詰

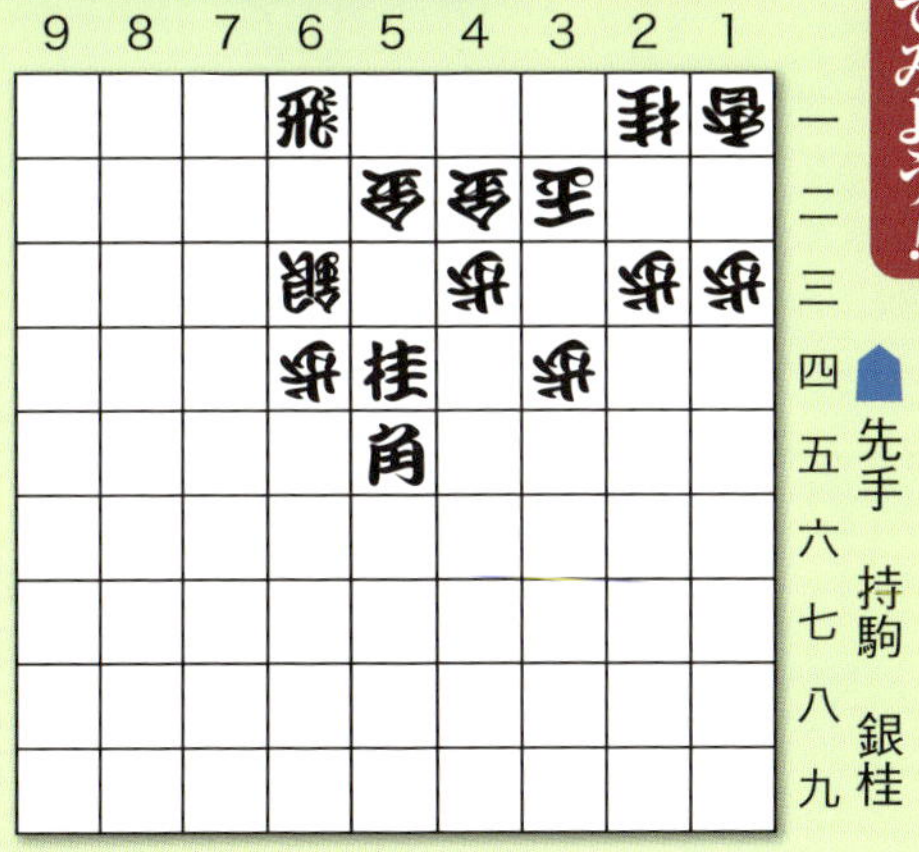

解答は127ページの解答欄にて

QUESTION 49

飛車はとても強い駒なので攻めだけに使いたいのですが…？

大ピンチの玉を救う 遠くからの飛車の横利き

飛車はとても強力な攻め駒ですが、受けの強さも見逃せません。

第1図は△5二玉まで

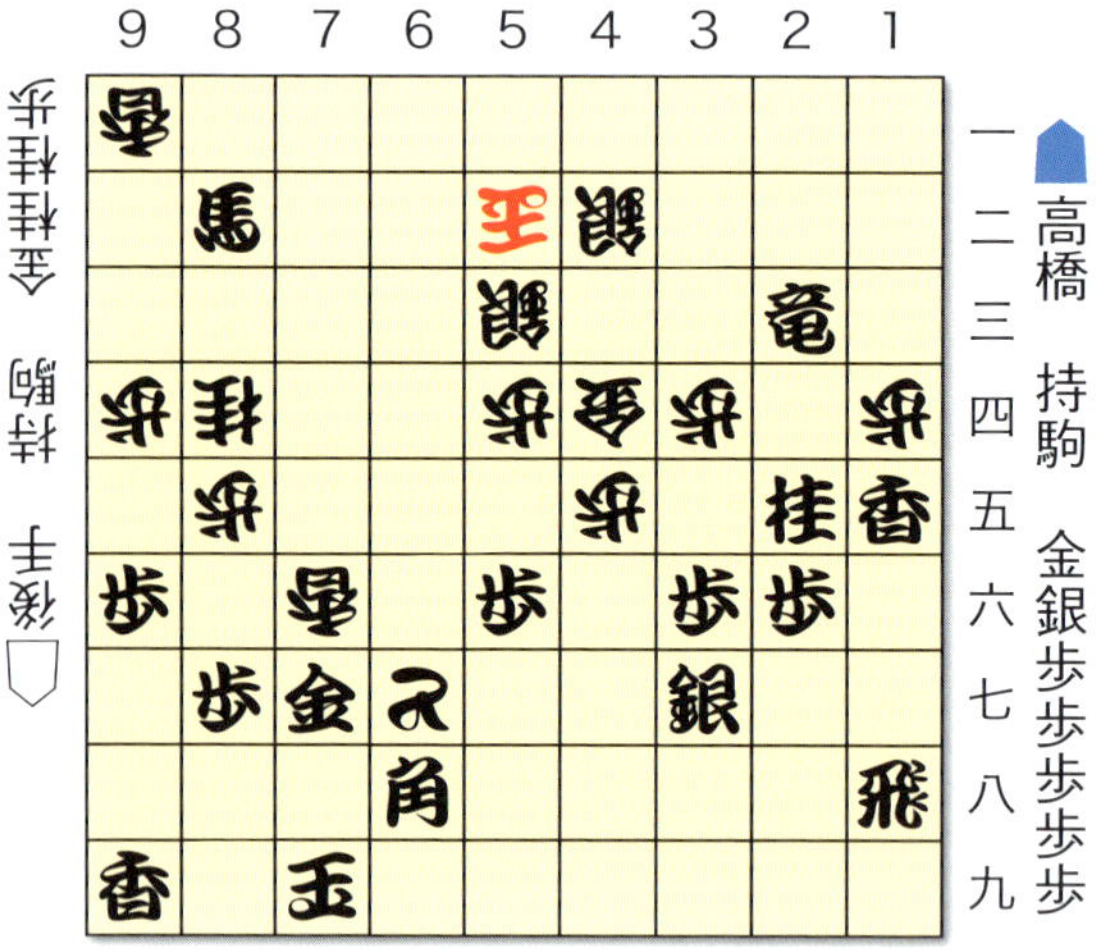

9 8 7 6 5 4 3 2 1
一 二 三 四 五 六 七 八 九
▲高橋 持駒 金銀歩歩歩歩
後手 持駒 金桂桂歩

守りの金銀をすべてはがされても、遠くからの飛車の横利きが最後の砦となって、玉を守り切って勝つケースも、よくあります。**第1図**は、その典型例です。先手玉は、次に△7八金以下の詰めろが掛かっていて大ピンチ！

ただ受けるだけの手では、先手は勝てません。しかし、ここで用意の一手あり。

第2図は▲2四角まで

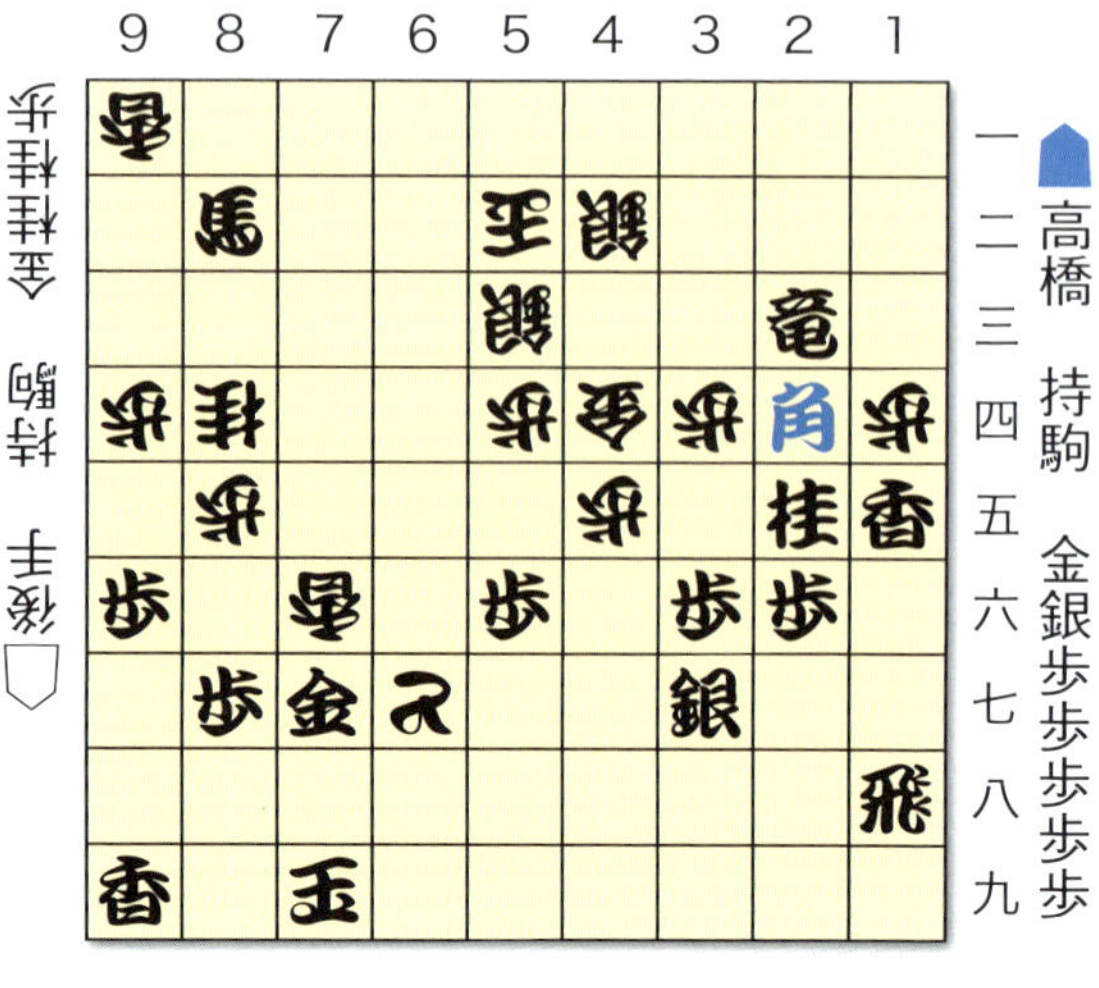

9 8 7 6 5 4 3 2 1
一 二 三 四 五 六 七 八 九
▲高橋 持駒 金銀歩歩歩歩
後手 持駒 金桂桂歩

ANSWER 49

格言その十

飛車の横利き、最後の砦!

守りの駒がいなくなっても 最後の支えの飛車の存在

その用意の一手が▲2四角（第2図）です。

この角出が、▲1八飛の横利きを通して玉頭を守り、かつ▲4二角成以下の詰めろを掛けた絶好の一手。

これで先手が勝ちになります。

実戦は第2図から、△7七香不成▲8八玉（第3図）で後手投了になりました。

第2図で△7八金は、▲同金△同香成▲同飛△同と▲同玉で詰みません。

飛車の横利きが玉を助けました。

第3図は▲8八玉まで

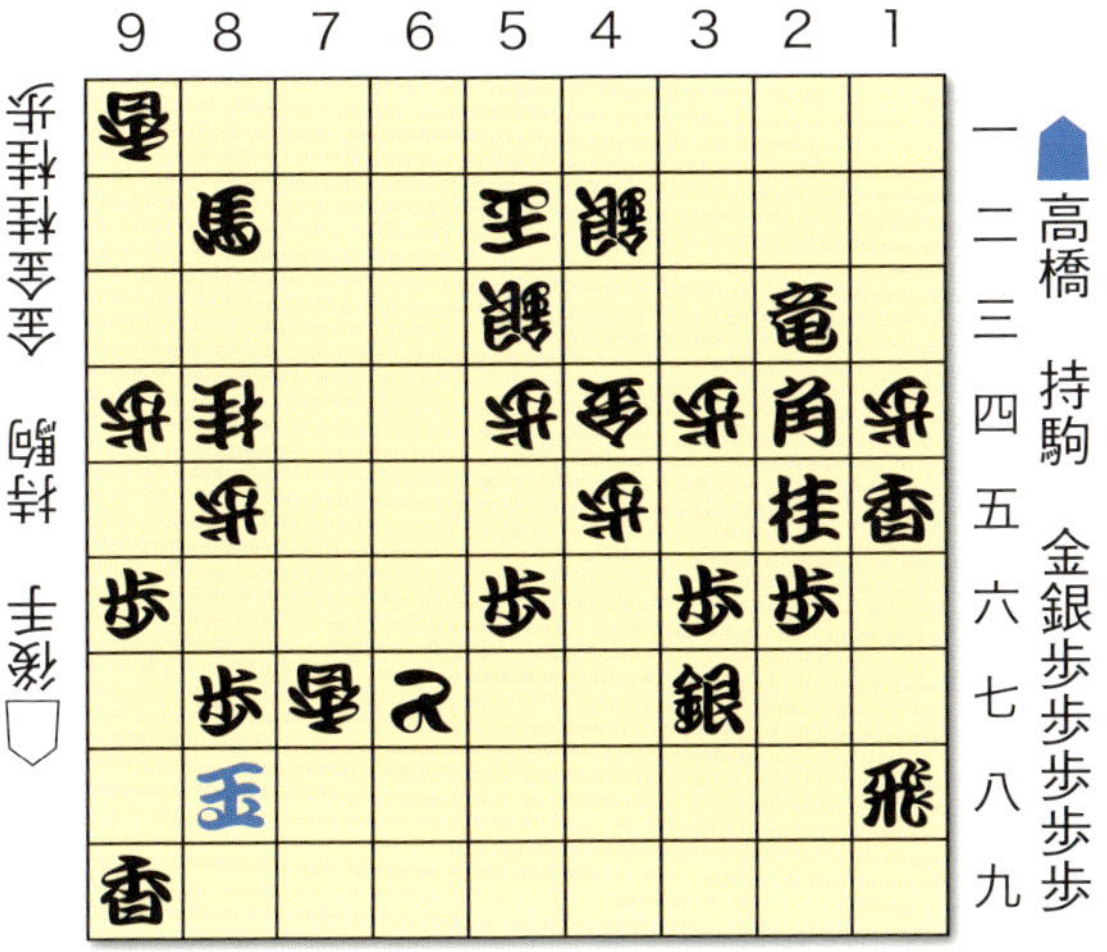
▲高橋 持駒 金銀歩歩歩歩歩
△後手 持駒 金金桂桂歩

スゴい
防衛線だ!
飛車の横利き
これは
最後の
砦だ!!

入玉されてしまったときの対処はどうしたらいいでしょうか？

QUESTION 50

無理に寄せにいかず駒数による点数勝負へ

玉が相手の陣内へ入るのが入玉です。入玉されてしまうと、つかまえるのがとても大変。

攻める側は、桂香歩のような前にだけ利く駒が使えなくなり、対して相手の桂香歩は、すぐにでも成り駒にパワーアップして、玉をしっかり守りにかかるからです。

自陣深くに玉を侵入されてしまった第1図は、ここでどのような方針でいくかを決める大事な局面です。

後手は入玉形とはいっても、と金などの小駒の成り駒がなく、やや頼りない状況。▲1五飛などの手で、あくまでも玉をつかまえにいく手も考えられましたが、攻め駒もまた心許ない。

対局時は、すでに一分将棋だったので、無理に玉を寄せに出て、勝ちを目指すよりも、負けない指し方を優先しました。

そして指した一手は▲7一飛（第2図）。これは相手の角をしっかりと捕獲して、将棋本来の玉の寄せ合いの勝負から**駒数による点数勝負に転じての勝利を目標にした一手です。**

第1図は△2五桂まで

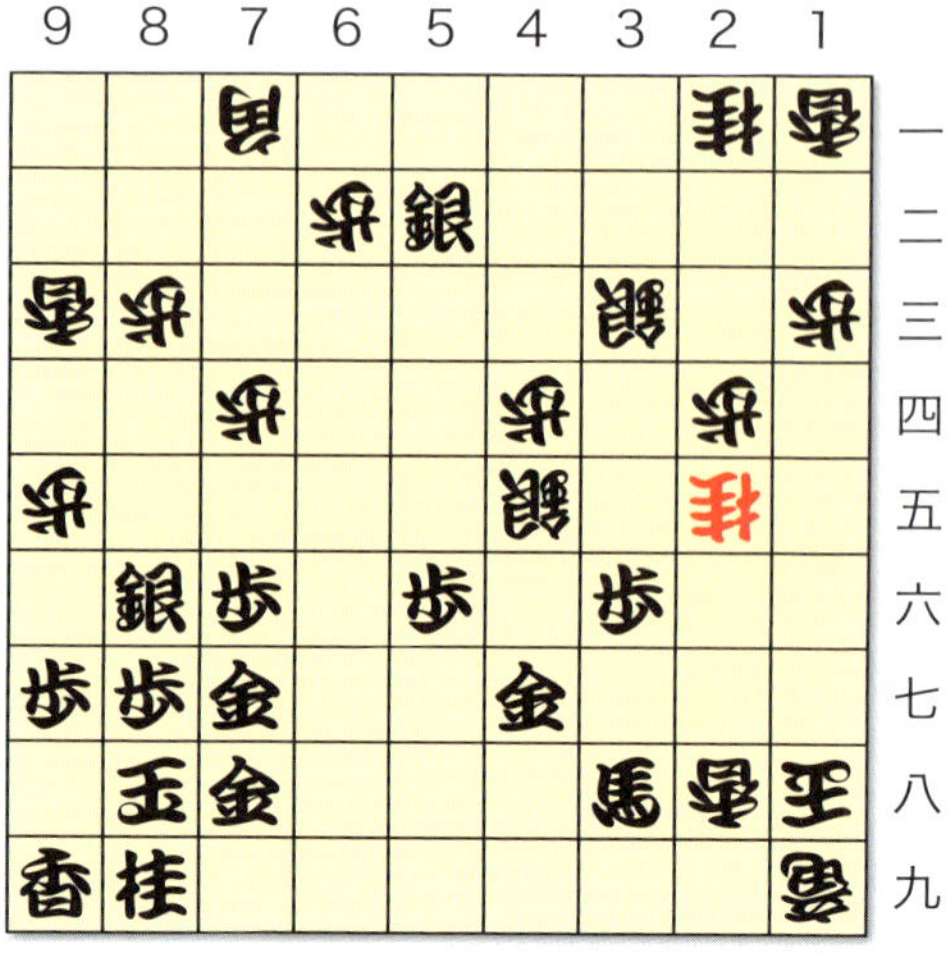

ANSWER 50

格言その十一

入玉形は深追いしない！

点数勝負では、大駒の数の差がそのまま勝敗に直結

実戦は第2図から、△3七歩▲4八馬（第3図）で、後手投了になりました。馬が離れたことで、後手玉はすっかり安全になりましたが、次に▲7一飛成と角を取った後に、▲9三馬の香取りが生じていて、先手はかえって好都合です。

相入玉での点数勝負は、大駒5点、小駒1点の24点法。**大駒3枚を保持する先手に負けはありません。**

後は一目散に入玉するだけです。

第2図は▲7二飛まで

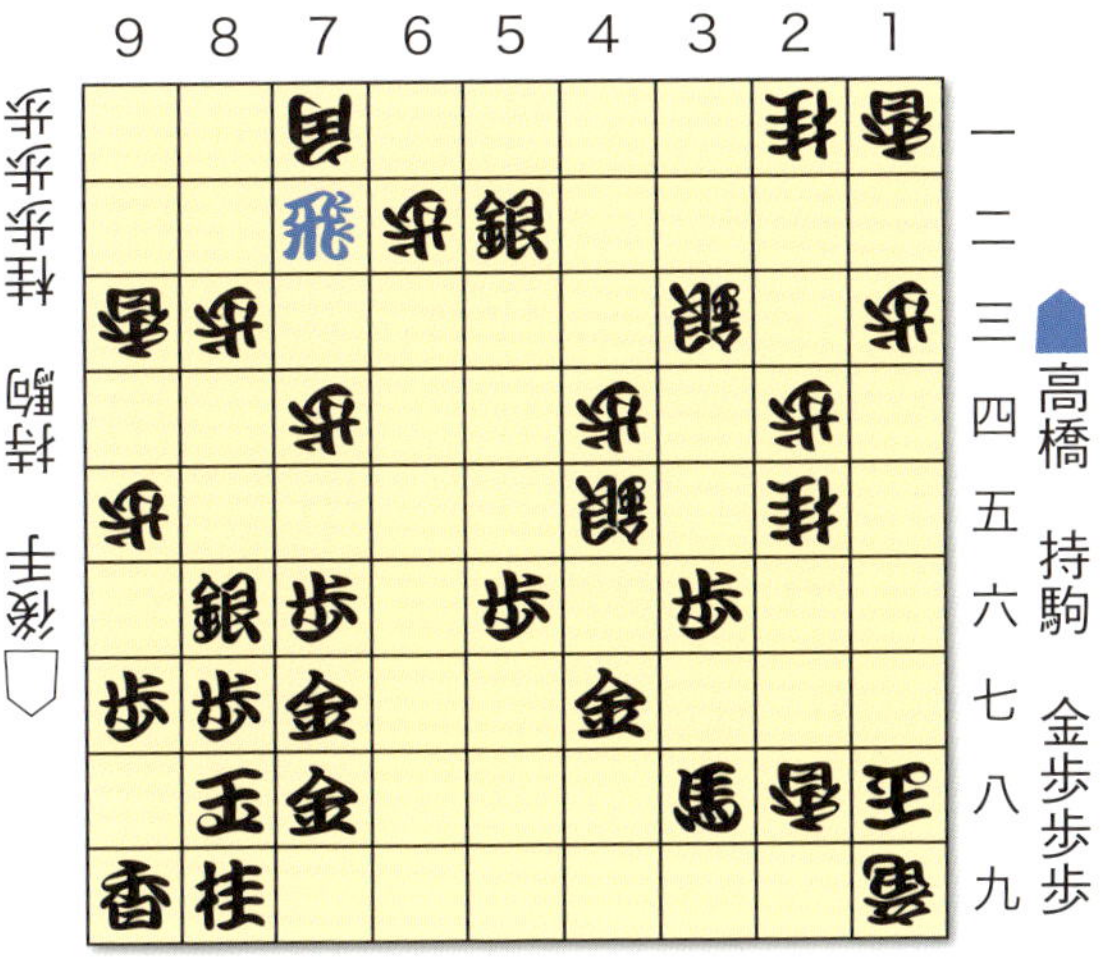

第3図は▲4八馬まで

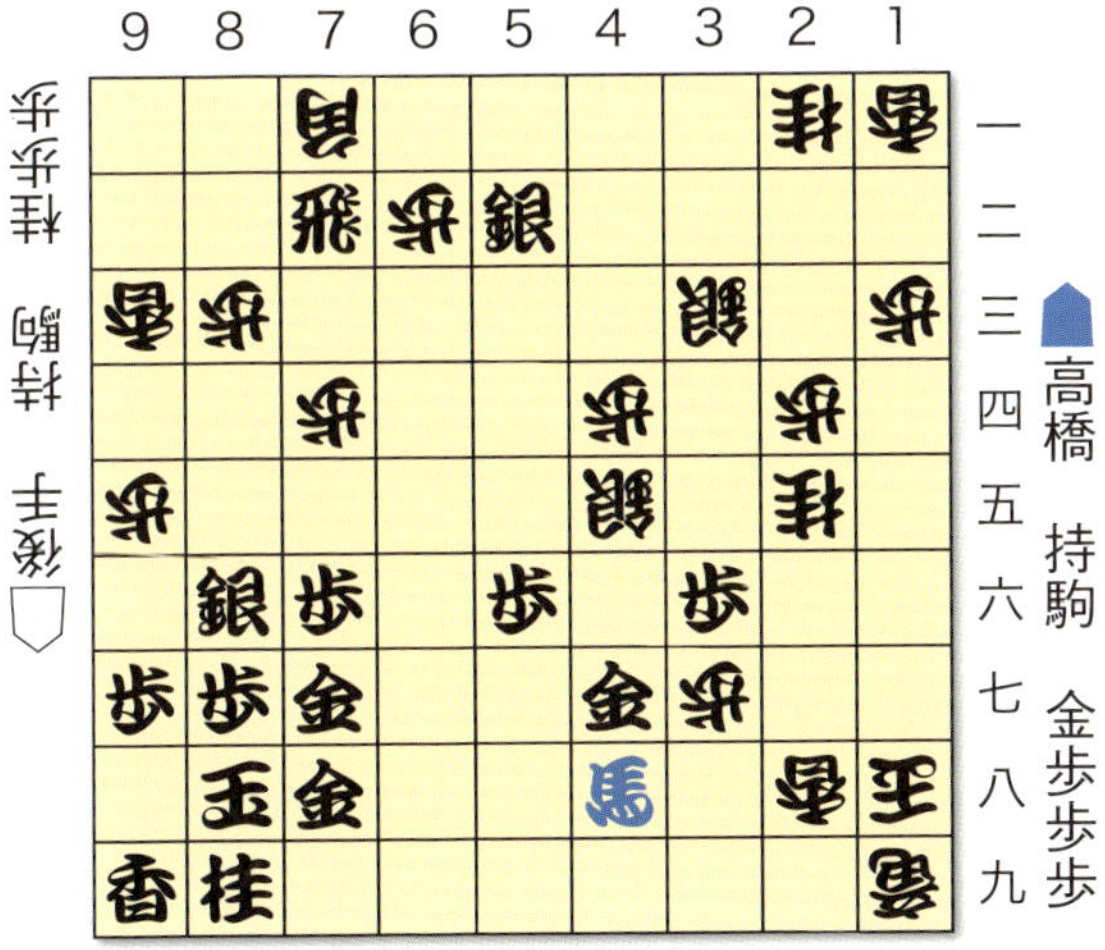

チャレンジ問題 1〜4 詰将棋の解答

第1問解答

☗2三歩成まで

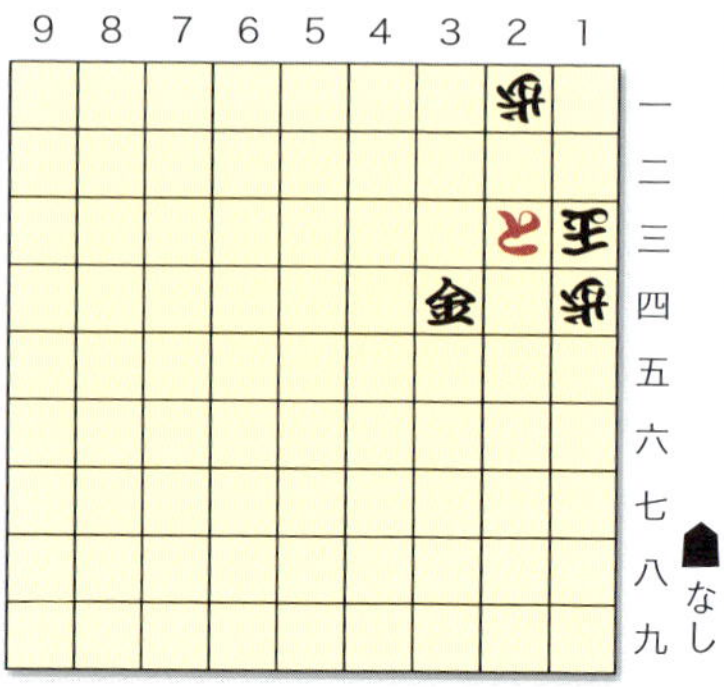

豪快な飛車捨て

▲1三飛成△同玉▲2三歩成　まで3手詰め

大駒（飛車）を捨てる練習の一問です。

初手に豪快に▲1三飛成と捨てて決まり！

第2問解答

☗3一飛まで

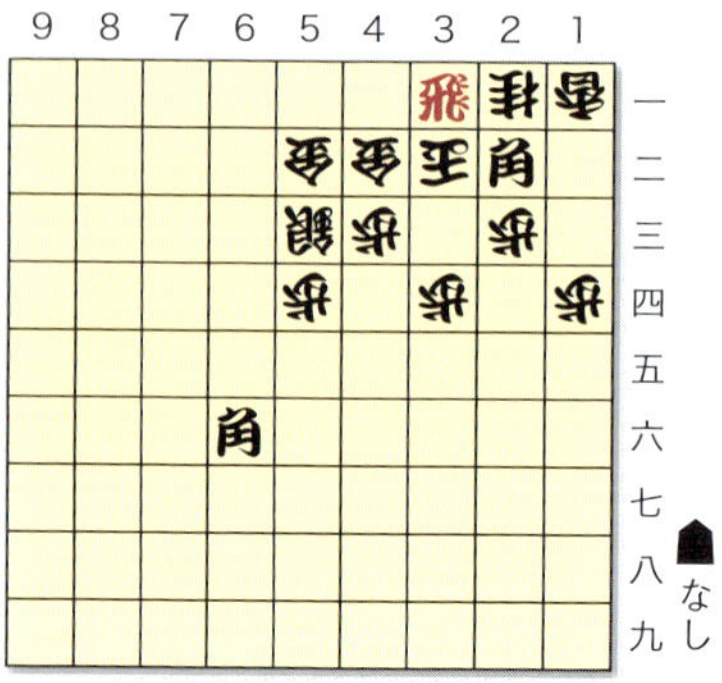

大駒の使い方

▲3一飛△同玉▲2二角打△3二玉▲3一飛　まで5手詰め

初手▲2二飛は△3一玉で失敗します。

2二地点に打つ駒は角です。

第3問解答

☗2三金まで

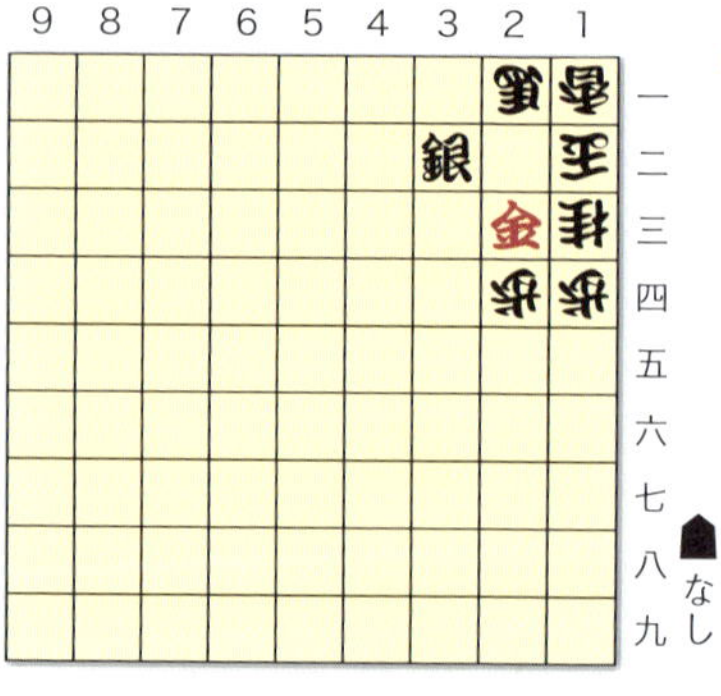

同じ価値の飛歩

▲1三飛△同桂▲2二角成△同馬▲2一銀打△同馬▲2三金　まで7手詰め

初手の飛車捨てがポイント。

歩でも同じなのがミソです。

第4問解答

☗3二角成まで

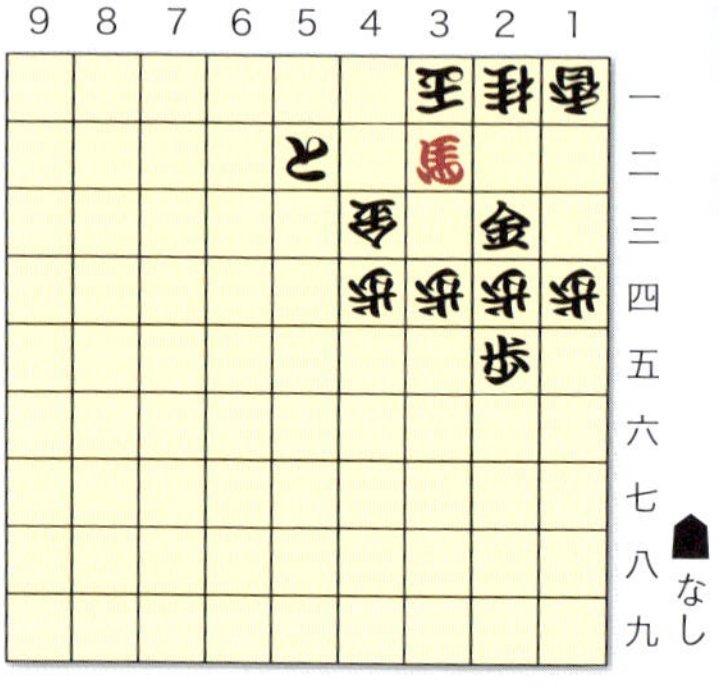

桂の犠打が急所

▲3二竜△同玉▲2四桂△同歩▲4一角△2二玉▲2三金△3一玉▲3二角成　まで9手詰め

空間を作る3手目▲2四桂が好手です。

NO1 解答

銀の打ち捨てが好手

▲2一銀　△同玉　▲1三角成
まで3手詰め

初手に▲3二竜とすると、詰んでいるように見えますが、△2二香とでも合駒をされると、まったく詰みません。▲2一銀と思い切りよく打ち捨てるのが好手です。

△同玉に▲1三角成と竜の利きを通して詰みになります。

☗1三角成まで

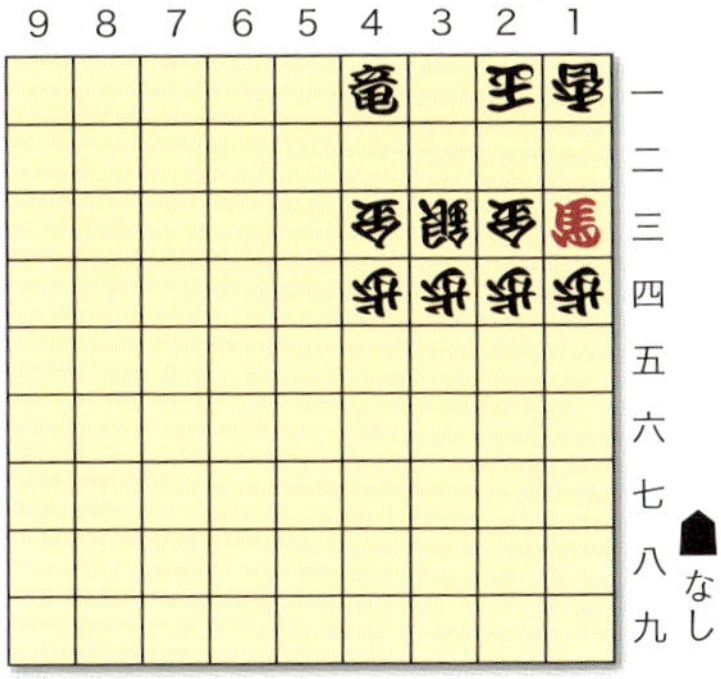

NO2 解答

最後は竜の力で詰む

▲1二銀成　△同玉　▲1三香
△2二玉　▲1一飛成まで5手詰め

実戦なら▲3二銀成と取ってしまいそうな問題ですが、△同玉▲3一金△4二玉とかわされて続きません。

取れる金をあえて取らずに、▲1二銀成と反対方面に軽く成り捨てるのが好手。以下飛車と香の協力によって詰み上げます。

☗1一飛成まで

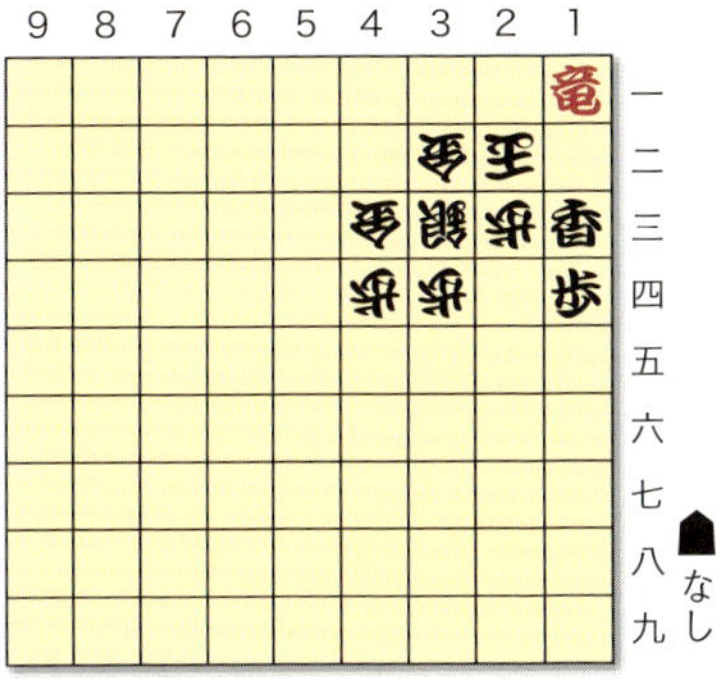

NO3 解答

自軍の邪魔駒を消そう

▲1三角　△2二玉　▲1一歩成
△同玉　▲1二銀　△同玉
▲3一角成　まで7手詰め

△3一玉と逃げられてはつかまらなくなってしまうので、▲1三角はこの一手です。1二にある攻め方の歩は、実は邪魔駒になっています。

そこで、その歩を▲1一歩成と捨てて、▲1二銀と打ちかえればOK。

☗3一角成まで

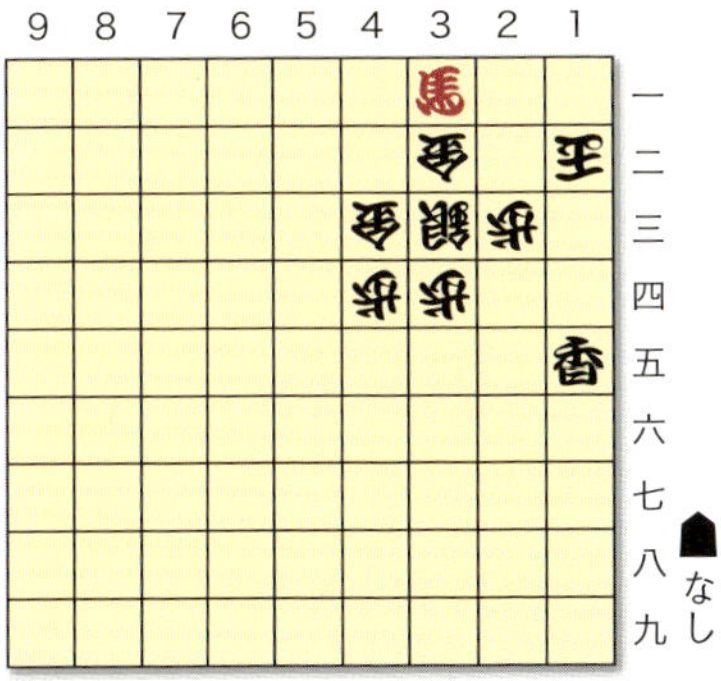

NO4 解答

金は慎重に読んで使う

▲8二金 △9三玉 ▲8三金 まで3手詰み

3手目の金の動き方に、十分な注意が必要です。▲8三金とじっと引くのが正解。両玉手での詰みになります。▲8三金で、▲7二金や▲8一金とする手は、△7一金と攻めの要の角と取られて、詰め手がストップしてしまいます。

☗8三金まで

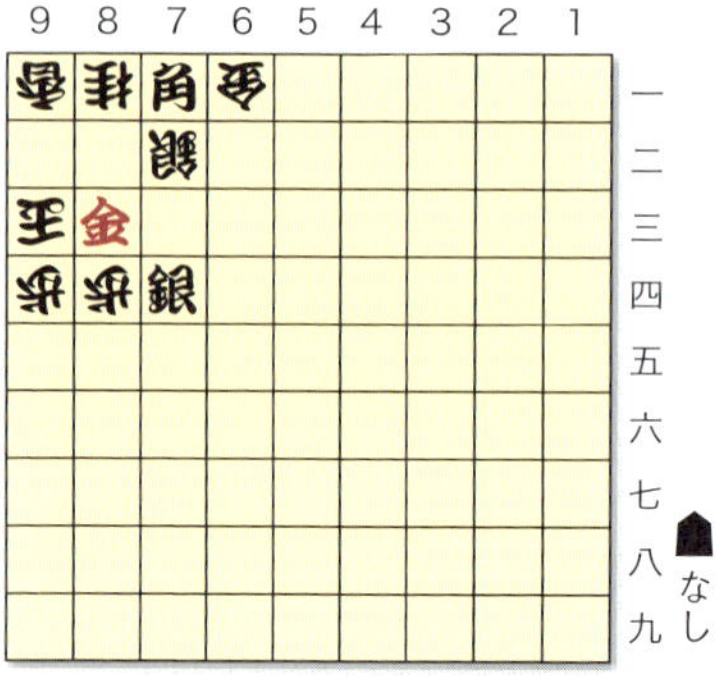

NO5 解答

三手目の桂使いがポイント

▲8三銀 △7一玉 ▲6三桂不成 △同銀 ▲8二飛成 まで5手詰め

3手目の▲6三桂不成が好手で、詰みの形になります。

これを▲7二銀成は、△同金▲同飛成△同玉▲6三銀△6一玉で、わずかに届きません。

最終手の▲8二飛成は、▲8二銀成としても正解です。

☗8二飛成まで

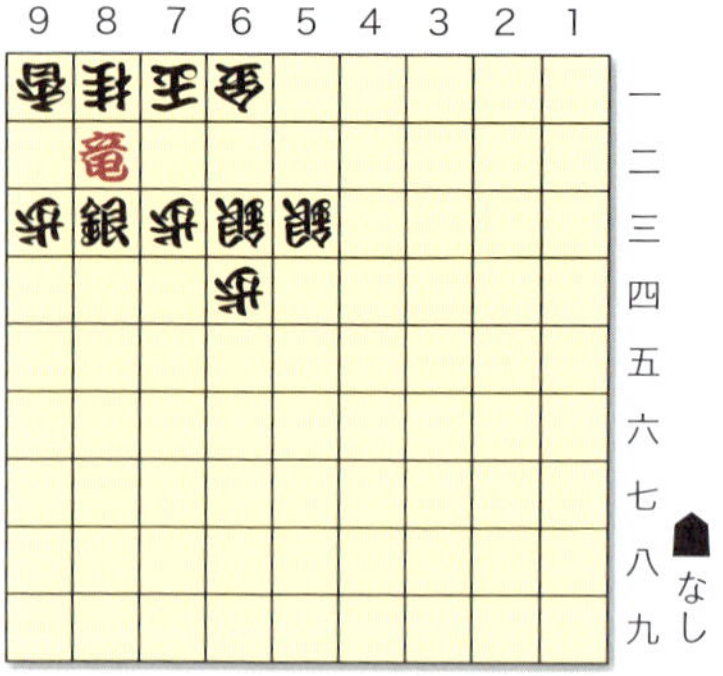

NO6 解答

5五に角がいる意味をつかもう

▲7四桂 △9二玉 ▲8二金 △9三玉 ▲6六角 △8四歩 ▲8五桂 まで7手詰め

美濃囲いへの急所の▲7四桂から入ります。4手目△9三玉まで追って、少し攻め駒が足りないか、と見えるところで、次にひょいと引く▲6六角で詰み。これに対し、先に▲8五桂は△8四玉で失敗です。

☗8五桂まで

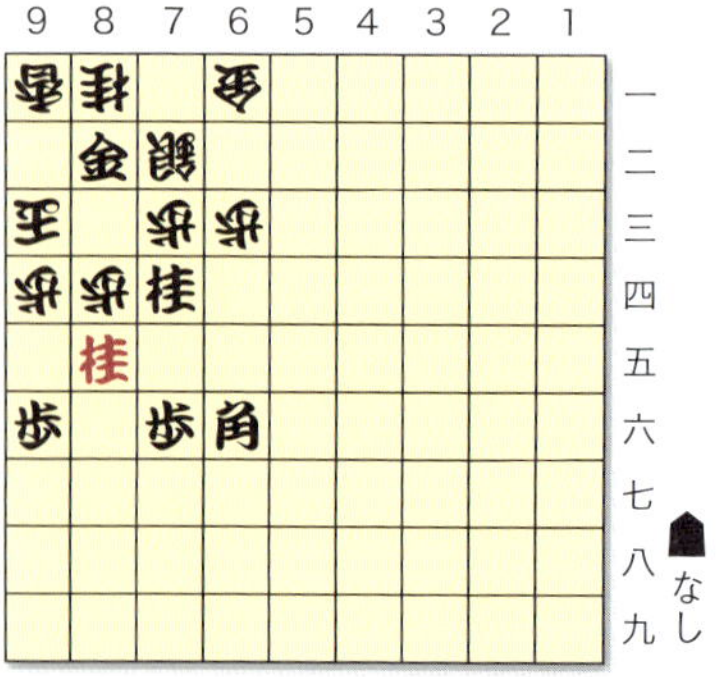

NO7 解答

最初に玉を逃がさない手が急所

▲2三角　△同玉　▲2二金
まで3手詰め

初手にベタッと▲2二金と打っては、△4一玉と逃げられて、まったくつかまりません。

玉を4筋へと逃さない初手の▲2三角が好手です。△2三同玉で引っ張り上げれば、今度は▲2二金が、効果的な一手になります。

☗2二金まで

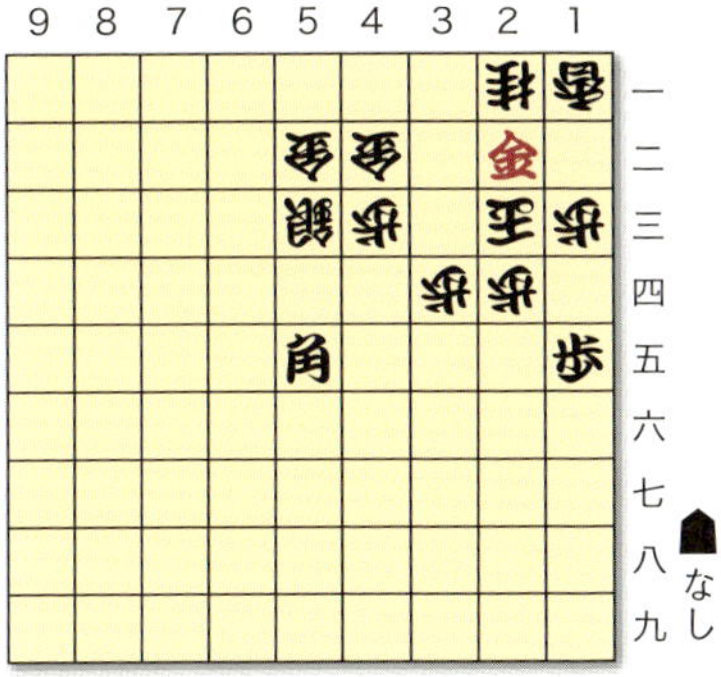

NO8 解答

桂で仕留める形を見つけよう

▲2三金　△4二玉　▲3三銀成
△同角　▲3四桂　まで5手詰め

問題図での3四の銀は、初手に▲2三金と打つための大事な攻め駒ですが、金と打ち込んだ後は、お役御免となります。

3手目▲3三銀成と捨てるのがポイントで、3四地点に桂を打てる形になれば詰みです。

☗3四桂まで

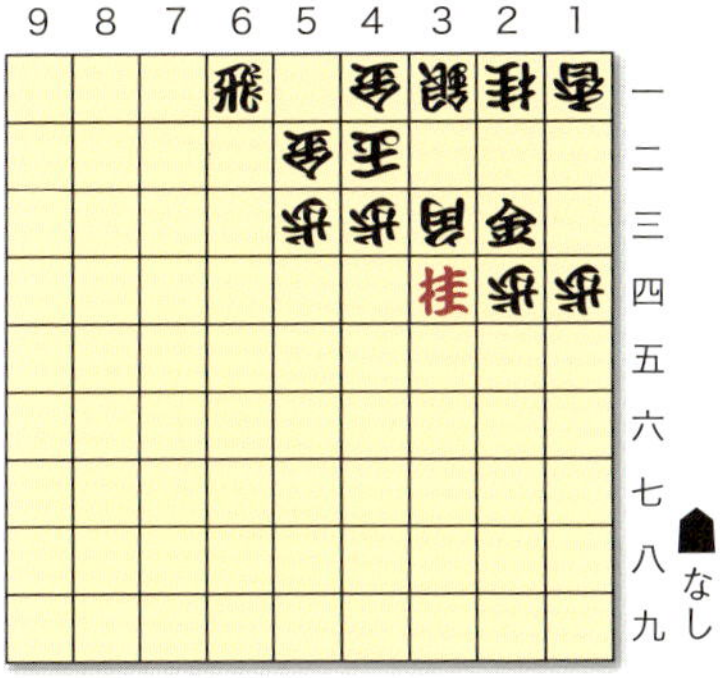

NO9 解答

初手の発見と桂打ちがポイント

▲4一銀　△同金　▲同飛成
△同玉　▲5三桂　△同金
▲4二金　まで7手詰め

初手に▲4二桂成と金を取っては△同玉で失敗します。

まずは▲4一銀と打つのが、急所の一手。5手目▲5三桂と打った形は、玉がどこへ逃げても金打ちまでになります。確認してください。

☗4二金まで

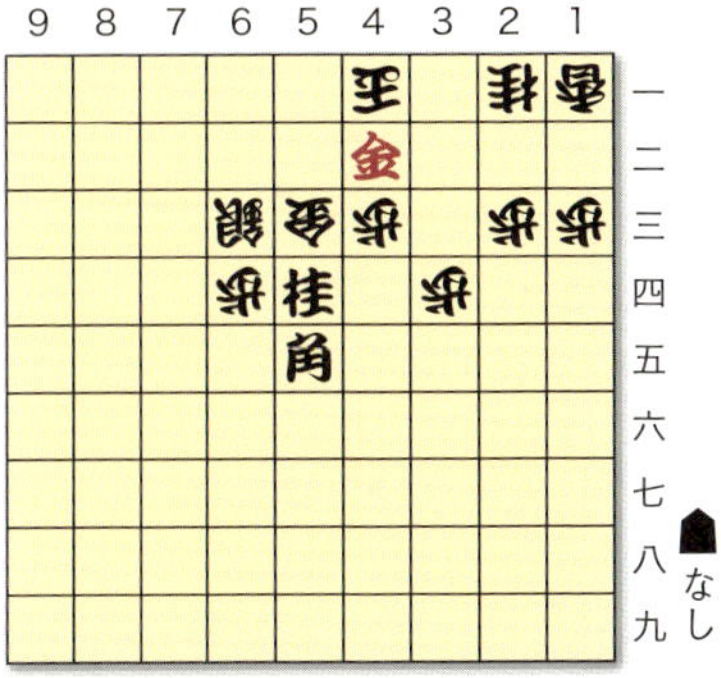

高橋道雄（たかはし・みちお）

○略歴

昭和35年／東京都北区に生まれる。50年／6級で故・佐瀬勇次名誉九段の門に入る。52年／初段。55年／四段。57年／五段。58年／第24期「王位戦」で、五段として初めてのタイトル獲得。59年／六段。60年／第26期「王位戦」でタイトル獲得。61年／七段。第27期「王位戦」防衛。第12期「棋王戦」でタイトル獲得。62年／第26期「十段戦」でタイトル獲得。63年／第9回「日本シリーズ」で優勝。

平成元年／A級に昇格　八段。2年／九段。4年／第8回「天王戦」で優勝。8年／第9回「竜王戦」1組優勝。12年／表彰・将棋栄誉賞（通算600勝）。26年／表彰・将棋栄誉敢闘賞（通算800勝）。

○好きな言葉「継続は力なり」

○趣味：テニス、歌唱、映画鑑賞

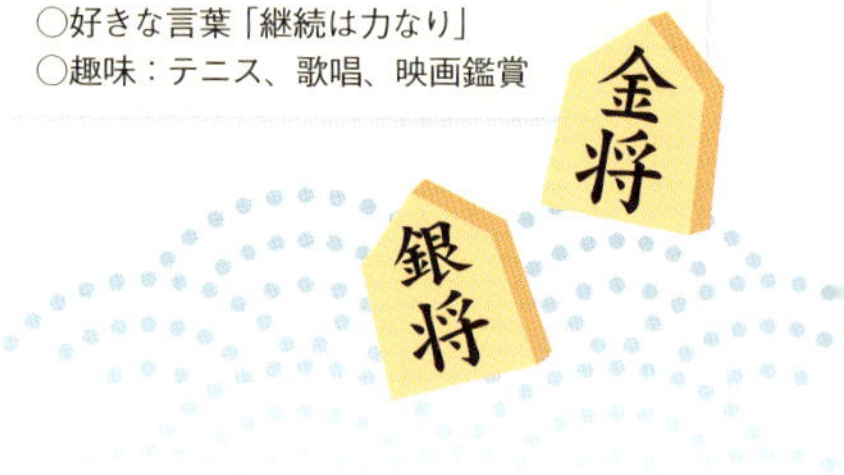

[編集]

浅井 精一、藤田 貢也

[デザイン]

垣本 亨、大谷根 玉恵、大原 潤美

[イラスト]

松井 美樹

[制作]

株式会社 カルチャーランド

高橋道雄の将棋道場　初段突破のコツ50

2018年11月25日　第1版・第1刷発行

監修者　高橋　道雄（たかはし　みちお）
発行者　メイツ出版株式会社
　　　　代表者　三渡　治
　　　　〒102-0093 東京都千代田区平河町一丁目1-8
　　　　TEL：03-5276-3050（編集・営業）
　　　　　　　03-5276-3052（注文専用）
　　　　FAX：03-5276-3105
印　刷　株式会社厚徳社

ご意見・ご感想はホームページから承っております。
メイツ出版ホームページアドレス　http://www.mates-publishing.co.jp/

編集長：折居かおる　副編集長：堀明研斗
企画担当：大羽孝志／清岡香奈

※本書は2012年発行の『これで初段になれる！将棋　実力アップのコツ50』を元に加筆・修正を行っています。